APOLOGIE POVR LES CASVITES CONTRE LES CALOMNIES DES IANSENISTES:

OV LE LECTEVR TROVVERA LES VERITÉS de la Morale Chrestienne si nettement expliquées, & prouuées auec tant de solidité, qu'il luy sera aisé de veoir que les maximes des Iansenistes n'ont que l'apparence de la verité; & qu'effectiuement elles portent à toutes sortes de pechés, & aux grands relaschemens qu'elles blasment auec tant de seuerité.

Par vn Theologien & Professeur en droit Canon.

A PARIS,

M. DC. LVII.

APOLOGIE

POVR LES CASVISTES,

Contre les Calomnies des Ianſeniſtes, par vn Theologien, & Profeſſeur en Droit-Canon.

SI les lettres des Ianſeniſtes n'en vouloient qu'à la doctrine des Theologiens de la Societé, ie me fuſſe contenté d'eſtre ſpectateur de leur diſpute; & i'euſſe pris plaiſir, à veoir confondre la calomnie par les réponces qu'a fait cette ſcauante compagnie; où elle a euidemment conuaincu les Ianſeniſtes d'impoſtures ſi honteuſes & ſi meſchantes, qu'elles ſeroient capables de faire rougir les plus impudents Miniſtres de France; ſi on les auoit trouuez coupables d'vne ſi criminelle laſcheté. Mais toute l'Egliſe eſt attaquée par ces ſcandaleuſes Satyres: le Pape, les Eueſques, tout le Clergé, & particulierement tous les Theologiens, & Canoniſtes y ſont outrageuſement traittez: & il n'y a point de condition dans l'eſtat ſeculier, depuis les Roys iuſques au dernier du peuple, que ces lettres ne iettent dans des embarras de conſcience, qui ſeroient capables d'enueloper dans le deſeſpoir, ceux qui voudroient quitter la Theologie des Docteurs Catholiques pour ſe conduire par les pernicieuſes maximes de Port-Royal. C'eſt pourquoy la pieté que les Preſtres Seculiers doiuent à leur Mere, exige d'eux qu'ils la ſecourent en cette rencontre, & qu'ils facent pour le Clergé Seculier & pour le peuple ce que les Ieſuites ont vigoureuſement fait, pour defendre la doctrine de leurs Theologiens, & la prattique de leurs Directeurs. Il eſt vray que Monſieur Bail auoit heureuſement preuenu dans ſon liure *De triplici examine*, vne grande partie des obiections que les Ianſeniſtes font dans leurs lettres, & il eſt certain, qu'il auoit ſi bien eſtably les veritez contraires à leurs obiections; qu'il ne faudroit que traduire ſon liure en François, pour faire voir au peuple que la Morale des Casuistes recens & des Iesuistes, n'est autre que celle des Conciles, des Peres de l'Eglise, & des anciens Docteurs de la faculté de Paris. C'est ce qui me fit souhaiter, que ce iudicieux & Zelé Docteur, fit la responce à ces insolentes lettres, lors qu'elles commencerent à se debiter par toute la France; & qu'il entreprit la defense du Clergé Seculier, & des autres Casuistes, de mesme que les Peres Iesuites, ont pris à tasche de refuter les calomnies qu'on leur imposoit dans ces libelles diffamatoites. I'esperois vn grand succez de l'Apologie qu'il eust faitte parceque sa qualité de Docteur de la faculté de Paris, l'office de sous-Penitentier qu'il a dignement exercée depuis vingt & neuf ans dans Nostre Dame, sa charge de Curé qu'il honore par ses belles actions, l'approbation de son liure donnée par quatre celebres Docteurs de la faculté de Theologie, eussent donné vn grand poids à ce qu'il eust escrit & eussent peut-estre empesché quelques Eclesiastiques & Curez des Prouinces, d'entrer dans la faction des Iansenistes. Mais la prouidence de Dieu ne l'ayant pas permis, soit que les grandes occupations de ce Docteur luy en ayent osté le loisir, ou que d'autres considerations l'en ayent empesché; i'ay creu que ie rendrois vn seruice à l'Eglise si ie respondois à ces libelles du Port Royal. veu nommement que ces Messieurs nous reprochent qu'on a laissé sans repartie, leurs plus importantes obiections, & qu'ils prennent pour des conuictions nostre silence sur ces propositions. Or pour le faire auec quelque methode, ie refuteray premierement les calomnies dont ils noircissent la profession de Casuiste: Ie respondray en suitte à ce qu'ils opposent contre les principes generaux de la morale. Enfin ie suiuray à peu pres l'ordre de leurs lettres depuis la quatriesme iusques à la quinziesme où ils finissent leurs iniures contre cette sorte de Theologie. Ceux qui auront leu le liure de Monsieur Bail me trouueront souuent dans les mesmes sentimens, qu'il appuie d'ordinaire de l'autorité des anciens Docteurs de la faculté de Paris. Mais en mesme tẽps ils verront que ie ne me sers pas de ses preuues, ce que ie fais, afin que les Iansenistes connoissent que nous ne manquons pas de raisons pour deffendre la verité, puis que celles dont Monsieur Bail appuie les maximes des Casuistes, sont tres solides & qu'il m'en reste encore asses pour refuter les Iansenistes & pour confirmer les mesmes veritez.

Gandauensis. Gerson. à Magistris Maior Hangestus Biel Ægyd. Romanus.

PREMIERE OBIECTION La Morale des Iesuistes & des Casuistes est toute payene. La nature suffit pour l'obseruer. *lettre 5. pag. 3.* elle examine les cas de Conscience par raison. *lettre 5. pag. 6.* d'où les Iansenistes concluent qu'elle est remplie de relaschement, qu'elle est honteuse, pernicieuse à l'Eglise, & qu'elle contient vne licence scandaleuse, & desmesurée. *lettre onziesme page 5.*

RESPONCE Il est vray que la Morale des Casuistes & des Iesuites est en partie tirée de S. Thomas en sa premiere seconde; où ce Docteur Angelique a copié presque toute la morale d'Aristote. S. Cyran l'auouë dans son Aurelius pag. 242. quand il dit que toutes les compilations de cas de conscience nous sont venus de S. Thomas, de mesme que les ruisseaux découlent de leurs sources, & s'enflent peu à peu à mesure qu'ils s'en esloignent. Si c'est en ce sens (Messieurs les Iansenistes) que vous accusez nostre Morale d'estre Paienne, tres-volontiers nous vous accorderons qu'elle en a quelque chose; mais nous nous plaindrons de l'outrage que vous faites à l'Ange de l'Escholle, dont vous censurez la doctrine, & du mespris que vous auez pour Aristote, à qui Dieu a donné vn Iugement si esclairé, que dans les bornes de la raison naturelle il a tousiours seruy de guide aux plus grands esprits du monde, qui sont venus apres luy. Or ie me persuade que vous n'oseriez nier que ce ne soit en ce sens que vous accusiez les Casuistes d'estre Paiens, & quand vous aures assez de hardiesse pour le faire; personne de ceux qui ont leu vos ouurages, ne peut douter que vous ne condamniez nostre Morale d'estre Paiene; parceque nos Theologiens se seruent de la Morale d'Aristote: ainsi que S. Thomas & les autres Theologiens en ont vsé. Car en combien d'endroits de vos liures dites vous, que vous ne connoissez point d'autre Morale que celle des Peres, ny d'autres Casuistes qte les Peres de la primitiue Eglise? Depuis que le Iansenisme a commencé de paroistre, vous auez posé cette maxime, pour vn des fondements de vostre Heresie. Vous auez par vne vanité insuportable, mesprisé tous les Theologiens de l'Eglise sous pretexte de vous attacher à S. Augustin & aux autres Peres. Vous le dittes encore dans la responce que vous aues faitte à vn Sermon du Pere Brisacier Page 36. La mesme vanité paroist souuent dans vos dernieres lettres, & dans les libelles que vous auez composés contre Monsieur De Marandé, entre les termes iniurieux, dont vous traitez ce Scauant & Eloquent Escriuain, souuent vous l'appellez Iuif, & Payen à cause qu'il suit vne Morale qui est contraire à la vostre; mais qu'il a exactement tirée de S. Thomas. C'est donc sur S. Thomas & sur Aristote, que tombent vos inuectiues & vos reproches & l'honneur des Casuistes est en seureté tandis qu'ils auront ces deux Autheurs pour Cautions. D'où vient que ie ne puis assez m'estonner de vostre aueuglement, qui vous a fait choisir pour subiet de blasmer les Cafuiftes, ce que le refte des hommes prennent pour matiere de gloire & d'honneur. Vous croiez rabaiffer beaucoup les Cafuiftes de les appeller Philofophes, vous penfez rendre ridicule la capacité des Iefuites, lors que dans voftre refponce au Sermon du Pere Brifacier parlant de la Congregation de quarante Profes Iefuites, vous la nommez vne affemblée de quarante Philofophes ; au lieu que fi vous auiez enuie de les defcrier, vous deuriez dire que cette affemblée ne pouuoit eftre de profez Theologiens ; parceque dans tout ce nombre, il n'y auoit pas vn Philofophe. Mais la paffion trouble fi fort voftre efprit, & la vengeance agite tellement voftre ame, que pourueu que vous chargiez d'iniures & de calomnies les Cafuiftes, vous ne vous donnez pas le loifir de confiderer fi vous les dittes à propos. Car fi vous euffiez fait tant foit peu de reflexion fur l'eftime, que les perfonnes de bon fens ont toufiours eu pour la Philofophie, vous euffiez preueu que le reproche que vous faittes aux Iefuites d'eftre Philofophes, tourne à la gloire de ces bons Peres, & les met à couuert de voftre calomnie, qui leur impute le relafchement, qui fe voit dans les mœurs des Chreftiens : & les accufe des defreglemens de l'Eglife. Si vous auiez enuie de faire reüffir voftre deffein & de defcrediter les Cafuiftes, vous deuiez dire qu'ils font enuieux de la Philofophie & du raifonnement, parceque s'ils font Philofophes, & s'ils fe gouuernent par la raifon ; il n'eft pas poffible, qu'ils introduifent le relafchement, & que les defreglements naiffent de leur doctrine ; d'autantque tout relafchement s'efcarte de raifon & que la raifon fert de regle pour bien faire toutes les actions de vertu. Ne dittes donc plus que noftre Morale eft vne Morale de Payen, de Iuif, ou de Turc, parcequ'elle eft exprimée fur la Doctrine d'Ariftote, de qui S. Thomas l'emprunte en fa Somme; mais pluftoft confiderez qu'à caufe que vous n'eftes pas Philofophe, vous enfeignez vne morale de Turc. Ouy Meffieurs les Ianfeniftes, voftre Doctrine eft vne Morale de Turc, & de Mahometan : c'eft elle qui renuerfe l'Euangile, c'eft elle qui rüine la vertu non feulement des Chreftiens, mais de toutes les nations, qui viuent dans la fimple lumiere de la raifon, en quoy elle eft pire que celle des Turcs ; car elle la porte aux actions qui ont quelque apparence de vertu, au lieu que la voftre eftablit le vice & fappe les fondements de toute probité & honefteté. Le reproche que vous faites pafferoit pour vne iniure atroce fi ie ne prouuois clairement ce que ie viens d'auancer contre vous: mais les preuues dont ie me feruiray, feront fi euidentes & fi conuainquantes, qu'aucun qui foit tant foit peu raifonnable, ne poura douter, que vostre morale ne soit pire que la Mahometane, & que les consequences qui se tirent de vostre doctrine ne soient plus dangereuses, que celles qui suiuent des maximes des Turcs. Pour bien tost voir la verité de ce que ie dis, il ne faut que considerer quelles sont les principales parties de vostre Morale, & quelles conclusions on en peut tirer: car sans emploier beaucoup de temps on trouuera que vous auez pour principes de vos cinq propositions reiettées de tous les Theologiens Catholiques, condamnées par tous les Euesques de France declarées Heretiques par le S. Siege; on descouurira incontinent que vous auez emploié tous vos soins & tous vos ouurages, pour defendre ces cinq principes, parceque vous preuoyiez, que si ils venoient à estre renuersez tout le proiet de vostre Morale demeureroit inutile, & toute la reforme que vous esperiez de vos directions tomberoit par terre. Vous auez apris cette conduitte de vostre Maistre S. Cyran, qui dans *son Aurelius pag. 86.* vous enseigne que les propositions speculatiues doiuent estre le fondement de toute la pratique, & que les conclusions de la Morale se doiuent tirer de ces principes; & c'est pour cela que vous auez tant rendu de combats pour vos cinq propositions, dont la premiere porte, qu'il y a des commandements impossibles aux hommes iustes, qui veulent, & qui taschent de les accomplir; & la deuxiesme que dans l'estat de la nature corrompuë on ne resiste iamais à la grace interieure; & la troisiesme que pour meriter, il n'est pas necessaire que l'homme soit libre & exempt de contrainte La quatriesme, que les Semipelagiens ont esté cōdamnez d'Heresie en cequ'ils estimoient qu'il estoit au pouuoir de la volonté de resister ou d'obeïr à la grace. La cinquiesme que c'est vne erreur des Semipelagiens de dire que Iesus-Christ soit mort pour tous les hommes. Voila les principes de vostre Morale, d'ou l'on tire les conclusions suiuantes.

In octo causas spongia.

La premiere, que tous les Chrestiens doiuent viure dans vn grand repos sans s'inquieter de ce qui leur arriuera apres la mort; car si Dieu leur donne la grace efficace ils seront indubitablement sauuez, & si il ne la leur donne pas, ils ne sçauroient se guarentir de ce malheur; quelque soin & quelque diligence qu'ils y apportent. Hé bien cette conclusion n'introduit elle pas vn destin pire que celuy des Turcs? Ouy certes: car ces infideles mettent leur destin pour l'heure de la mort, qu'ils croient auoir estre arresté dans le Ciel independemment des causes secondes: & les Iansenistes l'establissent pour le salut ou pour la perte des ames qui ont vne vie bien plus importante que celle des corps. Ces deux destins conuiennent en ce que celuy des Iansenistes leur fait abandonner leurs ames de mesme que celuy des

Turcs leur fait expoſer leur vie aux hazards : mais le deſtin des Turcs ne deſtruit point les vertus naturelles, & celuy des Ianſeniſtes les oſte entierement par vne ſeconde concluſion qu'ils tirent de leurs Propoſitions Speculatiues. Cette ſeconde Concluſion porte, qu'il ne faut point ſe ſeruir de la raiſon naturelle, pour guide dans la pratique de nos actions, mais qu'il faut tout attendre de cette Grace victorieuſe, qui nous fait trouuer de l'amertume dans le vice, & nous fait gouſter des douceurs de l'amour de Dieu, dans les ſouffrances les plus penibles : Or ſi cette ſeconde Concluſion eſt veritable, s'il faut mépriſer les ſecours que nous fournit la raiſon, pour aſſuiettir nos paſſions, & reprimer le vice, ſi nous ne deuons point ouurir les yeux à la lumiere naturelle, pour découurir la beauté de la vertu ; cette Grace victorieuſe des Ianſeniſtes eſtant fort rare, parce que Ieſus-Chriſt n'eſt pas mort pour tous, voilà le vice ſur le thrône, & la vertu aux fers : c'eſt vne neceſſité ineuitable, il faut que l'impetuoſité des paſſions entraiſne les hommes, que les meurtres dépeuplent les Prouinces, que les fornications inondent toute la terre, que les larcins rauagent tout, & que nous deuenions pires que des beſtes. Ce ſont là les beaux fruicts de voſtre Morale, ce ſont là les admirables Concluſions, qu'il faut tirer de vos cinq Propoſitions Heretiques, & puis vous crierez contre celles de nos Caſuiſtes, & vous pretendrez reformer l'Egliſe par ces Concluſions brutales qui ſuiuent naturellement de vos deteſtables principes ? Il faut neceſſairement que vous ſoyez tombez dans le ſens reprouué, quand vous auez formé des projets de Morale, ſi oppoſez aux ordres de Dieu, & qui choquent ſi fort le ſens commun. I'ay appellé vos Concluſions brutales ; ie n'aurois pas moins de raiſon de dire qu'elles ſont diaboliques, parce que aprés auoir exclus la raiſon naturelle, & la Grace ſuffiſante, ainſi que vous les banniſſez de voſtre conduite, il ne vous reſte plus que deux regles pour gouuerner ceux que vous ſurprenez par vos artifices : ou que vous leur promettiez de les mettre dans vn eſtat, où le ſainct Eſprit leur communiquera à chaque action vne lumiere pour connoiſtre la Vertu, & vne Grace victorieuſe pour la pratiquer, ce qui eſt vne illuſion, dont le diable ſe ſert pour gouuerner les illuminez, ou bien que par voſtre ſeconde Regle, vous les abandonniez à toutes ſortes de débauches, & leur conſeilliez de viure contens en ce mal-heur, auquel les forces humaines ne peuuent reſiſter ; ce qui eſt introduire vne brutalité eſtrange, ſous pretexte de reformer la Morale des Caſuiſtes. Il ſemble que Monſieur Arnauld ſe gouuerne par la premiere, car il l'approuue dans la quatorziéme page de ſa ſeconde Lettre, & l'appuye de l'autorité de ſainct Auguſtin, à qui il fait dire, *que le Predicateur de la parolle de Dieu, & le Directeur des ames, ne leur doit rien dire que ce que Ieſus-Chriſt luy-meſme luy ſuggere.* Il emprunte cette Regle de ſon Maiſtre S. Cyran, qui enſeigne dans vne de ſes maximes, que les Iuſtes doiuent en toutes choſes ſuiure les inſtincts & mouuements de la Grace interne, qui leur ſert de Loy, ſans auoir égard aux Loix exterieures, quoy que ces mouuements leur contrarient, ie prie Dieu que le plus grand nombre des Ianſeniſtes ne ſe ſerue pas de la ſeconde Regle, & ne s'abandonne pas à la Concupiſcence, iuſques à ce que cette Grace victorieuſe, les rende maiſtres de leurs paſſions. Cette Dame qui auoit commis vn adultere,& qui s'accuſoit que la Grace de Dieu luy auoit manqué,doit eſtre de ce nombre,& il ſemble que le Secretaire de Port-Royal en eſt auſſi, parce qu'il n'a point apprehendé l'effroyable chaſtiment de Dieu que meritent les Calomnies, qu'il a inuentées contre les Caſuiſtes, ni le ſcandale public qu'il a cauſé à toute l'Egliſe par ſes Lettres bouffonnes, mais il s'eſt laiſſé emporter à ſa paſſion, & s'eſt ſeruy de ſon naturel de ſinge, pour contrefaire les mœurs d'vn Pere Ieſuite, qu'il feint eſtre ſon bon amy, afin que par ſes tours de guenon, il puiſſe amuſer les ames ſimples, & faire rire les eſprits foibles; tandis que le Diable arrache la Foy du cœur des Fidelles, & plante le Ianſeniſme dans l'Egliſe.

La troiſiéme Concluſion que tirent les Ianſeniſtes de leurs principes, c'eſt qu'en toutes les directions il faut touſiours choiſir les plus auſteres & penibles maximes de l'Euangile, & qu'il ne faut nullement condeſcendre à la foibleſſe des Chrêtiens. Car puis qu'il eſt vray ſelon leurs principes, que perſonne ne ſera damné faute d'auoir cooperé à la grace; mais tous ceux qui tomberont en ce mal-heur s'y trouueront engagez, parceque la grace victorieuſe leur aura manqué, les Directeurs n'ont pas beſoin de s'accommoder aux forces naturelles de ceux qu'ils gouuernent, & ne doiuent pas craindre que les fatigues & les rigueurs de la Penitence les détournent de l'entreprendre; parce que la Grace victorieuſe fait tout ſans leur cooperation, & que Dieu la donne pluſtoſt pour des choſes difficiles (afin de faire triompher Ieſus-Chriſt) que pour des actions qui entretiennent la concupiſcence. De cette troiſiéme Concluſion, ils paſſent à vne quatriéme, qui veut que dans les reſolutions des cas de conſcience, on ſuiue touſiours les ſentimens les plus rigoureux, ſans craindre de rendre le chemin du Ciel plus difficile, & ſans apprehender de multiplier les pechez mortels: ils croyent qu'ils ont Dieu pour caution de cette Concluſion; parce qu'il commande, diſent-ils, des choſes impoſſibles, non seulement aux Pecheurs, mais encore aux Iustes, & leur impute à peché, la transgression de semblables commandements. Ils disent encore que c'est aprés saint Paul & saint Augustin, qu'ils mettent vn si grand nombre de pechez mortels, & qu'il ne faut pas s'en estonner, d'autant qu'aprés la chûte d'Adam tous les mouuements de la Concupiscence nous sont imputez à peché, quoy qu'ils preuiennent nostre liberté, & qu'il n'y a que la Grace victorieuse, qui nous puisse exempter de ces crimes. Vous auez encore d'autres Conclusions toutes conformes à vos principes, c'est à dire que les vns & les autres sont inconceuables & repugnent à la raison : & c'est pour cela que vous voudriez qu'on vous rendist vne obeïssance aueugle, & que vous reprochez aux Casuistes, qu'ils se seruent de la Philosophie, & qu'ils examinent par la raison les matieres qu'on leur propose, mais ie ne vois pas qu'ils se disposent à vous croire, ny qu'ils soient resolus de faire la paix à cette condition. Vous aurez beau en appeller aux Peres de l'Eglise : ils ne laisseront pas pourtant de se seruir contre vous de la Philosophie, & des regles de la Dialectique. Ils sçauent trop bien que cette methode est le fleau qui fait sortir le bon grain de tant de passages de saint Augustin, pour en nourir les Catholiques, & qui en separe la paille pour les Heretiques. Ils ont trop experimenté que cette methode est le foüet qui chasse les chiens de l'Eglise (i'entends les Heretiques) à qui nostre Seigneur dit dans le vingt-deuxiéme Chapitre de l'Apocalypse, *foris canes & impudici :* Enfin c'est elle qui triomphera de vostre Morale, & qui monstrera à tout le monde, que vostre Doctrine est remplie de relaschement, qu'elle est honteuse & pernicieuse à l'Eglise, qu'elle contient vne licence scandaleuse & démesurée, & que le Pape & le Roy meritent vne loüange immortelle d'en empescher les funestes progrés. Il ne reste de cette premiere Objection, qu'à répondre à ce que le Secretaire de Port-Royal nous reproche, que la Morale des Casuistes est si corrompuë, que les seules forces de la nature suffisent, pour en obseruer les preceptes, ce que ie feray en peu de parolles, parce que ie ne crois pas qu'il entende ce qu'il nous objecte, car s'il l'entendoit, il sçauroit qu'il contredit visiblement aux maximes de ceux qui l'emploient ; l'vne de ces maximes porte que nous ne sçaurions euiter les pechez, à moins d'auoir la Grace victorieuse, & que la mesme Grace est si absolument necessaire pour garder les commandemens qui sont difficiles, que les Iustes mesmes, n'ont pas assez de forces pour les obseruer, si Dieu ne les assiste d'vn secours, qu'il n'est pas obligé de leur donner. Or ceux

mesme

mesme qui n'ont que la premiere teinture de la Philosophie, sçauent que la Morale d'Aristote condamne presque tous les vices, & en détourne ceux qu'elle instruit; & qu'au contraire, elle recommande toutes les vertus, sans obmettre les plus heroïques. Ceux aussi qui ont leu saint Thomas, sçauent que ce Docteur condamne dans sa premiere seconde, les mesmes vices qu'Aristote blasmoit, écriuant pour des Payens, & qu'il porte les Chrestiens aux mesmes vertus, ausquelles Aristote exhortoit ceux de son temps: D'où s'ensuit selon les maximes des Iansenistes, que les forces de la nature ne suffisent pas pour pratiquer la Morale des Casuistes, quand mesmes nous accorderions qu'ils n'appuyroient pas leur Morale sur l'Escriture, sur les Conciles, & sur les Peres: mais seulement sur les lumieres qu'Aristote nous a laissées: il faut donc que le Secretaire peche par ignorance, d'autant qu'il n'y a pas d'apparence qu'il ait voulu contredire les sentimens de ceux de son party, ou qu'il ne reconnoisse pas que les Casuistes puisent dans Aristote vne bonne partie de leur Morale, encore que les Iansenistes les appellent souuent Philosophes; que par la Morale Payene qu'ils leurs reprochent ils veulent parler de celle qu'ils prennent d'Aristote, car il se peut faire que ce Secretaire ne fait que copier sans sçauoir entierement le secret du party.

DEVXIESME OBIECTION. Les Casuistes ne lisent point la Sainte Ecriture, ils n'ont aucune connoissance des Conciles. Si les Iansenistes n'opposent leur eminente capacité, & leur zele incomparable à cette ignorance, & à ces déreglements, les Traditions seront bien-tost aneanties, l'Euangiles changé en Iudaïsme, la Foy en inuentions humaines, & la venerable antiquité méprisée, *Lettre 5. pag. 7. & 8.* & souuent en toutes leurs lettres.

RESPONSE. Les Casuistes lisent la Sainte Ecriture auec humilité, & suiuent exactement ce qu'elle détermine clairement, lors qu'on les interoge sur quelque cas; mais les Casuistes ne sont pas dans l'erreur des Caluinistes, qui veulent bannir tous les autres liures; comme si nous trouuions tout decidé dans la Sainte Ecriture; ils sçauent au contraire, qu'on y trouue quelques fois des exemples que les hommes ne peuuent imiter, à moins que d'estre dispensé, de garder la Loy naturelle, parce que Dieu en certaines rencontres, s'est seruy du pouuoir absolu qu'il a d'en dispenser, & a permis ou commandé de certaines choses, qui eussent esté blasmables, si le commandement de Dieu ne les eust renduës bonnes. Outre ces exemples il y a dans la Sainte Ecriture vn grand nombre d'ordonnances que Dieu n'a faites que pour le peuple Iuif, qui ne seruiroient qu'à changer l'Eglise, si pour la reformation des mœurs des Chrestiens, on vouloit introduire ces loix. Ce que nous voyons estre arriué à ceux dont Charlemagne s'est seruy pour composer ses capitulaires. Ce Religieux Empereur venant à l'Empire, trouua de grands desordres, aussi bien dans l'Eglise que dans l'Estat. Son premier soin fust de regler les desordres de l'Eglise, ce qu'il fit par la conuocation de plusieurs Conciles, apres quoy il fit dresser vn modelle de bien viure pour le peuple, que nous lisons dans ses capitulaires; où ceux à qui il en donna la charge, pour s'estre trop attaché à la Sainte Ecriture, ont mis quantité d'ordonnances, qui donneroient beau ieu aux boufonneries de Port-Royal, s'ils les auoient trouuées dans les Casuistes; & si les Casuistes vouloient obliger le peuple à les pratiquer. Pour exemple, *au Chap. 5. il est porté, que si vn bœuf a tué vn homme ou vne femme, qu'on tue ce bœuf & qu'on ne mange point sa chair. Et au Chap. 42. Que si quelqu'vn trouue vn nid, qu'il ne prenne pas la mere auec les petits. Au Chap. 45. qu'on n'accouple ensemble le bœuf & l'asne, pour le labourage, & qu'on ne se serue point d'estofe tissuë de laine, & de fil. Et au Chap. 43. Quand on entreprendra de bastir vne maison, que l'on commence par vne enceinte de murailles, qui soustienne le tout, afin d'obuier aux effusions de sang qui pourroient arriuer dans la maison.* Les capitulaires de Charlemagne ont beaucoup de semblables simplicités mélées auec des loix fort serieuses, & tres vtiles à toutes sortes de conditions. Ce qui vient de ce que ceux à qui Charlemagne s'est fié pour cés capitulaires, se sont arrestés à la Sainte Ecriture, plus que la Sainte Ecriture n'exigoit d'eux. Nous auons bien sujet de craindre, que nous ne trouuions quelque chose de semblable, dans la Morale que les Iansenistes nous promettent il y a si long-temps, & que Monsieur Arnault dans ses ouurages, fait estat de tirer de la Sainte Ecriture, pour opposer à la nostre, qu'il traitte de profane, de Iuifue & de Payene. Car si nous pouuons iuger de la pierre par l'échantillon, que nous auons veu, dans les pratiques qui ont commencé à Saint Maurice; & autres Parroisses du mesme Archeuesché; & si nous deuons asseurer vn bon iugement de la reforme qu'ils pretendent d'introduire, surle feu public solemnel, & Parroissial, qui a commencé dans l'Euesché de Beauuais; i'attends beaucoup de badineries de cette Morale : & ie crains beaucoup de cruautez, sous pretexte de faire renaistre la Penitence des Anciens. C'est pourquoy deuant que ces Messieurs donnent au public cette pretenduë Morale, ie les prie de bien examiner si ce n'est point le malin esprit qui la leur inspire, ils sont bien fondés; & ont de bonnes raisons de l'apprehender. Car nous voyons que cét ennemy de nos ames se sert de l'Ecriture, pour retenir les Iuifs dans vne loy qui est plus austere que celle de l'Euangile, & qu'il mesle de ces reigles dans celle des Turcs, pour balanser en quelque façon, les libertez qu'il leur donne, d'enfraindre la loy naturelle. C'est aussi son ordinaire de mettre sa reforme dans des ceremonies qui ne contribuënt rien au renouuellement de la conscience, dans des humiliations affectées, comme de faire des sabots, & d'autres bas ouurages d'artisans, au lieu que les Casuistes tendent à retrancher les actions auxquelles il y a veritablement du peché, & portent à celles où la vraye vertu se prattique.

Les Iansenistes nous reprochent que nous ne lisons point les Conciles. Ie leur réponds que nos liures font bien voir que nos aduersaires se trompent, & que nous sçauons bien faire le discernement entre les Conciles authentiques, & les conciliabules, dont ils appuyent leurs heresies, & si leur secretaire auoit leu les Casuistes autre part que dans la Theologie Morale, faite contre les Iesuistes, il auroit appris qu'ils emploient tres-souuent les textes des Conciles, pour décider les cas, dont on leur demande la resolution. Les Iansenistes demanderoient que nous nous départissions des nouueaux Conciles, & que nous nous tinsions aux anciens seulement. Mais leur pretension est trop desraisonnable; car s'il s'agit des matieres de foy, les anciens & les nouueaux Conciles nous seront tousiours en égale veneration; mais où il sera question de la discipline de l'Eglise, & de la conduite des mœurs, nous nous attacherons tousiours aux derniers, pourueu que l'vsage du Royaume les ait receus, & Messieurs les Reformateurs nous dispenseront de nous assuiettir aux reglements qu'ils nous alleguent des anciens Conciles, qui peut-estre n'ont iamais esté receus en ce Royaume, ce que, si ie ne craignois d'estre trop long, ie prouuerois par plusieurs exemples, que les decrets des premiers Conciles, qui regardoient la discipline, n'estoient pas vniuersellement receus, par tout le monde. Témoin celuy de Nice, qui defendoit aux Chrestiens de contracter mariage auec les infidelles, lequel, quoy que dans l'Eglise d'Orient il fust obserué presque de tous; il se trouue neantmoins que du temps de Saint Hierosme on permettoit de semblables mariages, en quelques lieux de l'Orient, ce que i'ay rapporté, pour monstrer que les Iansenistes ont tort, de vouloir contraindre ceux qui viuent dans l'Eglise d'Occident, à garder inuiolablement tous les reglements des anciens Conciles, qui bien souuent n'y ont pas esté receus : & qu'ils vsurpent vne tyrannie sur les Casuistes, qu'ils veulent obliger à garder des Canons, qui ont esté abrogez par les derniers Conciles, ou par des coustumes qui ont esté legitimement introduites. Les Casuistes ne se contentent pas de lire les anciens & nouueaux Conciles, ils estudient aussi les decretales des Papes, dont les Iansenistes ne parlent iamais. Ce qui fait assez voir quel esprit anime leur secte, qui ne porte pas plus de respect aux constitutions du Saint Siege, que Iean *Hus*, *Hierosme* de Prague, Luther, & autres qui ont décrié autant qu'ils ont peu cés decretales, & en ont fait brusler publiquement les liures, par les mains sacrileges de leurs bourreaux.

Troisiesme Obiection. Les Casuistes ne lisent point les Peres, & ne se seruent pour la conduitte de ceux qui leur demandent conseil, que de certains Autheurs qui ont écrit depuis quatre-vingts ans, dont les noms sont si barbares, qu'ils donnent assez à connoistre ce qu'on doit attendre de leur doctrine, *Letre 5. pag. 7. & 8.*

Response. Vous continuez les calomnies de vos deux Patriarches Iansenius, & Saint Cyran, qui en plusieurs endroits de leurs liures, accusent les Scholastiques & les Casuistes, & font de grandes plaintes, de ce que faute de les auoir leus, ils ont changé tout le gouuernement de l'Eglise depuis quatre ou cinq cents ans, & pour paroistre plus fidelles disciples de ces bons Maistres, dans la hayne qu'ils ont pour les Casuistes, vous adioustez à ce reproche, qu'ayant perdu tout respect pour cette venerable antiquité, ils conduisent les ames, par des maximes, d'vne nouuelle fabrique, qui n'a paru dans l'Echole, que depuis enuiron quatre-vingts ans, que nous auons veu tant de desordres dans les mœurs.

Vous dites que vous auez dessein d'oster cet abus ; & pour y reussir, vous renuoyez tous les Casuistes & les directeurs à la lecture des Saints Peres. En quoy ie vous auoüe que vous auriez quelque raison, si vous ne parliez que de Theologiens, qui apres auoir long-temps enseigné les cas de conscience, ont composé des liures sur ces matieres, & vous verrez tantost que cette sorte de Casuistes n'ont pas attendu vostre conseil, pour lire les Peres : mais puisque vous ne parlez pas seulement de ceux là, & que vous comprenez generalement tous les Casuistes, & tous les directeurs, desquels vous exigez, qu'ils lisent les Peres, & leur defendez de lire d'autres Autheurs, pour s'instruire des cas de conscience ; ie vous réponds deux choses. La premiere que vostre conseil, de ne lire que les Peres, est imprudent & remply de presomption. La seconde qu'il faut estre bien ignorant, ou extraordinairement malicieux, pour dire que les Casuistes ne sont dans l'Eglise que depuis quatre-vingts ans, ou auplus depuis quatre ou cinq cents. Ie dis que vostre conseil est imprudent ; parce que par vostre propre confession, Iansenius a employé 25. ou trente ans, pour bien entendre Saint Augustin, apres quoy vous l'auez veu condamné par tous les Prelats de l'Eglise. De là iugez de combien de temps il eut eu besoin, s'il eust voulu lire les autres Peres, à la lecture desquels, Monsieur Arnauld écriuant contre Monsieur de Marandé, se vante d'auoir mis vingt ans, & dit qu'à moins de cela, il ne faut pas se mesler d'en parler. Or si nous prenons l'affaire sur ce pied là, que feront desormais tous les Prestres des Paroisses, apres auoir quitté tous les Casuistes selon vostre conseil ? Sont ils tous assez accommodez pour acheter tant de liures ? Et ou trouueront ils le temps pour les lire ? mais quand ils auroient l'argent necessaire, & le temps, ont ils tous assez d'esprit pour comprendre ce que Iansenius, & Monsieur Arnauld ont eu de la peine de comprendre en vingt & trente ans. Que feront desormais tant de bons vieux Curez, qui se contentent de lire, vn ou deux Casuistes ? Que deuiendront tant de Religieux, s'ils ne peuuent confesser ni donner des auis, à moins que d'auoir leu les SS. Peres ? Il y a bien apparence que Monsieur Arnauld sera d'auis, qu'on defende à tous les Curez, & à tous les Religieux, l'administration du Sacrement de Penitence ; parce que cette defense fauorise le dessein qu'il a de rétablir l'ancien vsage des Penitences publiques, d'abroger la confession auriculaire, ou pour le moins de la rendre tres rare. Mais ce conseil ne léue pas toutes les difficultez, car il faut répondre aux questions qui se presentent hors la confession, & ie demande ou les Curez & habituez des Parroisses, où les Religieux iroient chercher les decisions qu'ont donné les Peres de l'Eglise ? Monsieur Arnauld répondra peut-estre, qu'il tient vne Morale preste à mettre en lumiere, composée des extraits qu'il a faits de la lecture des Peres ; & dira, que ce seul liure suffira pour tous les ças de conscience. Il declare assez son dessein, quand il se vante d'auoir déja tellement ruiné par ses écrits, le credit de Süares, & de Vasques, que ces deux Autheurs ne trouueront plus qui les veuille suiure, soit qu'ils parlent Latin, ou qu'on les traduise en François. Il espere qu'il viendra plus facilement about des autres Casuistes, qu'il n'a fait de ces deux eminents esprits ; & que par ce moyen il se rendra l'arbitre vniuersel de toutes les difficultez, & se mettra en la place des Casuistes, apres qu'il les aura exterminez. Hé quoy, Monsieur, qu'est deuenu vostre bel esprit, les disgraces que vous auez receuës de tous costez, vous l'ont elles si fort troublé, qu'il ne vous en reste pas assez, pour connoistre que vous entreprenez vne chose impossible. Que sont deuenus tant de bons amys? se peut il bien faire que d'vn si grand nombre, pas vn seul ne vous auertisse de la temerité de vostre entreprise? quoy vn ieune Docteur de quarante & quatre ans, se rend partie contre tous les Casuistes, & les accuse d'auoir corrompu l'Euangile, par leurs decisions licentieuses, & presume tant de sa capacité, & des extraits qu'il a faits de Saint Augustin, qu'il s'imagine auoir assez de lumiere pour reformer toute la Morale, pour remettre l'Euangile en vsage, & pour rendre à l'Eglise son premier lustre & sa premiere beauté? Depuis cinq ou six cents ans, que les Iansenistes nous marquent la corruption de l'Eglise, qu'ils imputent aux maximes de Casuistes, il y a eu dans les Prouinces tant de Conciles Nationnaux, & dans l'Eglise nous en auons eu neuf ou dix Generaux, d'où vient que personne n'a representé le dégast que les Casuistes faisoient dans l'Eglise? d'où vient que dans les decrets de la reforme du Concile de Trente, on n'a point aporté de remede, à vn mal si vniuersel, & qu'on n'en a pas mesme fait mention? Monsieur Arnauld dira que ces Conciles, ont esté remplis de Scholastiques, & de Casuistes, qui ont plustost formenté le mal qu'ils ne l'ont osté; mais il ne prend pas garde, qu'il rend la cause des Casuistes commune à toute l'Eglise, & qu'il oblige le Pape & les Prelats à prendre leur protection, & à chastier ceux qui les accusent iniustement. Outre cela quand nous accorderons aux Iansenistes, que les Casuistes sont coupables de tous les crimes dont ils les chargent, & qu'ils sont cause de tous les desordres des Chrestiens: Penseriez vous que les extraits que vous auez tirés de Saint Augustin & des autres Peres, fussent capables d'y rétablir le bon ordre, & d'y remettre la discipline? La passion & la hayne que vous portez aux Casuistes, vous a t'elle si fort aueuglé, que vous ne vous souueniez pas, qu'vn prodigieux nombre de Casuistes, ont fait les mesmes extraits des Peres, dont vous vous glorifiez auec vn faste insuportable, ou bien auez vous si peu de lecture des Autheurs qui ont écrit de ces matieres, que vous n'ayez pas trouué dans plusieurs de leurs liures, ce que vous admirez tant & vantez tant dans vos recueils. Ne sçauez vous pas que durant les dix-huit ans que continua le Concile de Trente, les Theologiens & les Casuistes qui assisterent à cette sainte assemblée leurent exactement les Conciles & les Peres, & principalement saint Augustin, d'autant que Caluin se seruoit de son authorité pour persecuter l'Eglise, de mesme que les Iansenistes font pour décrier les Casuistes; & toutefois pas vn de ces Theologiens n'a pensé, qu'en mettant en lumiere les sentimens de saint Augustin sur les choses Morales, il peut reformer les desordres de l'Eglise. Si vous le sçauez, seruez-vous de cette connoissance, pour abbaisser vostre presomption, & apprenez à parler plus modestement des Casuistes. Considerez de plus que Gratian auoit mieux étudié les Peres que vous, plus leu les Conciles que vous, & toutefois il a de tres-lourdes fautes qu'on corrige tous les iours, que peut-on donc attendre de vous, qui auez leu les Peres auec vn esprit preoccupé des sentimens de S. Cyran, & de Iansenius & determiné à faire la guerre aux Casuistes ?

Considerez encore qu'vne des principalles raisons, pourquoy la Compilation de Gratian ne fut point approuuée par Eugene troisiéme, comme authentique, fut que l'Eglise ne considere les Decisions de sainct Augustin,& des autres Peres, qui sont inserées dans le Decret de Gratian, que comme des sentimens de Docteurs particuliers, qui peuuent faillir, & qu'on n'est pas obligé de suiure. Et vous voulez que vos extraits de sainct Augustin vous seruent de Loy, & que nous abandonnions tous les Casuistes, & Canonistes pour nous y attacher. Considerez enfin, que Gregoire treiziéme a fait confronter toutes les citations de saint Augustin & des autres Peres, qui sont dans Gratian auec les Originaux, & qu'aprés cette diligence, il a laissé ces Textes tirée des Peres, dans la probabilité qu'ont les Sentences des autres Docteurs particuliers, & vous voudriez donner vne authorité infaillible, aux opinions de sainct Augustin & des autres Peres, contre l'auertissement de sainct Augustin mesme, lequel écriuant à sainct Hierôme, le prie de lire ses Ouurages, auec vn esprit de Censeur, ce pouuant faire qu'il y rencontreroit quelques erreurs, & assure qu'il apporte la mesme preparation à la lecture des Ouurages des autres, parce qu'il n'y a que la Saincte Escriture qui ait le charactere d'infaillibilité.En voilà bien assez pour vous faire perdre l'estime que vous auiez de vostre eminente capacité, & pour vous faire quitter l'esperance que vous auiez conceuë, que toute la France vous admireroit, & donneroit son approbation à vostre Morale, au preiudice des Casuistes: Ie veux toutefois vous proposer encore vn des eminents Casuistes & Canonistes qui ait esté dans l'Eglise Gallicane, afin que vous appreniez de cet excellent homme, d'auoir des sentimens plus modestes de vos lectures, & de vos études : C'est Yues Euesque de Chartres ; dont le Decret, qui est composé des Textes, tirez de sainct Augustin & des autres Peres, des Conciles, & mesmes des Loix imperiales, a esté en aussi grande veneration à toute l'Eglise, que les liures des Iansenistes sont en abomination aux gens de bien. I'ay fait quelques reflexions sur les rares qualitez,de cet illustre Prelat, que ie compareray auec celles du plus renommé d'entre vous, afin que sur ce Parallelle vous vous rendiez iustice à vous-mesmes,& quittiez le dessein que vous auez de nous donner vne Morale, qui doiue seruir de reigle à toute l'Eglise sans contredit ; aprés que vous aurez veu que la grande estime que l'Eglise & particulierement celle deF rance, a eu des œuures d'Yues de Chartres, n'a pas esté iusques à authoriser sa compilation de telle sorte, qu'elle n'ait laissé la liberté aux Casuistes & Canonistes, de suiure d'autres sentimens que ceux de ce Prelat ; lors qu'ils les iugeront plus raisonnables. Les autres Iansenistes me pardonneront bien, si ie cherche parmy eux Monsieur Arnauld, pour le plus habille & pour le meilleur esprit, car ie me laisse en cela gouuerner par le bruit commun sans auoir l'honneur de connoistre ces Messieurs & ie croy aussi que Monsieur Arnauld ne trouuera pas mauuais que ie compare les qualitez d'Yues de Chartres auec les siennes, afin qu'il apprenne ce qu'il doit esperer de la Morale qu'il nous promet, & quel succés, il doit attendre de ses Collections de saint Augustin, par le succés qu'ont eu les Oeuures de cet Euesque.

Yues de Chartre estoit Religieux de l'Ordre du vray S. Augustin, & Monsieur Arnauld, Disciple du faux sainct Augustin Euesque d'Ypre, condamné d'heresie par le S. Siege. Yues de Chartres auoit esté éleué dans la pieté : & S. Cyran a noury Monsieur Arnauld dans l'auersion des Sacrements de Confession, & de l'Eucharistie. Yues de Chartres auoit estudié solidement, demandant l'assistance du saint Esprit, dans l'obscurité de ses doutes ; & Monsieur Arnauld par mal-heur s'est troué engagé dans la cabale de S. Cyran & de Iansenius, qui cherchent des tenebres dans les plus claires veritez de nostre Religion. Yues de Chartres a tousiours tasché de maintenir en paix l'authorité du Pape, & l'authorité de nos Rois ; & Monsieur Arnauld méprise les Bulles des Papes, & la verification qu'en font nos Rois, & reclame honteusement le secours d'vn Concile plus general que celuy de Trente. Yues de Chartres a inseré dans sa Compilation les Loix Imperiales, dont on se seruoit pour lors en France, & Monsieur Arnauld en tous ses li-

ures

ures ne parle iamais des Ordonnances de nos Rois, & iamais il ne les met au nombre des choses, que les Casuistes & Directeurs doiuent sçauoir & prattiquer. Monsieur Arnauld, & les Iansenistes parlant de la Theologie Morale, s'arestent toûjours à la saincte Escriture, aux Conciles & aux Peres, sans faire aucune mention des Loix,& des coustumes du Royaume. Yues de Chartres de simple Religieux a esté honoré de l'Euesché de Chartres, & Monsieur Arnauld meriteroit d'en estre dégradé, s'il ne retractoit sa pernicieuse Doctrine. Enfin Yues de Chartres est mort en opinion de sainteté extraordinaire, & quelques Escriuains luy donnent le titre de bienheureux, & si on peut coniecturer de la mort par la vie, que ne doit-on craindre d'vn homme qui a esté éleué sous S. Cyran, dont la Doctrine estoit heretique, sans l'vsage de la Confession & de l'Eucharistie; qui a fait voir assez hautement de quel sentiment il estoit, touchant ces deux Sacrements, qui a dogmatisé auec Iansenius & S. Cyran; qui pour ses erreurs a esté condamné du S. Siege; qui pour son opiniastreté à defendre ses heresies, a esté retranché de la Faculté de Theologie, dont-il auoit l'honneur d'estre vn membre; qui continuë dans sa desobeïssance enuers le Pape, & dans la rebellion contre toute l'Eglise? Que ne doit-on aprehender d'vn homme qui commet tous ces excés à la face de toute la France? Le cœur me tremble quand i'y pense, ie prie Dieu que sa fin soit heureuse, & qu'il se laisse persuader & fléchir aux conseils & prieres, d'vn grand nombre de Messieurs ses parents, qui pour estre dans les sentimens orthodoxes, & gens d'honneur, reçoiuent vn extréme déplaisir de tout son procedé. Ce que ie puis dire de certain est, que tout ce que i'ay rapporté dans mon Parallelle,donne tousiours l'auantage à Yues de Chartres, & toutefois les Casuistes de France ne l'ont point pris pour vne regle certaine des cas de conscience. C'est donc vne presomption & emportement de superbe, qui fait esperer aux Iansenistes, qu'ils pourront exterminer les Casuistes pour s'ériger, & faire reconnoistre les seuls maistres de la Morale dans toute l'Eglise.

Mais les Casuistes sont de nouueaux Phainomenes de mauuais presage, qui n'ont paru que depuis peu? Iansenius, S. Cyran & leurs Disciples, qui ont dessein de décrier les Casuistes se seruent en cecy d'vne preuue, qui est entierement fausse, & ce qui ne peut proceder que d'vn artifice malicieux, ou d'vne ignorance qui est honteuse à des gens qui font estat d'estre sçauans. Ils disent qu'il n'y a que quatre ou cinq cens ans que les Casuistes ont paru dans l'Eglise, & que nous nous seruons de leurs Compilations de cas ; au lieu qu'aux siecles precedens on prenoit la lecture des Peres, pour gouuerner l'Eglise, & pour décider les cas particuliers ; quand les Conciles n'auoient rien déterminé, qui fut contraire aux sentimens des Peres. Pour moy i'ay long-temps creu qu'il y auoit plus de déguisement que d'ignorance, dans ce procedé des Iansenistes, mais depuis i'ay iugé qu'il se pourroit bien faire, que ces Messieurs se trouuant embarassés à défendre les erreurs de leurs Patriarches, qui leur font tant de peine, n'ont eu loisir que de lire les liures, dont ils pourroient tirer quelque secours. Car s'ils auoient leu *Antonius Augustinus*, ou bien entre les plus recens, Monseignenr de Marka Archeuesque de Tholose, où Monsieur Florent, ils y eussent appris que dés les premiers siecles, il y a eu des Compilations de cas de conscience dans l'Eglise. Ce ne sont donc pas elles ny les Casuistes, qui ont apporté le déreglement ; & le restablissement du bon ordre, ne dépend pas de la défense qu'on pourroit faire de lire les Casuistes, pour s'addonner à la lecture des Peres & des anciens Conciles. Si les Iansenistes n'ont leu ces trois Autheurs que ie viens de marquer, qu'ils se donnent la peine de les voir, & ils reconnoistront que dés le commencement du cinquiéme siecle, Theodoret fit vne Compilation de Canons, & y méla beaucoup de Decisions, prises des écrits de S. Basile, qui furent aprés augmentées, des Decisions tirées des lumieres de Denis Alexandrin, de Pierre Alexandrin, de S. Gregoire Thaumaturge, & d'autres Peres de l'Eglise Grecque, qui fleurissoit pour lors, & n'estoit pas dans le relaschement, par ces Compilations de cas ; & si nous voulions remonter plus haut, nous en trouuerions vne faite des Canons des Apostres, dés l'an 255. C'est à dire deuant le Concile de Nice, ainsi que le remarque Monseigneur de Marka *page* 397. Les Iansenistes chicaneront peut-estre à leur ordinaire, de ce que ie nomme ce receüil de Canons vne Compilation de cas, mais ils doiuent sçauoir qu'il y a deux manieres d'en faire ; la premiere ramasse les Canons, ou les Decisions qui commandent, ou defendent les actions particulieres ; l'autre reduit à vne certaine methode les contrauentions qu'on peut faire contre ces Loix : or le receüil des Canons des Apostres, a esté fait de la premiere sorte : Si bien que nous pouuons dire auec verité, que fort peu de temps aprés les Apostres, l'on commança à former vn petit corps de droit, & à faire vne Compilation de cas. L'Eglise Latine a eu pareillement les siennes. Antonius Augustinus en parle fort exactement en diuers endrois de ses doctes Ouurages. Le Pere Iean Morin au Liure premier de la Penitence, Chapitre quatriéme, fait mention d'vn Penitential composé par S. Cyprian, qui parloit en détail des especes des Pechez, & des Penitences qu'il falloit imposer à ceux qui estoient tombez en diuers crimes. Monseigneur de Marka fait particulierement mention de la Compilation de Burchard Euesque de Vvormes, enuiron l'an 1010. de celles d'Yues de Chartres l'an 1100. & de celle de Gratian l'an 1150. L'Eglise Gallicane s'est seruie de celle de Burchard, & les Iansenistes n'attribuënt pas à Burchard, le relaschement dont-ils accusent les Casuistes, à l'égard de l'Eglise presente : elle s'est aussi seruie assez long-temps de la Compilation d'Yues de Chartres, & les Iansenistes n'accusent point l'Eglise de ce temps-là de relaschement, & ne l'imputent point à cet Autheur, & mesmes ils ne se declarent pas si nettement contre Gratian, comme ils font contre les Canonistes & les Casuistes, qui l'ont suiuy. D'où ie conclus, que s'il y a de l'ignorance dans leur accusation, il y a aussi de la malice, & que peut-estre leur haine couuerte, est contre les Compilations des decretales des Papes, & contre l'authorité du S. Siege, qu'ils voudroient détruire, s'il leur estoit possible ; & parce qu'ils n'osent parler clairement, ny s'expliquer nettement sur cette matiere ; ils attaquent les Canonistes, & les Casuistes, qui ont fait des gloses, & tiré des conclusions & cas particuliers, des Decretales des Papes, depuis quatre ou cinq cens ans ; esperant qu'en détruisant les Commentaires, & les Cas particuliers ; ils feront perdre le credit qu'ont les Textes, & donneront atteinte à l'authorité des Papes, de qui sont émanées ces Decretales.

Il ne reste plus de cette troisiéme Objection, qu'à répondre à la liste ridicule, que le Secretaire de Port-Royal a dressée des noms de diuers Casuistes & Canonistes, qui ont fait disparoistre à leur arriuée saint Augustin, S. Chrysostome, S. Ambroise, S. Hierôme, & les autres Peres ; pour ce qui touche les Decisions de la Morale ; ainsi que dit le Secretaire, *Lettre 5. page 8.* Que si ie ne considerois que sa personne, & ceux qui l'employent pour railler, ie le mépriserois auec ses bouffonneries, & conseillerois aux Casuistes & Canonistes, de se comporter enuers ces bouffons, ainsi que les Conseillers & Presidents ont accoustumé de faire enuers les Clercs de Palais, auec qui ils dissimulent vne fois l'an, & souffrent qu'ils erigent des tribunaux, & qu'ils creent des Magistrats de la Basoche, qui pendant le temps de Caresme-prenant, font plaider des causes, rendent des sentences aux parties, & font des ordonnances, pour regler les abus des Sieges & des Parlements. I'en vserois de la sorte, parce que ie croy, que les bouffonneries des Iansenistes, & leurs reglemens, seront aussi peu receus & prattiquez dans l'Eglise, que les Ordonnances de ces Clercs le sont dans le ressort des Parlements, où ces Iuges trauestis tranchent des Souuerains, pour vn ou deux iours : Mais parce que depuis quelques années on écrit contre les Casuistes, & on les Calomnies, de mépriser les sentimens des anciens Peres, & de ne plus étudier, que pour trouuer des relaschemens condamnez par les Peres, qui les ont precedez : Ie réponds que les écris des Casuistes qui écriuent, & qui enseignent presentement, sont remplis de Textes de tous les Peres, sur chaque matiere qui se traitte en Morale, de sorte que sans grande peine on pourroit en lisant les Casuistes de nostre temps, faire vne Theologie Morale des sentimens des Peres, qui seroit assez accomplie en toutes les parties, qui traittent du droit naturel du Decalogue, des Sacremens & autres matieres, qui n'appartiennent point au gouuernement exterieur de l'Eglise. Et pour ne pas abuser de la patience du Lecteur, ie marqueray succinctement diuers endroits du Decret de Gratian, où cet Autheur rapporte sur chaque precepte du Decalogue, plusieurs resolutions de cas de conscience, tirées des saincts Chrysostome, Ambroise, Augustin, Hierôme, Gregoire, & autres : par où vn chacun pourra voir, que les Casuistes recens n'ont pas fait éclipser les saincts Peres : puisque ces Theologiens se seruent des Decisions qu'ils trouuent dans Gratian & dans d'autres Liures.

Premier Commandement.

CAVSA *26. q. 1.* S. Augustin & S. Hierôme ont beaucoup de cas particulier sur les sortileges.

Au mesme lieu *q. 2. & 3.* il est traitté de ceux qui deuinent.

Item, en *la question 7. caus.* 13. & aux suiuantes.

II. Commandement.

Caus. 22. *q.* 4. il est traitté des biens & des iurements : & en *la quest.* 1. saint Augustin a grand nombre de Decisions touchant le iurement. *La cause* 24. *q. 3. can. 3.* traitte des blasphemes & des maledictions qui se donnent sans auoir intention de maudire.

III. Commandement.

De consecrat. dist. 1. Les Peres decident qu'il ne faut pas garder le iour du Sabbath des Iuifs.

Item, il est decidé qu'il n'est pas permis de trauailler le iour du Dimanche.

IV. Commandement.

Il est traité du respect que les enfans doiuent aux peres & aux meres.

Canone puella dist. 20. *q.* 2. *Cano. puellis. q.* 1. *Canon. si qui filij. Canon si quis reliquerit dist.* 30. *& Canon. ceterum dist.* 86.

Et S. Basile, Ep. ad Amphilochium epist. 2. *can.* 40. Parle du pouuoir qu'ont les Peres pour empescher les mariages des enfans.

Item, parce que le mesme Commandement qui nous oblige à honnorer les Peres, nous oblige aussi à respecter les Rois & les autres Superieurs. *Sainct Ambroise lib.* 6. *epist.* 48. *ad Paternum respondant*, sur la validité des mariages, se regle sur les loix de Theodose le Grand : Et *saint Basile dans l'Epistre que ie vient d'alleguer*, parlant des mariages des enfans de famille, & des esclaues, dit qu'il faut garder exactement les Loix des Empereurs, qui défendent de contracter de semblables mariages.

V. Commandement.

La cause 23. *est presque toute de* sainct Augustin, pour des cas particuliers qui appartiennent à la guerre, *q.* 3. *can.* 5. 6. 8. 9.

Il est traité de l'homicide, *q.* 5. *can.* 19. 47. 48. & de la vengeance, *quest.* 4.

VI. & IX. Commandement.

Dist. 6. *can. testamentum. & can. non est*, il est traité de l'impureté.

Dist. 13. *can.* 2. *caus.* 2. *&* 27. *q. can.* 4. *caus.* 32. *q* 2. *q.* 4. *q.* 5. *& q.* 7.

VII. Commandement.

Caus. 14. *q.* 4. *can.* 12. *q.* 5. *can.* 15. *& sequentibus* : Il y a plusieurs resolutions des Peres, sur le larcin & sur l'aumosne.

VIII. Commandement.

Dist. 83. Est presque toute contre le mensonge ; & contre l'hypocrisie.

Caus. 22. *q.* 2. *Can.* 14. 19. Et autres du mensonge, *& de* *pœnitent. dist.* 1. Il y a beaucoup de resolutions de Saint Augustin & des autres Peres, touchant les pechez qui se commettent contre le decalogue.

Ie pourrois faire de semblables extraits de Gratian, sur les commandements de l'Eglise, & sur les Sacrements, où les Peres disent leur sentiment, sur les cas de conscience, ainsi que les Casuistes recens les donnent. D'où l'on peut apprendre deux veritez. La premiere que c'est à tort que les Iansenistes nous accusent, de ne point auoir d'egard aux sentiments des Peres, lors qu'il s'agit de decider quelque point de Morale; parce que il n'y a gueres de Casuistes, pour mediocre qu'ils soient, qui ne lisent Gratian, ou pour les moins les citations qu'en font les bons Autheurs. La seconde, que les Peres ont esté les premiers Casuistes de l'Eglise, qui ont porté leur iugement sur les actions particulieres; ainsi que font maintenant le Casuistes, auec incertitude comme ils font à present, & sur les mesmes probabilitez, partant qu'il ne faut point traiter les Casuistes de ridicules, à moins que de diminuer le respect, que iusques à maintenant en a porté aux Peres.

Outre les Peres de l'Eglise, les Casuistes lisent d'autres Autheurs de Morale, que ceux dont ce Ianseniste railleur a fait vne liste grotesque. Si ce secretaire là se donne la patience de lire Siluester, il trouuera sur la fin vne table des Authours, que ce Casuiste à lûs, pour composer sa somme, & il y en comptera plus de cent soixante, entre lesquels on n'y trouuera pas vn de ceux, que le secretaire a mis dans sa ridicule lettre. S'il veut encore s'éclaircir d'auantage, qu'il lise *Azor*; *Tom.* 1. *pag.* 118. Et il remarquera que cet écriuain cite plus de deux cents Autheurs, dont il s'est seruy pour ses trois tomes de Morale. Barbosa sçauant Canoniste, a mis vn ample Catalogue des Autheurs qu'il allegue dans vingt gros Tomes; qu'il a écrits, sur le droit Ciuil & Canon. Sanches en pourroit faire vn pareil, & ie sçay bien qu'il dit en quelque lieu de sa Somme, qu'il n'a cité aucun Autheur qu'il ne l'eust veu, & examiné. *Basilius Pontius*, a leu les Peres, les Conciles, les Canonistes & les Iurisconsultes, & a esté vn des sçauants & solides écriuains de son siecle, qui pourroit aussi faire de grandes listes des Autheurs qu'il a leûs outre les Peres. Parmy ces Autheurs, que les Casuistes que ie viens d'alleguer ont leus, il y a des Papes eminents en capacité, & en vertu. Il y a plusieurs Cardinaux, grand nombre d'Euesques, des Presidents; comme Monsieur de Selme, des Maistres des Requestes; comme

Monsieur Tiraqueau, des Conseillers des Cours Soueraines, Boerius, Corras, & autres.

Les autres Autheurs, ont esté les lumieres de leurs siecles, pour leur esprit releué, leur rare iugement, & pour leur prodigieuse doctrine; & co qui est plus à estimer, c'est que plusieurs d'entr'eux ont releué cette haute suffisance, d'vne Sainteté si extraordinaire, qu'ils ont merité d'estre canonisez. Ie ne dis rien que les Prelats ne connoissent, les Parlements & gens de lettres en sçauent la verité, & lisent aussi bien & mieux que moy les Autheurs, qui ont écrit sur le droit Canonique & Ciuil. Les Casuistes estudient leurs liures, & consument leur vie aux mesmes emplois, qui les a rendus venerables aux gens de bon sens. Ce qui me fait esperer que si les calomnies, & les bouffoneries des Iansenistes, ont supris la facilité de quelques gents de condition, & décredité les Casuistes, aupres des esprits foibles: Il s'en trouuera beaucoup plus, qui par leur capacité & solidité d'esprit, leur conserueront l'honneur; que merite le seruice qu'ils rendent sans aucun interest au public.

IV. Obiection, Le Pere Bauny & les autres Theologiens, & Casuistes disent, que pour pecher, & se rendre coupable deuant Dieu, il faut sçauoir que la chose qu'on veut faire, ne vaut rien, ou au moins en douter, craindre, ou bien iuger, que Dieu ne prend pas plaisir à l'action, à laquelle on s'occupe qu'il la defend & nonobstant la faire, franchir le sault & passer outre. *Lettre 4. pag. 2.* Que cette maxime met en repos ceux qui commettent les plus enormes crimes, *Pag. 3.* Qu'il n'y a aucun liure de pieté, (mesme dans ces derniers temps) qui l'enseigne. Et qu'elle n'est tenüe que des Casuistes, & nouueaux Scholastiques. *Pag. 2.* Et qu'Aristote est d'vn sentiment contraire. *Pag. 7. & 8.*

Responsе, Ceux qui ont écrit contre Iansenius, & contre le Port-Royal, comme le Pere Annat, le Pere Pierre de Saint Ioseph, Monsieur de Marandé & les autres: ont sij souuent & si solidement refuté la doctrine, que le secretaire debite si hardiment en sa quatriéme lettre, que ce seroit chose superflüe de mettre icy, ce qu'on peut facilement lire en leurs doctes ouurages. Afin donc de ne pas vser de redites, ainsi que font nos aduersaires; Ie soustiens que la proposition du Pere Bauny est vraye, & que celle des Iansenistes est fausse, & scandaleuse dans ses suittes. Les Iansenistes enseignent qu'vne action ou vne omission peut estre criminelle, & merite chastiment, encore que celuy qui fait l'action, ou bien, qui l'obmet, n'ayt iamais eu connoiſſance du mal ou du peché qui ſoüille cette action, ou cette omiſſion : ou pour parler en termes racourcis, les Ianſeniſtes enſeignent, que l'ignorance du precepte, quoy qu'elle ſoit inuincible, & que la perſonne qui commet l'action, ne puiſſe venir en connoiſſance du precepte ; ne laiſſe pas d'eſtre peché, & puniſſable des peines d'enfer, s'il s'agit de quelque matiere d'importance. Ie prouue la fauſſeté de leur maxime, par leur propre confeſſion ; car ils auoüent qu'vn ſujet ne peche point, & ne merite point chaſtiment, lors qu'il tranſgreſſe le commandement & la loy de ſon Prince : ſi en la tranſgreſſant, il n'a iamais eu connoiſſance de cette loy. Ieſus-Chriſt meſme parlant de la Loy nouuelle qu'il venoit publier aux Iuifs, dit que ce peuple n'euſt point peché en refuſant d'obeïr à cette Loy ; ſi la quantité des miracles que faiſoit le Fils de l'Homme, n'euſt authoriſé la publication de l'Euangile. *Si non veniſſem & locutus eis fuiſſem peccatum non haberent. Ioann. 15.* D'où i'infere que toute ignorance inuincible en quelque matiere que ce ſoit excuſe de peché : & que nulle action, ou omiſſion ſera chaſtiée de Dieu, qui n'aura point eſté precedée de connoiſſance qui conduiſe la volonté à executer ce qui aura eſté commandé, où à s'abſtenir de ce qui aura eſté deffendu. Les Ianſeniſtes nient la conſequence de mon argument, & diſent qu'elle a ſeulement lieu, quand l'ignorance n'eſt pas l'effet de quelque peché precedent, en punition duquel, Dieu permet, ou nous enuoye cette ignorance : or ils veulent que l'ignorance des Loix poſitiues diuines ou humaines, ſoit de cette eſpece : c'eſt pourquoy ils accordent que l'ignorance de la Loy de l'Euangile euſt excuſé les Iuifs de peché & de chaſtiment ; de meſme que dans leurs maximes, l'ignorance des Loix humaines, excuſe les ſujets des Princes. Mais ils ont inuenté vne autre eſpece d'ignorance, dont les hommes ſont frappez en punition du peché d'Adam ; & ils diſent qu'elle n'empeſche pas, que les actions ou omiſſions, qui procedent de cette ignorance, ne ſoient effectiuement des pechez, & ne meritent chaſtiment. Telle eſt, diſent ils, l'ignorance de la Loy naturelle, & des preceptes du Decalogue ; telle eſt la priuation des connoiſſances ſurnaturelles, que les enfans d'Adam euſſent eüe, ſi leur pere n'euſt point d'eſobey au commandement de Dieu ; parce que cette ignorance prenant ſon origine du peché d'Adam, elle en tire auſſi la malice, & en ſuitte la fait paſſer à toutes les actions & omiſſions, qui en ſont ſorties. Il ne faut eſtre ni Theologien ni Philoſophe, pour découurir la nullité de cette diſtinction, il ne faut qu'vn peu de ſens commun, &

vn peu de reflexion sur ce qui se passe entre les hommes, pour iuger, que Dieu n'a garde d'imputer à peché, l'ignorance qui nous vient en suitte du peché d'Adam : en sorte qu'il chastie les actions qui sont causées par cette ignorance. Car supposons que pour quelque crime ont ait iniustement creué les yeux à vn esclaue ; apres ce chastiment son maistre pourroit il exiger de luy qu'il courust par Paris, comme il faisoit, lors qu'il auoit l'vsage des yeux ? & au cas qu'il ne s'acquitast pas bien des commissions comme il faisoit auparauant : auroit il raison de le chastier, s'il auoit fait tout son possible pour executer les commandements de son maistre ? il n'y a personne qui n'exemptast de faute ce miserable, & qui ne condamnast la cruauté du maistre, quoy que son seruiteur eust perdu la veüe par sa faute. Or Dieu est infiniment plus raisonnable, & plus equitable que l'homme, & le defaut de connoissance qui nous est arriué pour punition du peché de nostre Pere, est bien moins criminel en nous, que l'aueuglement du seruiteur, à qui on a creué les yeux, pour ses méchantes actions. C'est donc vn blaspheme, & vne extreme impieté d'accuser Dieu de cette cruauté, & de dire qu'il exerce les dernieres rigueurs de sa Iustice sur des miserables, qui n'ont iamais eu connoissance des choses pour lesquelles on les punit.

Outre l'exemple, le sens commun nous fait iuger, que la mesme raison qui excuse ceux qui sont dans l'ignorance des Loix positiues : met aussi à couuert ceux qui ignorent la Loy naturelle. Car afin que la Loy positiue oblige, il faut qu'elle soit publiée, & declarée de la part du Prince. Cette mesme raison prouue que la Loy naturelle n'oblige, si non entant que la connoissance la publie, & la declare. C'est cette connoissance qui sert de herault, & si elle manque, l'homme n'est nullement en faute, & ne peut estre iustement chastié. Saint Augustin est dans ce sentiment, au liure des questions de l'Ancien Testament, où parlant de deux sortes d'ignorance, dont la premiere est coupable, d'autant que ceux qui ignorent, pourroient se faire instruire s'ils vouloient s'en donner la peine : l'autre est de ceux qui n'ont personne qui leur puisse enseigner, ce qu'ils ignorent. Il aiouste qu'on peut excuser de la peine & du chastiment, ceux qui sont en cette seconde sorte d'ignorance. *Ille enim ignorans potest excusari à pœna, qui à quo disceret, non inuenit.* Ces parolles sont rapportées au *Chap. 16.* de la *dist.* 37. de Gratian, où la glose expliquant ce mot, *pœna*, dit, *id est à peccato pro quo debetur pœna, vel à pœna æterna.* Les Iansenistes eussent mieux fait de lire les sentiments de Saint Augustin, touchant l'ignorance dans Gratian, qui les allegue en beaucoup d'endroits, & nommement en la cause quinziéme: que de les apprendre de Caluin, d'où ils ont emprunté cette quatriéme obiection, qui non seulement est fausse, & contre Iustice, mais qui tire apres soy des consequences tres pernicieuses, & tres scandaleuses. La premiere consequence qui suit de cette erreur, est qu'vn grand nombre de Chrestiens, qui pechent par ignorance contre le Decalogue, seront damnez; faute d'instruction. La seconde que plusieurs tenus pour grands Saints, & qui sont Canonisez, sont dans l'enfer: parce que plusieurs de ces Saints ont donné des resolutions contraires, sur les preceptes du Decalogue. Par exemple Saint Thomas aura esté d'vn sentiment contraire à celuy de Saint Bonnauenture; Saint Antonin aura esté contraire à celuy d'vn autre Saint, sur les commandements de la Loy naturelle: & peut-estre que ces Saints se seront seruis des connoissances qu'ils auoient, pour la conduite de leurs actions. Or dans ces iugements; directement opposez, l'vn des deux estoit vn peché d'ignorance contre la Loy naturelle: il faut donc dire q'vn de ces Saints est damné pour ces pechez d'ignorance. La troisiéme est, que la plus grande partie des Peres de l'Eglise, des trois ou quatre premiers siecles deuant Saint Augustin, sont en grand danger d'estre damnez, dans les maximes des Iansenistes, parce que les Iansenistes, tiennent que la plus grande partie de ces Peres, ont esté Pelagiens, ou Semipelagiens. Or ces Heretiques estoient dans vne ignorance criminelle touchant la Foy & les vertus surnaturelles: Ignorance qui vient aux hommes en punition du peché d'Adam, qui les a priuez de ces vertus, & de ces connoissances surnaturelles; ils s'ensuit donc que les fautes qu'ont fait ces Peres, sont sans excuse, & reçoiuent chastiment de la Iustice de Dieu. Qui est celuy qui n'aura point d'horreur de ces suites?

Les Iansenistes accusent les Casuistes de mettre les gros pecheurs en repos, & de fomenter leurs déreglements, en les assurant qu'ils sont dans vn estat, où ils ne pechent plus, faute de connoissance; & où ils ne doiuent point apprehender les chastiments de Dieu, qui ne sont que pour ceux qui ont la connoissance du mal qu'ils font. Examinons vos maximes, Messieurs les Iansenistes, & les confrontons auec celle des Casuistes, & puis nous verrons qui de vous ou de nous fomente le vice, qui de vous ou de nous a de meilleurs moyens, pour retirer ces grands pecheurs de l'assoupissement, où la mauuaise habitude, & les frequentes recherches les ont plongez. Les Casuistes disent que ces pecheurs ne pechent point s'ils n'ont la connoissance du mal, qui pourroit estre dans l'action qu'ils commettent, & à mesme temps ils exhortent ces pecheurs à cooperer auec Dieu, qui desire les retirer de ce deplorable estat. Les Iansenistes au contraire disent que ces pauures pecheurs pechent & se damnent, quoy qu'ils n'ayent aucune connoissance du mal, qu'ils font; & pour tout remede à leur misere, ils disent que les efforts qu'ils feront, seront inutiles, qu'il n'y a que la seule grace victorieuse qui les puisse retirer de l'abysme, que Dieu pourra la leur donner, peut estre aussi ne la leur donnera t'il pas, car il n'est pas mort pour le salut de tous les hommes. Répondez Messieurs les Iansenistes, n'auez vous pas tort de reietter la cause des dereglements, sur les maximes des Casuistes? N'estes vous pas déraisonnables de dire qu'ils fomentent le vice, & qu'ils entretiennent les grands pecheurs dans leurs méchantes habitudes? Puis qu'il n'y a que la grace victorieuse, qui puisse corriger ces pecheurs, & qui puisse rétablir dans l'Eglise presente, la Sainteté qu'on a veu dans la primitiue. C'est au Saint Esprit, & non aux maximes des Casuistes, qu'il faut attribuër l'endurcissement des grands pecheurs, & tout le desordre des Chrestiens. Car si le Saint Esprit vouloit donner cette grace victorieuse aussi souuent qu'il la donnoit des les premiers siecle de l'Euangile; l'Eglise ne seroit pas dans la décadence, & les Casuistes auroient beau multiplier leurs maximes (que vous appellez pernicieuses) le Saint Esprit seroit tousiours le Maistre, & cette grace victorieuse triompheroit de toutes les opinions licentieuses des Casuistes, ainsi qu'elle a emporté le dessus, malgré les maximes des Philosophes Payens, & des Prestres des Idoles, qui auoient des doctrines plus pernicieuses, & plus opposées à l'Euangile, que ne le sont les sentiments des Casuistes. Et de mesme que ces sciences Payennes, & les artifices de la prudence humaine, appuiée de la subtilité des demons, n'a seruy qu'à rendre le pouuoir de la grace de Dieu, plus illustre, comme autres fois les seaux d'eau que le Prophete Elie fit ietter sur le sacrifice que le feu du Ciel consuma, seruirent à donner plus d'éclat au miracle que Dieu fit, en brussant la victime. Ainsi cette multitude de Casuistes ne nuiroit point à l'Euangile, au contraire elle seruiroit à releuer sa gloire, & à rehausser l'honneur des Iansenistes, qui combattent pour la grace efficace par elle mesme contre les Casuistes, auec autant d'opiniastreté pour le moins, que les Apostres ont eu de zele contre les Prestres des faux dieux. C'est donc le Saint Esprit (Messieurs) que vous accusez, ou Iesus-Christ, de ne pas appliquer le merite de son sang à l'Eglise presente : comme il l'a appliqué à l'Eglise des premiers siecles, que vous loüez tant. C'est sur le Saint Esprit, où sur Iesus-Christ, que vous reiettez l'endurcissement de ces pecheurs endurcis, & acheuez, dont vous parlez en vostre quatriéme lettre, c'est ce defaut de grace, à qui vous attribüez effectiuement la perseuerance de ces pecheurs dans leurs mauuaises habitudes : quoy que vous en reiettiez la faute sur les Casuistes. Vous eussiez bien mieux fait de décharger le Saint Esprit, Iesus-Christ, & les Casuistes de ce blasme, & de dire, que les pecheurs croupissent dans le vice ; parce qu'ils ne veulent pas cooperer aux graces que Dieu leur enuoie. Vous eussiez mieux fait d'obeïr à la Bulle d'Innocent X. qui condamne d'heresie, la seconde de vos cinq propositions qui enseigne, *Que dans l'estat de la nature corrompuë, où nous nous trouuons maintenant, la volonté ne resiste iamais aux mouuements de la grace interieure.* I'aurois beaucoup de choses à dire sur vostre heresie, que ie passe, pour decouurir vos tromperies, & pour faire voir aux pecheurs, & à ceux que vous seduisez, sous le pretexte specieux d'vne rigoureuse penitence & d'vne vie austere ; qui leur impetrera le pardon de leurs pechez passez ; que par vostre propre aueu & par vos propres maximes, vous n'auez aucun moyen de retirer les pecheurs du vice, aucun qui puisse conduire vne ame à la vertu. Pour vous conuaincre plainement supposons qu'vn de ces pecheurs que vous connoissés, qu'vn de ces *francs pecheurs, pecheurs endurcis, pecheurs sans mélange, pleins & acheuez* ; tels que vous les décriuez à la fin de la troisiéme page de vostre quatriéme lettre ; vous soit amené dans ce miserable estat, où il ne ressent point son mal, & n'a aucune enuie de se conuertir.

Par quel bout vous prendrez-vous pour conuertir cette ame à Dieu ? luy conseillerez-vous de se confesser ? vous n'auez garde, car vous enseignez que le Sacrement luy seroit vn poison, qui acheueroit de le tuer ; Direz-vous à ce pecheur qu'il prie Dieu ? peut-estre que ouy ; mais s'il vous dit qu'il n'a pas la Grace efficace, que repliquerez-vous ; luy ordonnerez-vous de faire des aumônes ? ie n'en doute point, car c'est vostre grande industrie pour faire vn fonds contre l'Eglise, & peut-estre contre le repos public ; luy commanderez-vous de faire des penitences, de se battre le corps, & de faire de grandes dietes ? Ie croy que ouy, mais ie vous demande si ces aumônes & ces penitences sont entierement dans le pouuoir de ces pecheurs, & de ceux qui sont assez simples pour s'abandonner à vostre direction, ou s'il faut de la Grace victorieuse pour les faire ? Ie vous demande en second lieu, supposé que les pecheurs & vos autres penitens soient tousiours en pouuoir de faire l'aumône, & d'affliger leurs corps de penitence, toutes les fois que vous les commanderez ; si vous croyez que ces aumônes ces penitences, soient d'elles-mesmes capables de iustifier vn pecheur ; ou pour le moins si elles suffisent pour impetrer vne parfaite contrition, & cette Grace victorieuse qui les retire du peché ? Si vous dites que les pecheurs ne peuuent faire l'aumône, ni accomplir les penitences que vous leur imposez, & que cela dépend de la Grace victorieuse, que Dieu donne quand il veut : Vous n'auez aucun moyen d'aider les pecheurs, vos penitents, & ceux qui vous confient leurs consciences ; vous vous seruez de leur credulité pour disposer de leur bourse, vous estes des trompeurs, & ie suis obligé de leur dire que l'argent qu'ils donnent, ne leur sert de rien, si ils ne le donnent par vn mouuement du S. Esprit ; & que ce mouuement ne dépend nullement du Directeur Ianseniste ; ie suis obligé de leur declarer que les Iansenistes se rendent les meurtriers des corps de leurs penitens ; ainsi que les Deruis des Turcs, & les Brachmanes des Iaponnois martyrisent leurs corps, & les tuënt de mille supplices, pour en faire vn sacrifice au diable. Ie suis obligé de leur dire, que Dieu aime mieux l'obeïssance qu'ils rendront à l'Eglise, en quittant ces heretiques ; que le martyre de leurs corps, & l'affliction qu'ils prennent par le conseil de ses ennemis. Que si vous croyez que ces aumônes, & ces penitences sont suffisantes d'elles-mesmes, pour iustifier le pecheur, sans vn mouuement de la grace de Dieu, ou pour attirer la Grace victorieuse, ou la Contrition ; vous tombez dans l'heresie des Pelagiens, qui attribuoient la iustification aux accusations purement naturelles. Vous faites renaistre l'heresie des gueux de Lyon, qui preschoient que leurs flagellations suffisoient pour expier toutes sortes de vices. I'ay leu quelque part dans vos liures, que ces afflictions de corps & ces penitences n'auoient pas assez de force pour conduire le pecheur à la iustification ; mais qu'estant imposées par le ministere du Prestre, elles acqueroient cette nouuelle vertu. Si vous continuez dans ce sentiment ? vous découurez vostre mauuaise foy, & vostre procedé plein d'iniustice ; en ce que vous blâmez les Casuistes de ce qu'ils attribuent vn nouueau pouuoir à l'Attrition, lors qu'elle est conioínte au Sacrement de Penitence ; & vous accordez le mesme pouuoir aux mortifications, qui ne sont que corporelles & exterieures ; au lieu que l'Attrition est vn Acte spirituel interieur, qui procede du mouuement du S. Esprit, & qui retracte la volonté qu'on auoit eu de pecher. En tout ce procedé ie ne remarque que vos heresies, vos tromperies, vos contradictions ; & par tout vos amis & vos penitens sont mal traittez en leurs biens, ou en leurs corps, & courent grand danger du salut de leurs ames, si au plustost ils ne se soûmettent à l'obeïssance de l'Eglise.

La troisiéme chose qu'ils nous opposent dans cette quatriéme Objection, c'est que tous les Liures de pieté, mesme de ce temps, son de contraire auis à celuy du Pere Bauny, c'est à dire que ces Liures de pieté enseignent qu'on peche ; quoy qu'on n'ait aucune connoissance du mal que l'on fait. Cette distinction que le Secretaire fait entre les Liures des Casuistes & les Liures de pieté, venant des ennemis des Casuistes, ie ne la puis dissimuler. Et auant que d'y répondre, ie demande aux Iansenistes si les Liures qui apprennent ce que c'est que peché mortel, & qui enseignent le moyen de le fuïr, ne sont pas des Liures de pieté ? or c'est ce que font les Casuistes. Ie demande si les Liures qui marquent ce que c'est que peché veniel, ne sont pas des Liures de pieté ? on apprend cela des Casuistes : C'est donc à tort que les Iansenistes mettent de la difference, & distinguent entre les Casuistes & les Liures de pieté, & ils deuroient nous citer quelqu'vn de ces Liures de pieté, afin que les Casuistes vissent à qui ils ont affaire, & si les Iansenistes ne sont point aussi peu veritables en cela qu'au reste. Mais puisqu'ils nous laissent à deuiner : I'assaieray de coniecturer ce qu'ils entendent par leur Liures de pieté. Peut-estre qu'ils parlent de ceux qui acheminent à la vertu ; & si cela est, ils se trompent encore, car c'est aux Casuistes à éloigner du vice, & à donner les moyens d'acquerir la vertu ; ainsi que les autres sciences, traittent des deux contraires : la Physique, du mouuement & du repos ; la Medecine, de la santé, & de la maladie, & les autres de mesme façon : peut estre que les Iansenistes par les Liures de pieté, entendent de certaines prieres & oraisons, composées pour des iours determinez, & pour des occasions particulieres, ou bien des Meditations, & des Examens & autres prattiques, comme i'en voy dans les Heures de Port-Royal, dans des Liures des Directeurs de leur façon, comme de S. Cyran, qui en auoit composé de cette sorte, témoin son Chappellet Mysterieux. Si ce sont-là les Liures que les Iansenistes nous marquent, lors qu'ils distinguent entre les Scholastiques, les Casuistes, & entre les Liures de pieté ; les Scholastiques & Casuistes acquiesceront volontiers à la distinction des Iansenistes, & leur laisseront l'honneur d'estre intelligents, & habilles, en ces deuotions & Liures de pieté. Quoy que pour dire la verité, i'estime plus la moindre Oraison d'vn aueugle des Quinze-vingts, que la plus rafinée qui soit dans les Ouurages des Iansenistes; parce que ces pauures aueugles ne disent que de bonnes prieres, & les Iansenistes y mélent beaucoup d'heresies : Mais quel auantage tireront les Iansenistes de ces Liures de pieté, pour prouuer contre les Casuistes que les pechez d'ignorance inuincible sont veritablement des pechez, qui meritent d'estre chastiez dans l'Enfer. Ie ne voy pas que l'opinion des Iansenistes, pour ces pretendus pechez d'ignorance, deust estre beaucoup authorisée par ces petits liurets de prieres, ou par ceux qui les composent. Ce qui me fait dire que dans la distinction que les Iansenistes font entre les Scholastiques, les Casuistes & entre les Liures de pieté ; ils entendent par les Liures de pieté, ceux qui traittent de la parfaite vnion de l'ame auec Dieu, par vne charité épurée, telle que la décrit Monsieur Arnauld dans le liure de la Frequente Communion, par des transports, & des rauissements qui la font abysmer dans cet ocean de douceur, ou se trouuoit enueloppé saint Augustin quand il crioit, *sero te amaui pulchritudo tam antiqua.* Ie fonde la probabilité de ma coniecture, sur ce que ces anges de Port-Royal volent tousiours vers le Soleil, & dans ce plein iour croyent découurir des pechez, & des tasches, ou les Casuistes se persuadent qu'il n'y a que de la beauté & de la vertu. Et au cas que les Iansenistes par les Liures de pieté, marquent les Liures qui traittent de ce sublime estat de perfection ; ie soustiens, que la distinction qu'ils mettent entre les Scholastiques, les Casuistes, & entre les Liures de pieté est mal fondée, & que ces Liures qui traittent de cette vnion, & de cette perfection si eminente, n'ont point de maximes qui soient ontraires à celles des Casuistes ou Scholastiques. Ie soustiens que les veritables regles qu'vn Directeur peut donner à vne ame pour paruenir à la plus haute perfection qui soit dans l'Eglise, se doiuent prendre des Scholastiques & des Casuistes. Les veritables dispositions à cet estat de charité conforme, consistent à mortifier les passions, & à prattiquer toutes les vertus, & principalement l'humilité ; il n'y a que Dieu seul qui acheue le reste, & si quelque Directeur promet de donner d'autres chemins pour y arriuer, il fait en matiere de perfection, ce que font les Chymiques pour l'or qu'ils promettent de faire ; en quoy personne d'eux n'a iamais reüssi ; parce que la seule chaleur du Soleil peut fournir ce noble métail dans les mines : Or ces veritables dispositions, se tirent des Scholastiques & des Casuistes, & lors qu'vne ame est arriuée à ce sublime degré de perfection, dont S. Cyran semble quelquefois parler dans ſes Lettres, elle ne prend pas pour cela d'autres maximes ; & n'enſeigne pas que l'on peche, lors meſme qu'on ne connoiſt pas le mal que l'on commet : témoin ſainte Thereſe, cet eſprit ſi éclairé, qui ſe gouuernoit par les Scholaſtiques & les Caſuiſtes, & choiſiſſoit les plus ſçauants qu'elle pouuoit trouuer, & ſoûmettoit à leur iugements, & à leurs maximes les plus extraordinaires communications, qu'elle auoit auec ſon Createur. Mais la ſuperbe des Ianſeniſtes, qui bien loin de ſe ſoûmettre veut dominer, ſe ſentant dépourueuë de la capacité & de la ſolidité des Theologiens, Scholaſtiques & Caſuiſtes, a ſon recours à des expediens de viſionnaires & d'illuminez, & pour couurir les défauts naturels, & la baſſeſſe de l'eſprit de pluſieurs de ſes Directeurs, ſe vante de marcher par des voyes extraordinaires, qui ſurpaſſent la raiſon (qui eſt l'élement des Scholaſtiques & Caſuiſtes) & veut s'appuyer ſur des Liures de pieté, qui iamais ne furent, & dont ils n'en citent pas vn en particulier.

Les Ianſeniſtes prennent la derniere preuue de leur objection de la Morale d'Ariſtote ; & par impoſture qui leur eſt ordinaire, ils font vne diſtinction d'ignorance de droit, & d'vne autre ignorance, qui n'eſt que de fait ; pour faire dire à ce Philoſophe tout le contraire de ce qu'il a écrit en diuers lieux de ſa Philoſophie. En vertu de cette diſtinction, ils diſent que dans le ſentiment d'Ariſtote, l'ignorance de fait empeſche que l'action ne ſoit volontaire, & qu'elle ne ſoit tâchée de la malice, qu'elle euſt contractée, ſi celuy qui operoit, euſt eu la connoiſſance du fait : C'eſt ainſi que l'action de Merope ne fut pas volontaire, lors qu'il tua ſon fils, penſant tuer ſon ennemy ; au contraire ils diſent que ſelon Ariſtote, l'ignorance du droit n'excuſe point le pecheur, & n'empeſche pas qu'il ne merite le chaſtiment. D'abord que ie leu cette ſublime diſtinction, ie me figuray qu'elle pouuoit eſtre de Monſieur .... qui eſt auſſi peu verſé en Philoſophie, qu'il eſtoit excellent homme de Palais ; ie creûs que c'eſtoit encore vn reſte de la Iuriſprudence, qu'il n'a pas tout à fait ; parce qu'on reçoit au Palais l'excuſe de celuy qui pretend auoir ignoré le fait, pluſtoſt que de celuy qui proteſte d'auoir ignoré le droit ; d'autant que la Loy ayant eſté publiée, on preſume touſiours que celuy qui la viole en connoiſſoit l'obligation ; mais cette diſtinction qui eſt receuë par les Iuges qui ne connoiſſent pas la verité des choſes, & qui iugent ſur des preſomptions, n'a point de lieu à l'égard de Dieu, qui penetre le ſecret des cœurs ; & en effet, ſi les Iuges connoiſſoient, que celuy qui a transgreſſé la Loy, ignoroit que la Loy fuſt portée, ils

ils feroient obligez de ne pas chastier le trangresseur, & d'excuser son action. Ce qui est en quelque sorte excusable en Monsieur ..... ne peut estre souffert dans ceux de la cabale, qui ont esté sur les bancs : car ils sçauent bien qu'Aristote n'a iamais eu connoissance du peché originel, en punition duquel l'ignorance du droit naturel est criminelle, & punissable ; & par vne consequence necessaire, il est impossible qu'Aristote ait enseigné, que l'ignorance du droit n'excuse pas de peché. Si le Secretaire de Port-Royal, s'entendoit aussi bien à parler consequemment, comme il fait à déguiser les choses, & à imposer à Aristote : il eust fait reflexion sur l'ignorance des Loix positiues, qui selon Iansenius & les Iansenistes, empesche que celuy qui les transgresse, ne peche pas : Or Aristote n'a pû faire de distinction pour cecy entre la loy positiue, & la loy naturelle : & il a parlé de l'ignorance de l'vne ainsi que de l'ignorance de l'autre : Il est donc faux qu'Aristote ait enseigné que l'ignorance du droit, ou de la loy, n'excuse pas de peché, par la propre confession des Iansenistes ; puisqu'ils confessent que l'ignorance de la loy positiue excuse, & qu'ils sont contraints d'auoüer qu'Aristote n'a peu connoistre le peché originel, sans lequel l'ignorance de la loy naturelle, eust aussi bien excusé ceux qui la transgressent, comme l'ignorance de la loy positiue excuse celuy qui la viole.

Auant que de finir la réponse à cette quatriéme Objection ; ie donneray vn petit auis aux Iansenistes qui ne leur sera pas inutile, s'il leur plaist d'y faire vn peu de reflexion. Cet auis tend à les auertir, qu'ils se ressouuiennent que l'an 1209. ou 1210. vn certain nommé Amaury prit occasion de la lecture d'Aristote de faire vne nouuelle Secte, & de dogmatiser en France, ainsi que les Iansenistes abusent d'Aristote, pour introduire leur heresie. La doctrine & la memoire de cet Almaricus ou Amaury, fut condamnée au Concile de Latran, bien que les Peres du Concile iugeassent qu'il y auoit plus de folie, que d'heresie dans les propositions d'Amaury, ainsi que portent les termes du second Chapitre du titre, *de summa Trinitate*, dans les Decretales anciennes. *Reprobamus etiam & condemnamus, peruersissimum dogma impij Almarici, cuius mentem sic pater mendacij excæcauit vt eius doctrina non tam hæretica censeda sit quam insana.* La traduction des Decretales en vieux François, a traduit le Latin de cette sorte ; *sa Doctrine ne doit pas estre appellée, tant seulement heresie, mais desuerie.* Cette nouuelle doctrine d'Amaury troublant l'Eglise, menaçoit pareillement l'estat de sedition, si on n'y remedioit promptement. C'est pourquoy Philippes Auguste fit assembler vn Concile national des Euesques de France, où les Maistres de l'Vniuersité de Paris assisterent, & là fut examinée & condamnée la doctrine d'Amaury. Il estoit mort en opinion d'estre Catholique; ce qui n'empescha pas qu'on ne l'excommuniast, & que son corps, ne fust déterré & brusle, auec dix de ceux, qui ne voulant point abjurer la doctrine de cet heretique, furent brûlez tout vifs: & parce que cet heretique auoit pris occasion de ses erreurs dans Aristote, qu'on auoit commencé d'enseigner depuis peu, dans l'Vniuersité de Paris, on défendit pour trois ans la lecture de ce Philosophe dans l'Vniuersité. A propos de cette Histoire considerez, Messieurs les Iansenistes, que vous auez affaire à vn Pape qui égale en merite Innocent troisiéme, qui condamna Almaricus; que vous viuez sous vn Roy, qui a la pieté de Philippe; que vous auez pour Iuges le Clergé de France, remply de Prelats remarquables pour leur vertu, pour leur capacité & pour leur naissance. Souuenez-vous que vous auez desia esté condamnez par ces trois Pussances? à quoy pensez-vous quand vous vous opiniastrez? pensez-vous que ces Puissances prennent vos heresies, que vous tachez d'appuyer d'Aristote, pour des propositions recreatiues, à cause que vous les écriuez d'vn stile bouffon & ridicule? croyez-vous que le Roy & ses Cours Souueraines ne veillent pas sur vos actions? croyez-vous que les Prelats s'endorment aprés vous auoir condamnez? vous manqueriez de sens commun si vous estiez dans cette pensée. Le Roy & tout le Royaume voyent bien que vostre doctrine & vostre cabale seroient plus fatales à l'estat, que celle d'Amaury ne pouuoit estre.

Quittez donc, Messieurs, les erreurs de vostre maistre Iansenius, dont la memoire est condamnée par le S. Siege; retournez à l'Eglise Romaine, qui vous ouure son sein pour vous y receuoir auec vne bonté de Mere, si vous voulez luy obeïr auec vne soûmission de veritables enfans,

Voyla le conseil que i'auois à vous donner; au sujet d'Amaury & d'Aristote, dont vous abusez pour vos heresies; i'espere que vous ne le trouuerez pas mauuais, car il ne vous peut nuire & vous peut seruir.

V. Objection, Le secretaire de Port-Royal ne demande que l'experience pour conuaincre de faux la doctrine des Casuistes, qui enseigne, que personne ne peche si elle n'a la connoissance du mal qu'elle fait. C'est en la 3. page de sa quatriéme lettre, où le secretaire parle au Pere Iesuite en ces termes. *O mon Pere le grand bien que voicy, pour des gens de ma connoissance, il faut que ie vous les amene, peut estre n'en auez vous gueres veu qui ayent moins de pechez, car ils ne pen-*

ſent iamais à Dieu; les vices ont preuenu leur raiſon : leur vie eſt dans vne recherche de toutes ſortes de plaiſirs, dont le moindre remors, n'a pas interrompu le cours. Il nous renuoie à la meſme experience dans la quatriéme page, & dans la ſeptiéme il fait vn denombrement de diuerſes ſortes de pecheurs, qui n'ont aucun ſentiment du mal qu'ils font, lors qu'ils le commettent.

RESPONSE. Il y a quelque apparence, que le ſecretaire de Port-Royal parle icy de luy meſme, ou de ſes intimes amys, puis qu'il connnoiſt ſi particulierement les mouuements interieurs de leur cœur, qu'il ne ſçauroit les auoir appris d'autres que de ces gros pecheurs. C'eſt pourquoy pour luy témoigner que ie n'ay point d'aigreur contre luy, ie veux pour toutes les iniures qu'il a vomy contre les Caſuiſtes, luy donner vn auis qui luy peut ſeruir & à ces gros pecheurs, ſes bons amys. C'eſt qu'il prenne garde que les Ianſeniſtes luy font auancer contre nous, des maximes qui ſe contrediſent, & que la derniere dont ils ſe ſeruent, eſt pour perdre l'ame du ſecretaire, ou de ces gros pecheurs dont il parle. Nous auons veu que la premiere addreſſe, dont les Ianſeniſtes ſe ſeruent contre nous, eſt d'accuſer les Caſuiſtes de ſe gouuerner par la raiſon, en des choſes ſurnaturelles, comme ſont les myſteres de la grace, qui ſont au deſſus de toute raiſon. Et voicy vn ſecond artifice diametralement oppoſé à ce premier, pour détruire la grace ſuffiſante, que nous diſons n'eſtre refuſée à aucun pecheur, lors qu'il commet quelque peché. Ils inſultent à noſtre doctrine, & nous renuoient à l'experience des blaſphemateurs, des impudiques, & autres gens qui pechent par habitude, & quoy que cette experience ſoit au deſſous de la raiſon, ils croient qu'elle ſuffit pour conuaincre noſtre doctrine de faux, & pour nous faire ſiffler dans les compagniés.

C'eſt ainſi qu'en vſoit Caluin, qui ne demandoit que l'experience, pour iuger ſi le Corps & le Sang de Ieſus-Chriſt, ſont dans l Euchariſtie; & c'eſt pour cette fatale experience que nous pleurons encore la perte de tant de nos freres, qui ſe ſont éloignez de ces ſacrez myſteres. C'eſt cette pernicieuſe maxime, qui entretient les Caluiniſtes dans leur hereſie, & qui eſt ſi ſouuent repetée dans les liures de du Moulin, & particulierement en ſon liure de la vocation des Paſteurs pag. 49. où il dit, *Qu'apres la parolle de Dieu, il n'y a rien de plus fort que l'experience.* Cette ruſe me ſemble plus dangereuſe que la premiere, partant ie prie le ſecretaire & ſes bons amys de ne ſe pas facilement rapporter à leur experience. Et pour les ayder à ſe deffier de leur iugement en cette matiere : ie leur propoſe l'exemple d'vn homme qui estoit bien autant abandonné de Dieu, pour ces grands vices, que pourroient l'estre ces gros pecheurs; qui toutesfois auoüe qu'il est souuent inquieté par les remords de sa conscience, qui procedoient de la connoissance du mal auquel il se sentoit porté. C'est Martin Luther, qui estant consulté par vn de ses disciples, sur des inquietudes qu'il sentoit d'auoir quitté l'Eglise Romaine; luy répondit, qu'il ne deuoit pas perdre courage pour ces scrupules, & que luy mesme en auoit esté long-temps trauaillé, quoy que le temps les eust beaucoup diminuez, il n'en estoit pas entierement exempt. Apres cette experience, il faut dire que ces gros pecheurs, que le secretaire nous met pour exemple, soient bien abandonnez pour n'auoir plus de synderese. Pour moy i'aime mieux croire, qu'ils en ont encore, mais qu'ils ne font point de reflexion sur les lumieres qu'ils ont de la raison, & sur les graces suffisantes que Dieu leur donne, lors mesmes qu'ils se laissent emporter à leurs débauches, & à leurs blasphemes. Car nous sçauons que dans les choses naturelles, les actions des sens externes se font souuent, sans que nous y prenions aucunement garde. Souuent nous voyons, ou nous entendons, souuent nous touchons, ou faisons quelque autre fonction, sans que nous facions reflexion sur ces actions. Ce qui est encore plus certain aux actions de nostre imagination, & des deux appetits, le concupiscible & l'irascible; que si ces actions qui sont materielles & qui se font par les organes du corps, échappent souuent à nostre connoissance; que faut il iuger des actions de l'entendement, & de la volonté, qui sont deux puissances éleuées au dessus de la matiere, & purement spirituelles? Ne deuons nous pas croire que nous en produisons plusieurs desquelles nous ne nous aperceuons point. Et cette verité estant si constante, les Iansenistes ont ils pas tort de nous r'enuoier à l'experience des blasphemateurs, des vindicatifs, & des impudiques, sur le differend le plus subtil & l'heresie la plus déliée, qui ait trauaillé l'Eglise depuis long-temps. Ont ils pas tort de prendre pour arbitre des secrettes operations du Saint Esprit dans nos cœurs, des gens, qui par leurs enormes pechez ont chassé le Saint Esprit de leurs ames? *Dont les lumieres sont necessaires, pour discerner ce qu'il agit en nous. Ita quæ Dei sunt nemo cognouit, nisi Spiritus Dei.* Saint Thomas, & les autres Theologiens nous enseignent que les ames les plus éclairées, & les plus éleuées en la contemplation, se trompent souuent dans la connoissance de ce qui se passe dans leur interieur: hé comment ces abandonnez pecheurs en pourront ils faire, vn bon iugement auec de si mauuaises dispositions? Il est tres probable que Nicodeme

2. ad Corinth. cap. 2.

estoit bien disposé, quand il vint de nuit trouuer le Messie, & toutefois il ne pût comprendre les mysteres de la grace, & les inspirations qui sont necessaires pour la conuersion d'vn pecheur, dont nostre Seigneur l'entretint. Ce qui obligea Iesus, la sagesse du Pere; de se seruir d'vne comparaison grossiere, pour s'accommoder à la portée de son esprit. Il luy dit que la grace & les inspirations de Dieu, sont semblables au vent, d'ont nous ignorons le principe, & ne sçauons où il doit se terminer; quoy que nous le sentions par ses effets. Et parce que cette comparaison laissoit encore beaucoup d'obscurité dans l'esprit de ce bon vieillard, & qu'il se gesnoit, pour comprendre ces mysteres si releués, nostre Seigneur tourna son discours autre part, & luy dit, *Si terrena dixi vobis, & non creditis, quomodo, si dixero vobis cœlestia, credetis? Si vous ne pouuez pas comprendre les secrets de la grace, lors que ie me sers de comparaisons grossieres, pour vous les expliquer, comment pourrez vous les penetrer, quand ie me seruiray d'vne façon plus releuée pour en parler?* Apres ces preuues ie crois que le secretaire de Port-Royal, a trop d'esprit pour ne pas voir que les Iansenistes l'ont ioüé, quand ils l'ont r'enuoié à l'experience des yurongnes, des impudiques, & des blasphemateurs, pour persuader aux gents, que ces pecheurs n'ont point de lumieres ni d'instructions quand ils pechent, & par suitte qu'ils n'ont point pour lors de grace suffisante, en vertu de laquelle ils puissent s'abstenir de pecher. Les Iansenistes repliquent que ces pecheurs ne sentent point de remords d'où ils inferent qu'ils n'ont point de lumiere pour éuiter le mal. Aquoy i'ay déja répondu que Luther & ses semblables en estoient souuent inquietez. Mais quand les Casuistes accorderoient aux Iansenistes, que ces pecheurs *parfaits & accomplis*, n'ont point de remords en pechant, il ne s'ensuit pas pour cela, qu'ils n'ayent point de connoissance du peché qu'ils commettent, & qu'ils n'ayent point de graces suffisantes pour l'éuiter. Car le remords & la connoissance du mal sont des actes bien differents, qui quelquefois sont separés l'vn de l'autre, & quelques fois ils s'accompagnent. Par exemple, vn homme qui commence à voler, connoist bien la malice de son vol, & en a du remords, à cause qu'il aprehende le gibet: & ce mesme homme connoissant tousiours qu'il fait mal, continuera auec le temps ses voleries sans rien craindre. Il se peut donc faire, que ces grands pecheurs dont parle le secretaire, soient semblables à ce voleur, & qu'ils connoissent bien le mal sans toutesfois en aprehender les suittes, comme l'Enfer, la perte du Paradis, & autres motifs, dont nous nous seruons pour repousser les tentations, & qui nous causent des remords.

C'est donc en vain que les Iansenistes nous r'enuoient aux blasphemateurs, & gents qui pechent par coustume, pour nous conuaincre, que souuent nous n'auons point de grace suffisante quand nous pechons, & on ne sçauroit excuser ou leur imprudence ou leur malice, d'authoriser vne maxime si scandaleuse & si perilleuse, qu'est celle qui r'enuoie les pecheurs à leur propre experience, pour iuger des operations que le Saint Esprit produit dans leurs ames. Elle est perilleuse à l'égard des pecheurs endurcis, parce que ils croiront souuent qu'ils n'ont point de lumiere, ny de grace lors qu'ils en ont; & sur cette fausse opinion, ils mourront dans leurs crimes, faute de cooperer, & de s'ayder comme ils pourroient faire. Elle est aussi perilleuse & embarassante, pour ceux qui ne sont pas dans cet endurcissement, & qui se sentent poussez à r'entrer en grace auec Dieu. Car si nous r'enuoyons ces pecheurs à l'experience des dispositions, qu'ils ressentent en eux mesmes, si nous les interrogeons sur les actes de Foy, de crainte, d'esperance, & de charité commencés, & autres actes que le Concile de Trente, *Sess. 6. Chap. 6. & 14.* à mis pour dispositions qui precedent la iustification d'vn pecheur; de ces pecheurs il n'y en aura peut estre pas deux, qui puissent dire qu'ils experimentent tous ces mouuements dans leur cœur, & par cette maxime Ianseniste, le Confesseur iettera le pecheur dans le desespoir d'estre assez preparé pour receuoir l'absolution. Ceux mesme qui n'ont que des pechez veniels, se trouueront engagez en de semblables peines, quand ils voudront se confesser: parce que necessairement il fait que l'ame apporte des dispositions pour ce Sacrement. D'où ie conclus que de mesme que le secretaire, a fait vn acte genereux, d'auoüer qu'il est entierement ignorant en Theologie, il seroit de sa generosité de faire vne retractation solemnelle de ses mauuaises maximes, qui sont pour nuire à bien des ames. Enfin pour terminer cette obiection, si les pecheurs *parfaits & acheuez*, dont parle le secretaire, n'ont ny lumiere ny remords, lors qu'ils blasphement, & qu'ils se plongent dans leurs débauches; s'ils n'ont aucune connoissance du mal, ie soustiens auec tous les Theologiens, qu'ils ne pechent point par ces actions; qui tiennent plus de la beste que de l'homme; parce que sans liberté il n'y a point de peché, & pour auoir la liberté d'euiter le peché, il faut connoistre du bien & du mal dans l'obiet, qui nous est proposé. Ie dis aussi qu'en cette rencontre les Theologiens ne reconnoissent point de graces suffisantes, dautant que Dieu ne les donne qu'à ceux qui se seruent de la raison; & non aux enfans, aux fols, à ceux qui dorment, & à ceux qui agissent par emportement de quelque passion. Que si le secretaire estime ces gens endurcis bien-heureux, de ce que nous leur épargnons beaucoup de pechez, ie prie Dieu qu'il le deliure de ce bon-heur, & qu'il luy face la grace d'auoir plus de remords qu'il n'en témoigne dans ses Lettres.

VI. Obiection. Les Casuistes ont corrompu toute la Morale, à la faueur des opinions probables. *Lettre 5. pages 3. & 5. lettre 6. page 3. lettre 8. page 1.*

Responce. S'est-il iamais trouué entre les Heretiques vne maniere d'agir qui égale celle des Iansenistes? ces Messieurs se couuroient de la probabilité de leurs cinq Propositions, auant qu'elles fussent declarées heretiques; ainsi qu'on peut voir dans la réponse qu'ils firent l'an 1652. au Sermon du Pere Brisacier *page 33.* où ils le blasment d'auoir declamé contre des opinions probables; & maintenant ils accusent les Casuistes d'auoir tout perdu, par la probabilité des opinions. Encore seroient-ils moins en faute, si aprés la condamnation qu'a fait le Pape de ces Propositions Ianseniennes, ces écriuains s'en déportoyent, ils poursuiuent au contraire à dire qu'on peut tenir ces Propositions, quoy que les Docteurs de Sorbonne les censurent, quoy que les Euesques les condamnent; quoy que le Pape les declare heretiques, & ne produisent point d'autre raison, si non que saint Augustin les a enseignées, & que plusieurs de la Faculté de Paris (qui suffisent à rendre vne opinion probable) connoissent qu'elles sont dans saint Augustin; ils soustiennent que cette probabilité ne peut estre ostée, par le iugement qu'en a donné le Pape, qui n'est que prouisoire; mais qu'il faut attendre la decision d'vn Concile Oecumenique pour s'y arrester en dernier ressort.

Comment appellez-vous, Messieurs, vne euasion si iniurieuse aux Vniuersitez, aux Euesques & au Pape; aprés les auoir traittez de la sorte, pouuez-vous reprocher aux Casuistes, qu'ils s'arrestent à des probabilitez, & qu'ils ne suiuent pas la Loy de Dieu, qui est inuariable? Vous qui pour la pluspart estes encore bien ieunes, & qui adioustez à l'inconsideration presque inseparable de la ieunesse, l'aueuglement de la passion. Vous qui n'auez iamais bien estudié les principes de la Morale, comment entreprenez-vous de faire la leçon, non seulement aux Casuistes, mais aux Vniuersitez, aux Euesques, aux Papes, aux Rois, aux Empereurs & Souuerains: qui ont fait vne grande partie de leurs reglemens & de leurs loix, sur des raisons purement probables; & qui gouuernent maintenant l'Eglise, & l'Estat temporel par des opinions, qui ne sont pas fondées sur vne certitude & euidence manifeste, mais sur des raisons probables, qui au fonds peuuent n'estre pas vrayes. Si vous croyez nous couurir de confusion, en nous reprochant la probabilité des opinions, nous au contraire tenons à honneur de la soustenir pour vn des plus vniuersels, & des plus solides principes de la Morale Ecclesiastique & temporelle : Et nous disons qu'il n'appartient qu'à des esprits superbes qui presument de connoistre toute les veritez, ou à des ames abusées, qui se persuadent d'auoir des reuelations de tout, de blâmer les opinions probables ; & de dire qu'vne opinion probable ne suffit pas pour agir prudemment, & pour exempter de peché celuy qui la suit.

Et pour vous faire voir la verité de ce que ie dis, commençons par le Pape, dont l'authorité est fortement appuyée dans l'Escriture, & considerons le gouuernement de l'Eglise : nous trouuerons bien qu'il est infaillible aux choses de la Foy, qu'il est Chef visible de l'Eglise, & qu'il ne peut errer dans ses decisions ; mais aussi nous remarquerons que hors les choses qui sont de la Foy, il se sert d'opinions probables, & qui ont des Autheurs de part & d'autre, pour la conduite de son troupeau. Il se sert d'opinions probables, lors qu'il dispense dans les mariages qui ne sont pas consommés, & dans les degrez, qui semblent de droit naturel, mettre empeschement aux mariages ; lors qu'il dispense vn Religieux Profés de ses vœux ; lors qu'il prend les annates des Benefices ; & en quantité de pareille occasions, où le Pape agit prudemment, quand il suit vne opinion probable.

Passons aux Rois, ie vous demande s'ils ont tousiours des conuictions euidentes de leur bon droit, quand ils entreprennent des guerres ; & quand ils font des leuées extraordinaires sur leurs subjets ? les diuerses coustumes qui sont en diuerses prouinces de la France, tant pour les partages des enfans, que pour d'autres choses, ne font-elles pas voir que l'esprit de ceux qui les ont introduites a agy sur des probabilités, & que chacun pense auoir raison, quoy que les coustumes soient entierement contraires. La mesme diuersité de coustumes n'a-telle pas aussi lieu dans l'Eglise, de sorte que S. Hierôme écriuant à Lucinius l'auertit de laisser chacun viure selon la coustume de son pays. *Illud breuiter te admonendum puto, traditiones Ecclesiasticas, præsertim quæ fidei non officiunt, ita obseruandas vt à maioribus traditæ sunt, nec aliorum consuetudinem aliorum contrario more subuerti.* S. Augustin est dans le mesme sentiment dans l'Epistre *ad Casulanum*, où il enseigne que dans les matieres où la saincte Escriture n'a rien déterminé, il faut se tenir aux coustumes : c'est à dire aux probabilitez ; car comment ces coustumes seroient-elles contraires, si elles n'estoient fondées que sur des raisons euidentes. *In his rebus in quibus nihil statuit diuina scriptura*

scriptura, mos populi Dei, & instituta maiorum pro lege tuenda sunt. Ce que ces deux Saints ont dit à l'égard des coustumes, se doit appliquer aux actions particulieres. De sorte que l'on peut suiure les opinions probables des Docteurs, quand l'Ecriture n'a rien déterminé, & que les loix ou les coustumes n'ont point reglé ces actions. Les Cours Souueraines du Royaume, & les autres Iurisdictions subalternes, sont plus mal traitées par les Iansenistes, qui condamnent les probabilitez, que ne sont les Casuistes. Car dequoy s'entretiennent les Parlements & autres Cours, sinon de probabilitez ? sur quoy sont fondez les iugemens, si ce n'est sur des probabilitez ? ce que les Iuges reconnoissent pour vne verité si constante, que dans la Iustice de l'Eglise, il faut obtenir trois Sentences conformes, auant que la cause soit censée estre iugée definitiuement. Pourquoy cela ? est-ce qu'on doute de la probité des premiers Iuges ? nullement : mais on presume que les gens de bien peuuent errer sans offenser leur conscience, sur des raisons probables ; & on veut que l'affaire passe par plusieurs examens, afin qu'on approche le plus qu'on pourra de la verité & de la iustice, & dans la Iustice seculiere, il faut passer par trois & quatre degrez de Iurisdiction, auant que la cause soit terminée, afin que les derniers Iuges corrigent les iugemens, qui pourroient auoir esté défectueux ; quoy que les Iuges n'ayent point peché en les rendant ; & aprés tout cela nous voyons tous les iours, tant de Requestes ciuiles, & tant d'Arrests qu'on casse. Est-ce que le premier Parlement, dont l'autre casse l'Arrest a offensé Dieu en portant cet Arrest ? non pas cela : mais c'est que les premiers Iuges ont suiuy vne opinion probable, les autres se sont reglez par d'autres considerations pareillement probables, & qui peuuent estre fausses ; ce qui n'empesche pas que les Sentences & les Arrests ne soient iustes, encore qu'ils ne soient donnez que sur des presomptions : par exemple, les Parlements adiugeront la succession à vn enfant, qui effectiuement sera nai en adultere, s'il a esté conceu pendant que le mary & la femme demeuroient ensemble. On rencontre dans le droit Canonique & Ciuil vne infinité de cas semblables, où les Iuges se reglent par des presomptions, qui souuent sont fausses ; & si les Iansenistes veulent s'instruire sur ces points de droit, il n'ont qu'à lire *Menochius & Alciatus de Præsumptionibus, Valerius de differentiis vtriusque fori.* D'où ils apprendront qu'il est faux, qu'vne opinion probable ne suffit pas, pour agir en seureté de conscience, & pour mettre vn Iuge à couuert ; & puisque ces Messieurs se gouuernent si fort par l'Escriture, elle suffira pour les retirer de leur erreur, s'ils conſiderent que le iugement de Salomon pour cet enfant, que deux femmes pretendoient leur appartenir : ne fut fondé que ſur des coniectures probables ; & neantmoins l'Ecriture admire & loüe ce iugement, & tout le monde eſtima qu'il ne pouuoit partir que d'vne Sageſſe du tout celeſte. La probabilité des opinions n'excuſe pas ſeulement les Iuges, mais elle aſſeure la conſcience des Aduocats & Procureurs, qui dans la Morale des Ianſeniſtes ſe damnent, & à qui les Confeſſeurs ne peuuent donner l'abſolution, s'ils ne renoncent à leur profeſſion, parce que pour l'ordinaire les Aduocats n'entreprennent les cauſes des parties que ſur des raiſons probables, & ſouuent ſur vn droit douteux.

Certes, ce ſeul vſage des Parlements, prattiqué par tant d'Aduocats, qui ont acquis l'eſtime de tout l'Vniuers pour leur ſcience, & pour leur probité, deuroit ſuffire pour authoriſer la probabilité des opinions ; & pour reprimer la temerité des Ianſeniſtes, qui en la condamnant, blâment la memoire de tous les Aduocats, qui ont vieilli au ſeruice des Rois & du public ; outragent tous les Autheurs qui ont commenté les Canons & les Loix des Princes, puiſque dans leurs Commentaires, ils ne rapportent ordinairement que des explications probables, & veulent reduire toute la Iuriſprudence des Papes & des Empereurs, à ſuiure le caprice des Ianſeniſtes, de S. Cyran, & de leurs diſciples de Port-Royal.

Bon Dieu ! quels deſordres n'euſſent point apporté ces Reformateurs, s'ils euſſent trouué au Palais beaucoup de gens ſemblables à quelques-vns du meſtier qui ſe ſont laiſſez ſurprendre par les illuſions de ces Meſſieurs ? Quel renuerſement n'euſſent-ils fait dans la Monarchie, s'ils euſſent rencontré parmy les Iuges beaucoup de factieux, & de republicains qui euſſent cabalé contre l'Eſtat de leur Roy, ſous pretexte d'arracher les abus, & de regler les deſordres qu'on introduit dans le Parlement & dans tout le Royaume à la faueur des opinions probables : Que diſie, que n'euſſent-ils fait ? mais n'y auroit-il point de danger qu'ils ne le faſſent vn iour ; ſi tous les Corps du Royaume ne conſpirent à éteindre cette ſuperbe Secte, qui n'entreprend pas moins que de reformer l'Egliſe & l'Eſtat ? C'eſt à vous, Meſſieurs les Aduocats, qui auez la capacité & l'eloquence, à prendre en main la défenſe des opinions probables, & à venger le tort que ces nouueaux Docteurs veulent faire à la memoire des Innocens, des Hoſtienſis, des Duranda, André, Turrecremata : l'Abbé de Palerne, & ſemblables Interpretes de droit Canon, ſans parler de ceux qui ont fait des Commentaires ſur le Droit Ciuil, & ſur les

Coustumes. Vos peres qui ont honoré les Vniuersitez de toute l'Europe par leurs trauaux, qui ont acquis les premieres charges des Parlements par leurs merites, qui vous ont tracé les pas, sur lesquels vous marchez; les Cuias, les du Moulin, les Budées, les de Selues, les Tiraqueux, les Fumées, les Dargentray, les Corras attendent de vous, que vous preniez la defense de leurs estudes & de leurs ouurages, contre des ieunes censeurs, qui par bouffonneries impertinentes s'efforcent de les rendre ridicules, parce qu'ils n'ont écrit que des choses probables, & qu'ils ne se gouuernent pas selon les pretenduës maximes de saint Augustin. Leur ingratitude merite que vous en demandiez la iustice à la Cour, & que vous representiez que plusieurs de ces Messieurs qui font si hardiment le procés à la probabilité des opinions, sont d'autant plus coupables, qu'ils ont l'honneur d'estre fils de peres qui ont esté fameux Aduocats, & qui par suite ont acquis leur reputation & leur bien à défendre des causes probables, comme vous faites tous les iours. L'oppression que souffrent les Casuistes & les Confesseurs, merite au contraire que les Parlements les protegent, & qu'ils considerent que les Iansenistes accusans les Confesseurs de iuger sur des probabilitez, font le procés à tous ceux qui se mélent de la iustice en France. L'office des Confesseurs n'est pas si cher que celuy des Iuges, qui portent l'écarlatte; mais il ne coûte pas moins d'estudes, moins de trauaux; & ne demande pas vne moindre probité pour s'en bien acquitter. La personne de Iesus-Christ qu'ils representent exige des Chrestiens qu'on rende du respect à leur ministere.

Et vous, Messeigneurs, à qui Dieu a mis la Iustice en main, les voyez traduits dans ces Lettres bouffonnes? vous les voyez exposez, non seulement à la risée du peuple, mais encore au mépris de plusieurs personnes simples, qui se dégoûtans des Confesseurs, perdent la deuotion qu'elles auoient au Sacrement de Confession.

Messieurs de la Iustice vous connoissez le merite des Autheurs, qui seruent de matiere aux railleurs du Port-Royal. Vous sçaués combien solidement Sotus, Molina & Lessius, ont traitté plusieurs matieres du Barreau de la Iustice. Vous sçauez auec quelle capacité Sanches, Basilius, Pontius, ont écrit sur le Sacrement de Mariage. Vous auez les Suares sur toutes sortes de Loix; i'ay connu des plus sçauants Aduocats du Royaume, qui ne plaidoient point de causes Ecclesiastiques, ny mesme de Ciuiles, qui fussent d'appareil qu'ils n'eussent leu les Theologiens, qui auoient écrit sur ces questions; i'ay connu des Iuges qui en vsoient de la sorte. Et i'ay remarqué assez souuent que feu Monsieur Bignon, vn des ornements du Parlement de Paris, suiuoit dans ses conclusions les sentiments du docte Sanches. Cela estant, i'espere que le zele qu'ont Messieurs de la Iustice, pour maintenir le Sacrement de la Confession, & l'interest de toutes les Cours du Royaume, les portera à reprimer l'insolence de ceux qui font passer pour vn crime enorme, la maxime des opinions probables; dont les Iuges se seruent également pour rendre la Iustice aux parties, & les Casuistes pour donner l'absolution dans le tribunal de la conscience à leurs penitens. Les Iansenistes se riroient de moy, de ce que i'appelle les gens de Palais à mon secours; parce qu'ils croyent que c'est là principallement, que la maxime des opinions probables, fait le plus grand rauage; il faut donc que ie leur monstre que c'est le mesme des autres Estats, & que la France se gouuerne, & s'est gouuernée par cette maxime, aux actions les plus importantes pour la conseruation du Royaume, & pour le salut des particuliers. Et pour ne pas remonter plus haut, Ie me sers de ce qui s'est passé en France aux derniers Schismes, qui ont si longtemps diuisé l'Eglise. Auions nous des certitudes, que les Papes, dans l'obedience desquels nous viuions, estoient les veritables Vicaires de Iesus-Christ? nullement, personne n'en estoit certain, & les Prelats de France, les Vniuersitez, la noblesse & tout le tiers estat ne viuoient que sous des probabilitez. Probabilitez qui ont semblé si foibles aux Italiens, & aux Nations qui suiuoient les autres obediences, qu'ils ne mettent point au rang des Papes Clement VII. mais Vrbain VI. de mesme qu'ils comptent Boniface IX. entre les Successeurs de S. Pierre, & non Benoist XIII. que la France a long-temps reconnu. En ces temps là tous ceux qui ont vescu dans ces probabilités, qui estoient en estat de peché mortel (selon la maxime des Iansenistes, qui ne se gouuernent que par des certitudes) & ceux qui sont morts dans cette obedience sont damnez, pour n'auoir pas suiuy la seule veritable lumiere, que Dieu donnoit pour lors aux Italiens! or nous sçauons tout le contraire, & Dieu mesme l'a declaré par des miracles, qu'ont fait en ces temps là, des personnes eminentes en toutes sortes de vertus, qui viuoient sous les diuerses obediences. Car l'an 1382. le bienheureux Pierre de Luxembourg est mort dans l'obedience de Clement VII. & l'an 1402. S. Vincent Ferrier, tenoit le party de Benoist XIII. d'où s'ensuit que la doctrine des Iansenistes qui condamne les opinions probables est certainement scandaleuse, iniurieuse à toute la France, & contraire aux marques assurées, que Dieu nous donne, qu'il n'imputera point à peché les actions qui auront esté faites dans la probabilité d'vne opinion; quoy qu'en effet elle soit fausse.

VII. Obiection. Les Casuistes enseignent, que de deux opinions probables, on peut suiure celle qui est la moins seure. 2. Que de deux opinions probables, on peut choisir celle qui a moins de probabilité, & que cette probabilité ne dépend pas tellement du nombre des Autheurs qu'on ne puisse suiure le sentiment d'vn seul; quoy qu'il soit opposé à celuy de plusieurs, qui sont contraires. *Lettre 6. pag. 3. Lettre 8. pag. premiere Lettre.*

Response, Il est vray que les Casuistes tiennent ces trois maximes,& ie soustiens que les trois opposées,que les Iansenistes insinüent en condamnant les nostres, sont preiudiciables aux consciences,impossibles en prattique,& qu'elles ouurent la porte aux illusions. Pour donner plus de iour à ma réponse,il est expedient d'expliquer ce que les Theologiens entendent par opinion seure, & par opinion probable. Ils disent que l'opinion est seure, lors qu'on la peut suiure sans crainte de peché,dont quelques Theologiens inferent, que celle là est plus seure que l'autre, lors que tous les Theologiens tombent d'accord qu'il n'y a point de peché à suiure l'vne, & que quelques-vns des mesmes Theologiens disent, qu'il y a du peché à se seruir de l'autre. L'opinion probable est celle qui est appuiée de raisons considerables. D'où s'ensuit que l'opinion la moins probable est celle, qui a des raisons moins considerables, & de moindre importance. Cela supposé, ie dis que la maxime qui veut qu'on suiue tousiours l'opinion la plus seure, engage les consciences dans vne infinité de perplexitez & de gesnes: parce qu'il n'y a quasi point d'action, ni d'omission, qui ne soit condamnée de quelque peché par des Theologiens. Car comme il s'en trouue qui sont vn peu trop larges, aussi y en a t'il qui passent à l'autre extremité. Témoin nos Iansenistes qui mettent du peché dans toutes les actions,qui ne partent point de la pure charité de Dieu,& qui veulent qu'on examine fort quel motif nous porte à la Communion, parce que souuent le diable nous tente, & nous conseille de nous en approcher. Que fera donc vne pauure ame qui verra par tout des pechez de quelque costé qu'elle se tourne? On aura beau luy dire que plusieurs autheursenseignent qu'il n'y a point de peché, à faire ou à obmettre quelque chose;elle croira estre obligée de s'enabstenir,Si vn seul Theologien dit qu'il y a du mal à le faire; ou de la fuir, s'il dit qu'il y a peché à s'en abstenir; parce qu'il faut ioüer au plus seur. Voila donc vne ame embarassée, & qui ne pourra iamais agir. Ie dis que cette maxime est moralement impossible, parce qu'il n'est pas au pouuoir de l'homme, de suspendre toute action; il faut que l'ame agisse; & comme dans cette maxime, elle ne peut pas choisir vne action, qui ne soit point condamnée de peché par quelques Theologiens ; il luy est impossible de choisir l'opinion la plus sure. Ie dis enfin que les gens de bon sens & de probité, ne se gouuernent point par cette maxime. Par exemple, tous les Theologiens demeurent d'accord qu'vn Clerc qui est greué par la sentence de son Euesque ne peche point, en s'addressant à son Metropolitain, plusieurs des mesmes Theologiens disent qu'il peche, s'il se pouruoit par appel comme d'abus par deuant le Iuge seculier ; & les Italiens sont tous dans ce sentiment. D'où s'ensuit selon les Iansenistes, que tous les Clercs pechent & se damnent en appellant comme d'abus, parce qu'ils ne choisissent pas le plus seur. Ce qui est contre la prattique des Clercs, & des Vniuersitez de la France. Car Monsieur MarKa *pag. 760.* de son Liure, remarque iudicieusement, que l'Vniuersité de Paris, s'est seruie, & a beaucoup authorisé ces sortes d'appellations; & nos Seigneurs les Euesques s'en sont seruis, & s'en seruent aux occasions. Secondement tous les Theologiens tiennent, que le Prince, qui donne gratuitement les Offices de ses Cours Souueraines & Subalternes, ne peche point. Plusieurs des mesmes Theologiens asseurent que ce Prince peche quand il les vend; & parce qu'vne chose qui ne peut se vendre sans offenser Dieu, ne peut aussi estre achettée sans peché, ils condamnent de peché ceux qui à prix d'argent achettent ces Offices. Donc par vne consequence necessaire, les Officiers de France sont tous en estat de peché, & incapables de receuoir l'absolution. Ie pourrois rapporter vn grand nombre de semblables cas, qui feroient voir, que les gens de bien, ne se gouuernent point par cette maxime des Iansenistes, qui oblige à suiure tousiours l'opinion la plus seure. La vraye regle que suiuent les Casuistes, enseigne que des là qu'vne opinion est probable, elle est si asseuré, qu'on ne court point risque de se damner en la suiuant. Ie dis plus, à sçauoir que la seureté ne reçoit point de plus & de moins, mais est indiuisible, lors qu'il ne s'agit simplement que de l'action Morale, qui se fait dans vne opinion probable. Ce qui me fait adiouster qu'vne opinion moins probable n'est pas moins asseurée, qu'vne qui est plus probable; & que cette distinction d'opinion moins ou plus asseurée ne doit auoir lieu, que quand outre l'action, on pretend la production de quelque autre chose. Par exemple dans l'administration des Sacrements, il y a de certaines manieres, dont tout le monde conuient qu'on peut vser; pour conferer les Sacrements ; il y en a d'autres où les opinions sont partagées, & en ces rencontres il faut choisir l'opinion la plus seure, quand mesmes elle seroit la moins probable. Parce que la production de l'effet qu'on pretend par de ſemblables actions ne dépend pas de la probabilité des opinions, mais de l'inſtitution de Ieſus-Chriſt. Et en ces occaſions il faut touſiours choiſir l'opinion la plus ſeure, afin de ne pas expoſer ceux qui s'approchent des Sacrements au danger de ne les pas receuoir. Mais quand il n'eſt queſtion que de l'action Morale, toute opinion probable eſt auſſi ſeure que les autres, qui ont plus de probabilité. Les Caſuiſtes auoüent auſſi, qu'on peut s'arreſter à vne opinion quoy qu'elle ſemble moins probable qu'vne autre; parce que ni l'vne ni l'autre ne paroiſt certaine ; & qu'il ſe peut faire que celle qui a des raiſons qui ſemblent meilleures, ſoit en effet fauſſe. C'eſt ce qu'experimentent tres ſouuent ceux qui eſtudient : car auec le temps ils découurent la fauſſeté des propoſitions, qu'ils auoient eſtimé eſtre certaines. Témoins Saint Auguſtin en ſes retractations. Témoins les plus ſçauants Ecriuains, où nous trouuons des reſolutions contradictoires ſur ces meſmes faits. Ie pourrois icy rapporter beaucoup de ſemblables contradictions tirées des plus grands Iuriſconſultes & Canoniſtes; & il ne me ſouuient pas d'auoir leu aucun Autheur qui ayt beaucoup écrit, où l'on ne puiſſe remarquer ce defaut. Ce qui prouient de la nature des choſes Morales, où les eſprits trouuent des raiſons probables de part & d'autre : de ſorte que ſi les Aduocats & les Caſuiſtes ne ſont ſur leurs gardes, ils pourroient aſſez ſouuent donner deux auis differents ſur vn meſme ſujet; s'ils eſtoient conſultez par les deux parties, qui ſe plaident. Les Caſuiſtes enſeignent auſſi, qu'en certains cas le ſentiment d'vn ſeul Autheur, peut eſtre preferé à l'opinion de pluſieurs. Mais les Ianſeniſtes continüent leur mauuaiſe foy, quand ils nous font ce reproche : Car Ianſenius parlant du Moliniſme, dit, qu'il ne faut point auoir égard aux temps, ny aux lieux, ny au nombre de ceux qui l'ont embraſſé ; & ce chef des Ianſeniſtes, ſe croit aſſez ſuffiſante caution, pour authoriſer la doctrine contraire à celle de Molina, quoy qu'il l'ayt empruntée de Caluin. Tout de meſme le ſieur Arnauld eſtime ſi fort ſes penſées, qu'il les prefere au ſentiment de la Sorbonne, & iugement de tous les Prelats de France : ce n'eſt pas mal copier ſainct Cyran, qui ſe propoſe, comme ayant commiſſion de Dieu, pour redreſſer les fautes de toute l'Egliſe : or ie vous prie, où eſt-ce que les Ianſeniſtes trouueront que les Caſuiſtes enſeignent, qu'on peut ſuiure vn heretique contre la doctrine des Catholiques ? & où eſt-ce qu'ils treuueront que les Caſuiſtes enſeignent qu'on puiſſe s'abandonner à la conduite d'vn aueugle, en quittant le chemin battu de ceux qui voyent clair ? Si les Caſuiſtes enſeignent qu'on peut ſe départir de l'opinion commune, pour ſuiure celle d'vn particulier ; c'eſt lors que ce dernier refute toutes les raiſons des autres, & quand il en apporte de bonnes pour appuier la ſienne ; ainſi que nous voyons quelquesfois dans les Parlements, qu'vn Conſeiller fait reuenir tous les autres à ſon opinion, lors qu'il propoſe quelque choſe de nouueau. Mais que les Caſuiſtes enſeignent, que l'on peut ſuiure l'opinion de quelque Autheur que ce ſoit & quitter la commune ſans autre raiſon; c'eſt ce que les Ianſeniſtes ne ſçauroient monſtrer. Si ce n'eſt peut eſtre que quelque Autheur, ait eſté examiné indignement par quelque tribunal, qui l'ait aprouué ; car pour lors ie croirois qu'on pourroit tenir l'opinion de cet Autheur pour commune, parce que ce tribunal ne l'auroit pas laiſſé paſſer, ſi elle n'eſtoit bien fondée ou en authorité ou en raiſon. C'eſt ainſi qu'Emanuel a eſté examiné.

VIII. Objection, Les Caſuiſtes diſent qu'on peut ſans peché demeurer dans vne occaſion prochaine du peché. 2. Qu'on peut donner l'abſolution à ceux qui ſont dans les habitudes du vice. 3. Qu'on n'eſt pas obligé de renoncer à vne profeſſion où l'on commet pluſieurs offenſes, qui mettent le ſalut de l'ame en danger. *Lettre* 5. *pag.* 5. *Lettre* 10. *pag.* 4,

Response, Les Caſuiſtes enſeignent, qu'en certaines rencontres, où la perſonne ne peut euiter l'occaſion ſans vn euident peril de ſa vie, de ſon honneur, ou d'vne grande incommodité en ſes biens, elle peut demeurer dans l'occaſion; pourueu qu'elle ne la recherche pas directement. Le Pere Ieſuiſte qui a répondu à vos impoſtures, a rapporté Baſilius Pontius, où l'on peut voir les raiſons de cette doctrine. Par exemple vn ſeruiteur ſe trouue engagé chez vn Ianſeniſte, qui luy a fait commettre des pechez mortels contre la Religion Catholique : ou en l'empeſchant de ſe Confeſſer, quand il y eſtoit obligé, ou d'entendre la Meſſe les iours des feſtes, ou en luy faiſant croire quelqu'vne des propoſitions condamnées:il eſt capable d'abſolution, s'il a contrition de ſa faute paſſée, s'il deteſte l'hereſie des Ianſeniſtes;& s'il ſe trouue en ſi grande neceſſité,qu'il ne rencontre point d'autre condition. Mais les Theologiens Catholiques enſeignent, que ceux qui demeurent de leur plein gré, dans la conuerſation des Ianſeniſtes; auec peril d'adherer à leurs ſentiments, ſont en eſtat de damnation, & que les communautez qu'ils gouuernent, ſont en vn deplorable eſtat & incapables d'abſolution, ſi elles connoiſſent le peril où elles ſont. Si toutefois elles font ce qu'elles peuuent pour ſortir de ce danger, & qu'elles deteſtent cette doctrine, ie ne voudrois pas leur refuſer l'abſolution. Que ſi les Caſuiſtes ſe comportoient autrement, pluſieurs pecheurs à qui le mal déplaiſt ſe deſeſpereroient,

Dans la 9. impoſture, où il cite 15. Autheurs pour cette opinion.

reroient,& abandonnant les Confesseurs, ils renonceroient aux remedes, qui auec le temps guerissent le mal. Supposons par exemple qu'vne sœur soit dans vne occasion inuolontaire de commettre le peché de Thamar auec son frere Annon, qu'vne fille soit poursuiuie par son propre Pere, qu'vne belle sœur succombe aux importunitez d'vn beau frere. Si vous r'enuoyez ces personnes à qui le mal déplait, & qui n'ont pas le moyen d'en sortir; vous leur mettez le desespoir en l'ame, & leur ostes le courage d'auoir recours à Dieu. D'où il arriue que le diable redoublant ses tentations, acheue par les maximes des Iansenistes, de perdre ceux que les Casuistes eussent déliurez du mal. La doctrine des Theologiens a encore plus de lieu, à l'égard de ceux, qui ont contracté vne forte habitude du vice, par des cheutes reiterées de iurer, de s'enyurer, & de commettre beaucoup de pechez en matiere d'impureté. Car encore que l'habitude qu'ils ont volontairement contractée, par les recheutes au peché, leur serue d'occasion prochaine, qui les porte à iurer, à s'enyurer, & à d'autres mauuaises actions; souuent toutefois on ne peut pas dire que cette habitude soit volontaire, puis qu'ils la detestent, & voudroient pouuoir s'en deffaire. Que si en ces circonstances le Confesseur leur refuse l'absolution, selon la regle des Iansenistes, il faudra plusieurs fois qu'il attende iusques à la fin de la vie à la donner. Mesme quelquefois en ce temps là, il trouuera les pecheurs en pire estat, que quand ils se sont presentés à luy la premiere fois. Au lieu que s'il leur eust donné l'absolution suiuant l'auis des Casuistes, la grace des Sacrements, eust fortifié la foiblesse des pecheurs & les eust retirés du mal. Les Theologiens enseignent pareillement que l'on n'est pas obligé de renoncer à vne profession, où l'on est en danger d'offenser souuent Dieu; & mesme où l'on court risque de se perdre, si on ne peut pas facilement s'en deffaire. La prattique de l'Eglise sert de preuue à ma proposition. Car non seulement l'Eglise souffre, mais elle approuue des ordres militaires, qui font vœu de pauureté, chasteté & obeïssance, encore que les occasions facent succomber plusieurs de ces Religieux. La mesme Eglise oblige au Celibat, ceux qui s'engagent aux ordres Sacrés, quoy qu'elle n'ignore pas que ces ordres seruent à plusieurs d'occasion d'offenser Dieu. Ie ne vois pas ce que les Iansenistes répondront à ces exemples; si ce n'est qu'ils continüent d'accuser l'Eglise de corruption en ces articles. Mais à ce compte, il y a plus de cinq cent ans, que la corruption est dans l'Eglise, car le Celibat des Prestres est beaucoup plus ancien. Mais que réponderont ils à l'Euangile, qui nous fait voir que Ieus-Christ a mis & souffert Iudas, dans vne condition où il auoit des occasions de dérobber, & où enfin il s'est perdu ? accuseront ils Iesus-Christ d'auoir permis à son Apostre de demeurer dans le maniement des aumônes qu'on luy donnoit ? Ie ne crois pas qu'ils soient temeraires iusques à ce point. Il faut donc qu'ils confessent qu'il est permis de laisser vn homme dans vne condition, où il peche souuent : pourueu que le peché luy déplaise, & qu'il ne puisse pas sans preiudice se degager de cette condition. La raison des réponses que i'ay faites à cette obiection, est fondée, sur la difference qu'il y a entre estre la cause du peché, & en estre seulement l'occasion. Parce que la cause tire necessairement la malice de son effet, auec lequel elle a vne connexité necessaire : mais les occasions n'empruntent point cette malice; & si le peché se trouue dans l'occasion, il se doit attribüer à la fragilité de celuy qui peche. Si le Lecteur desire veoir vne réponse à cette obiection ; qui le contentera plus que la mienne, il pourra lire le Liure de Monsieur Bail, dans la *pag.* 597. vers la fin. Et depuis la *pag.* 621. iusques à 629, où il preuue par des raisons solides, & par plusieurs Autheurs graues, comme Nauarre & le Cardinal de Lugo, qu'on peut donner l'absolution à ceux qui sont contre leur gré en quelque occasion prochaine. Cet experimenté Directeur ; rapporte presque tous les exemples dont ie me suis serui, & dans la *pag.* 817. il en met vn autre fort considerable.

IX. Obiection. Les Casuistes fomentent des commerces infames, & pallient quantité de mauuaises actions ; parce qu'ils enseignent, que les seruiteurs & seruantes, peuuent rendre à leurs Maistres & Maistresses, des seruices qui sont d'eux mesmes indifferents: quoy qu'ils sçachent que les Maistres & Maistresses, les exigent pour vne mauuaise fin, & ces Casuistes persuadent au peuple qu'vne direction d'intention suffit, pour exempter vne mauuaise action du peché ; dont elle seroit infectée sans cette direction d'intention. *Lettre 6. pag. 7.*

Response. Les Casuistes enseignent qu'vne action indifferente d'elle mesme, ne deuient pas mauuaise, toutes les fois qu'vne tierce personne fait que cette action sert de moyen pour arriuer à vne mauuaise fin ; & la maxime opposée qu'auancent les Iansenistes, est mal fondée, & contre l'vsage de toute l'Eglise. Ce n'est pas que les Casuistes exemptent de peché, ces seruices & cooperations au peché, si les seruiteurs ou autres qui les rendent, n'ont point d'excuse raisonnable ; ils disent seulement que ces actions indifferentes d'elles mesmes, estant faittes pour vne intention raisonnable, ne participent point au mal de celuy qui abuse de cette action pour offenser Dieu. Il y a de bonnes raisons pour cette réponse; mais le sentiment commun de l'Eglise suffit & fait voir que la maxime des Iansenistes est extrauagante;car si elle auoit lieu, vne grande partie des seruiteurs & gens de mestier, seroit obligée de quitter le seruice,& leur vacation, & les personnes qui sont engagées dans le mariage, seroient souuent en danger de se perdre ou dans vn perpetuel estat de peché veniel. Les cochers par exemple & les porteurs de chaises, seroient tenus de quitter leurs Maistres, lors qu'ils les conduisent en des lieux où ils pechent. Il faudroit que les seruiteurs & seruantes, abandonnassent les Maistres & Maistresses, à qui ils aprestent à soupper en Caresme, lors qu'ils sont obligez de ieusner. Parce que les Huguenots sont obligez aux preceptes de l'Eglise, les seruiteurs & seruantes Catholiques, qui leur cuisent de la chair les Vendredys & Samedys offenseroient Dieu, & ne pourroient les seruir en conscience. Les messagers publics,qui portent souuent des lettres d'amour, seroient obligez de quitter leur mestier. Les Escrimeurs, les faiseurs de chaises, & de jeux de hazard, les armeuriers & faiseurs de poudre à canon, seroient obligez de prendre d'autres vacations. Tous ces cuisiniers, qui preparent des seruices pour les tables chargées d'autant de pechez, qu'il y a de profusions, tous ces confiseurs, tous ces inuenteurs de modes, tous ces mestiers qui seruent à la vanité & au luxe, tous ces ioüeurs de violons & danseurs, tous les cabaretiers, qui donnent du vin plus que la temperance ne souffre, seroient obligez de changer de condition. Car s'il n'est pas permis à vn seruiteur de preparer le lict où sa Maistresse a dessein de faire du mal, tous ces gens de mestier ne peuuent seruir, ou vendre les choses dont les autres doiuent vser pour vne mauuaise fin. Or nous ne voyons point que les Conciles condamnent ces mestiers & vacations. Les Euesques ne commandent point qu'on refuse l'absolution, à ceux qui s'addonnent à ces exercices; & les Curez dans leurs Prônes, n'instruisent point les Peres & les Meres, de ne point faire apprendre ces mestiers à leurs enfans. C'est donc vne temerité bien grande aux Iansenistes, de vouloir condamner tous ces seruices indifferents,& ces actions qui peuuent estre dirigées à vne bonne fin; parce qu'vne tierce personne s'en sert pour pecher. I'ay dit que les personnes mariées seroient exposées à quantité de pechez, si cette maxime auoit cours, & cependant les Theologiens les déchargent. Car qu'vn mary ayt fait vœu de chasteté, s'il demande à sa femme l'obeïssance qu'elle luy devroit, s'il n'auoit point de vœu: la femme pecheroit en luy acquiesçant, si la maxime des Iansenistes est veritable, & toutes les fois que le mary, pour quelque occasion que ce soit, peche mortellement ou veniellement, en exigeant ce qu'il a droit de demander à sa femme, elle pecheroit aussi mortellement ou veniellement; quoy que l'action de son costé, soit indifferente & mesme meritoire, si elle la r'apporte à vne bonne fin. Elle pecheroit disie, selon l'auis des Iansenistes, d'autant, disent-ils, que son mary abuse de l'action de sa femme pour vne fin qui est mortelle, ou venielle. Par la mesme raison toutes les fois que la femme pecheroit en des occasions semblables, le mary en y acquiesçant se rendroit complice de son peché. Qu'il naîtroit delà vn étrange embarras de conscience pour les personnes mariées dans le iuste sujet qu'elles auroient de craindre de se rendre complices des pechez que l'vn d'eux pourroit commettre. Cette maxime des Iansenistes estant si fort contre le repos de tant de conditions, & si éloignées du sens commun de tous les Pasteurs de l'Eglise : ie m'estonne de veoir que ces Lettres bouffonnes ayent esté si bien receuës, & mesmes loüées par des personnes qu'elles rendent criminelles d'vne infinité de pechez, & qu'elles destinent au feu d'Enfer.

X. Obiection. Les Casuistes proposent des questions badines & friuoles, par exemple ils s'amusent à demander si vn homme qui a vingt-vn an complets aprés minuit, est obligé de ieûner ce iour-là; & au cas qu'il doute si les vingt-vn an sont complets deuant minuit, s'il est déchargé du ieûne, *Lettre 5. page 4.*

Response. Le railleur n'a pas consulté Monsieur .... sur cette bouffonnerie, car il eust instruit son ignorance, & luy eust appris qu'au Palais & aux Officialitez, on examine souuent des questions de cette sorte, à l'occasion des professions, des mariages, & des autres contracts, qui demandent vn certain temps pour condition essentielle, on examine si vne fille auoit douze ans complets quand elle a épousé; si vn Soudiacre, vn Diacre, vn Prestre, auoient l'âge porté par les Canons. Messieurs les Iansenistes, qui lisent tant l'Escriture auoient auerti leur Secretaire, que dans l'Exode, & dans le Leuitique, il y a des Ordonnances, qui sont des choses aussi petites que les questions, dont le Secretaire bouffonne. Les Theologiens les plus serieux proposent vn grand nombre de semblables questions, dans l'administration des Sacrements. Par exemple s'il suffit d'auoir répandu de l'eau sur les cheueux, ou sur les ongles d'vn enfant, afin qu'il reçoiue le Baptesme, si ayant aualé vne goutte d'eau par mégarde, on peut sans peché Communier; & les seuls Ministres de Charenton trouuent à redire à ces questions. Mais quand les Iansenistes s'en moquent, où est ce grand respect qu'ils portent à S. Auguftin, puiſqu'il eſt aiſé de faire veoir, que ce Saint a quelquefois mélé de ces queſtions parmy les ſerieuſes ; ie me conteray de les renuoyer *au 6. Chap. du 6. Liure contra Iulianum*, où parlant à cet heretique, qui enſeignoit que l'enfant d'vne mere, qui auoit eſté baptiſée pendant ſa groſſeſſe eſtoit baptiſé ; demande ſi tout ce qui eſtoit dans ſes inteſtins ; ſi tout ce qu'elle auoit digeré, eſtoit baptiſé. Enfin, ſi quand on baptiſe vn homme qui a la fiévre ; la fiévre reçoit le bapteſme ; ſi les Caſuiſtes propoſoient de pareilles inſtances, contre les erreurs des Ianſeniſtes, quelles railleries ne feroient-ils pas ?

XI. Obiection. Les Caſuiſtes exemptent du ieûne vn homme qui ſe ſeroit laſſé à pourſuiure vne fille.

Response. Tous ceux qui ont leu la *Lettre 5. page 4.* ont trouué ce reproche honteux & iniuſte ; quoy ce Reformateur voudroit-il qu'on laiſſaſt mourir de faim vn homme, qui ſe ſeroit battu en duël, & qui auroit perdu beaucoup de ſang ? ceux qui l'excuſent, diſent, que ce reproche n'eſt pas ſi impertinent qu'il paroiſt & que le Secretaire parle conſequemment ; d'autant que ſelon les principes des Ianſeniſtes, celuy qui par vn peché mortel ſe met en neceſſité de tranſgreſſer quelque autre precepte, peche dans cette ſeconde tranſgreſſion. Mais ceux qui connoiſſent ce railleur, diſent, qu'il extrauague ordinairement, quand il trouue l'occaſion de parler du ſexe : Ie m'en rapporte à ce qui en eſt, mais ie ſuis certain, qu'il faut que l'execution du commandement ſoit poſſible, au temps meſme de la tranſgreſſion, afin qu'elle ſoit imputée à peché ; & ie vois clairement en toutes les Lettres de ce Secretaire, qu'il ſe monſtre peu iudicieux en toutes matieres.

XII. Obiection. Les Caſuiſtes excuſent les riches, qui ne donnent pas de leur ſuperflu dans les neceſſitez ordinaires des pauures ; & ne les obligent pas de donner de ce qui eſt neceſſaire, ſelon la condition des riches, dans les neceſſitez extrémes des pauures. *Lettre 6. page 1. Lettre 12. page 1. & Lettre.*

Response. Le Ianſeniſte blâme en deux Lettres l'opinion de Vaſquez, touchant l'obligation qu'ont les riches de faire l'aumône, mais auec quelque difference ; car en la ſixiéme, il paroiſt comme vn ſinge enioüé, & dans la douziéme on diroit qu'il eſt metamorphoſé en ours. Pour en mieux parler, on diroit en la ſixiéme, c'eſt vn triuelin qui bouffonne ſur le theâtre, & dans la douziéme, il ſemble qu'on contraint ce triuelin de quitter la farce, pour apprendre le meſtier de sauteur de corde, tant il a peine de se tenir ferme, depuis que le Pere Iesuiste le presse sur ses Impostures, & le contraint de parler serieusement de Theologie & de choses Saintes, qui surpassent sa capacité, il se plaint d'estre seul contre vne Compagnie nombreuse, il auertit le Iesuite qu'il ne fait pas prudemment d'entretenir la guerre chez les Casuistes, & luy conseille de la porter au Port-Royal; mais vous auez beau vouloir fuïr, vous auez trouué vn homme qui a fait voir dans sa Réponse qu'il a la main bonne, & que vous ne luy sçauriez échapper, ses Lecteurs sont persuadez qu'il vous a conuaincu de l'ignorance, & de l'Imposture dont il vous a accusé en cette matiere: d'ignorance, puisque vous n'auez pas bien entendu la doctrine de Vasquez, qui est bien plus seuere au sujet de l'aumône, que beaucoup d'autres Theologiens; d'Imposture, parce que faisant suppléer la malice au défaut de capacité, vous l'auez falsifiée en des points où il parle clairement. Il me semble que monstrer ces choses, c'est bien porter la guerre chez-vous; mais puisque ce ieu vous plaist, & que vous nous inuitez à ne pas demeurer sur la simple defensiue, ie vous suis en vostre douziéme Lettre, & entreprends de faire veoir que quand Vasquez auroit effectiuement dit, ce que vos Impostures luy attribuent; vous auez eu tort de reprendre ce que vous blâmés: parce que d'autres Theologiens ont enseigné les opinions que vous condamnez, & qu'ils appuient leur sentimens de raisons que vous auriez peine de refuter; toutefois afin que les miserables ne patissent point à leur ordinaire de cette guerre, & que les pauures n'ayent point de sujet de se plaindre des Casuistes, & de m'accuser vn iour deuant le Souuerain Iuge, qui condamnera au feu d'Enfer ceux qui n'ont point eu de pitié des pauures: & au contraire, donnera son Paradis à ceux qui auront compaty à leur misere; Ie declare que ce que ie diray, n'est que pour retirer du scrupule les Confesseurs, qui sont en doute s'ils doiuent refuser l'Absolution à ceux qui ne font pas l'aumône selon les maximes des Iansenistes: & pour mettre en repos quelques bonnes ames qui sont gesnées, quoy qu'elles fassent l'aumône, autant que leurs moyens le portent. Bien loin de vouloir fomenter l'insensibilité du cœur des riches, qui n'ont aucune compassion de leurs pauures freres; outre que ie declare que ie soûmets mon iugemenr à ceux qui gouuernent l'Eglise; ie proteste que si les Iansenistes me faisoient voir par de bonnes raisons, que l'obligation qu'ont les riches de faire l'aumône, s'étend encore bien plus loin, ie les suiurois tres-volontiers. Il y a plus de vingt-cinq ans que ie cherche de l'éclaircissement sur cette matiere, & que ie sens mon ame partagée, ma volonté & mon inclination estant pour les pauures, & mon entendement ne trouuant point de raisons pour refuter les excuses des riches, qu'il ne faut pas facilement condamner, sans les auoir entendu en leur iustification. Aprés cette declaration ie viens à vostre douziéme Lettre, Monsieur le Iansenifte, où vous nous parlez de l'obligation de faire l'aumône en ces termes: *Il y a deux preceptes touchant l'aumône, l'vn de donner de son superflu, dans les necessitez ordinaires des pauures; l'autre de donner mesme de ce qui est necessaire selon sa condition, dans les necessitez extrémes.* Sur quoy ie vous demande premierement où sont couchez ces deux preceptes? sont-ils dans le vieux ou dans le nouueau Testament? s'ils y sont, vous deuiez alleguer les Textes de l'Escriture; de mesme que vous deuiez citer les textes des Conciles, si cette obligation nous vient d'vn commandement de l'Eglise. Que si vous ne nous apportez point de nouueau precepte de l'Eglise ny de l'Euangile; le precepte de faire l'aumône a esté laissé par Iesus-Christ, dans les termes de la loy naturelle, ainsi qu'il a laissé les autres preceptes du Decalogue: de sorte qu'il ne faut pas condamner la diuersité d'opinions en cette matiere, parce que les iugemens des plus sages sont differents, sur les conclusions qu'on tire des principes du droit naturel. Secondement, vous ne parlez que de deux necessitez que souffrent les pauures; de l'ordinaire & de l'extréme; & toutefois Vasquez & les autres Casuistes parlent d'vne troisiéme, qu'ils nomment grande ou pressante. En cela vous auez manqué, car les obligations de faire l'aumône, changent à mesure que les necessitez des pauures sont plus grandes ou plus petites. Troisiémement, vous nous deuiez expliquer ce que les Theologiens entendent par la condition & l'estat d'vne personne, afin que nous pussions iuger de l'obligation qu'ont les riches de secourir ceux qui sont en danger de perdre leur estat; quoy qu'ils ne deuiennent pas tout à fait pauures. Vous auez crû que nous nous contenterions des deux maximes generales que vous auancez sans preuue; mais nous sçauons bien que les Canonistes, & les Casuistes, qui decident les difficultez par des regles generalles sont sujets à faire mille fautes; ie m'asseure que si vous eussiez pris conseil de ces Messieurs qui ont paru auec estime dans le Palais, ils vous auroient persuadé de croire Duaren, qui auance cette maxime considerable. *Nihil est periculosius in iure quam per vniuersales theses aliquid definire.* Puisque vous auez manqué à expliquer ces choses qui sont necessaires pour veoir si vos deux commandemens, & vos deux regles sont veritables; ie suppleray à vostre défaut. Ie dis donc que la necessité ordinaire & commune des pauures, est la mendicité de ceux, qui faute de bien, d'employ, ou de forces, vont de porte en porte demander l'aumône; l'extréme est celle qui met le prochain en danger de la vie, ou par maladie, ou par quelque autre accident. La grande necessité, ou la pressante est celle qui n'est pas extréme; mais qui pourroit le deuenir auec le temps; telle que seroit vne grande disette de ce qui est necessaire à la vie, & au vestir. Par exemple, si au temps de famine les aumônes estoient si rares, que les mendiants passassent vne iournée entiere sans manger; ou si dans vn froid rigoureux ils n'auoient point d'habits; ou si vn pauure estoit affligé d'vne maladie qui pourroit deuenir mortelle. Quelques Theologiens mettent au nombre de ces necessitez, le danger de cheoir de la condition & de l'Estat qu'vne personne a legitimement acquis; les autres ne demeurent pas d'accord que ce peril tienne rang parmy ces necessitez. Nous verrons tantost ce qu'on peut dire sur cette question; cependant il est expedient de définir ce que c'est qu'estat & condition, parce que l'on demande souuent si le dessein qu'a le riche de releuer son estat, l'excuse de faire l'aumône au pauure, & si le danger où vn homme se trouue de perdre son estat, oblige le riche à le secourir. Voicy à peu prés ce qu'en disent les Theologiens : l'estat est vn genre de vie, qui donne quelque sorte de rang dans la republique; autrefois que les seruitudes & les esclauages auoient lieu, la liberté estoit vne espece d'estat; quoy que cette liberté fust accompagnée de sa pauureté. En France cette liberté n'est pas comptée pour vn estat, parce que nous n'auons point de seruitudes personnelles; les gens de mestier sont censez auoir vn estat. Les Laboureurs qui labourent leurs heritages en ont. Les Bourgeois qui viuent de leurs rentes en ont. Les Marchands en ont; les gents de Iustice, les Nobles iusques aux Souuerains; car le premier estat de tous c'est la Souueraineté.

Ces choses supposées, & ainsi expliquées, ie viens à vostre premier Commandement qui oblige à donner de son superflu, dans les necessitez ordinaires des pauures, & dis, que si vous pretendez obliger les riches sous peine de peché mortel ou veniel, au cas qu'ils y contreuiennent, vostre regle est inutile & moralement impossible, qu'elle est temeraire, & offense ceux qui gouuernent l'Eglise & l'Estat. Elle est inutile, parce que vous ne déterminez point quelle quantité du superflu on est obligé de donner, vous dites seulement qu'on est obligé de donner du superflu; impossible moralement, parce que si on donne tout le superflu; les gens de mestier ne pourront changer

ger d'estat, pour eux, ny pour leurs enfans; les laboureurs ne pourront acquerir plus de fonds, que ceux qu'ils possedent; & les gens qui viuent de leurs rentes ne pourront acheter des maisons. Impossible encore, parce que si vous limitez la quantité du superflu qu'il faut donner, vous retombez dans les inconuenients que vous voulez euiter; car si aprés que cette partie du superflu aura esté donnée; d'autres pauures aussi necessiteux, que ceux à qui vous auez donné se presentent à vous; serez-vous obligé de faire l'aumône, ou bien estes-vous déchargé de cette obligation? si vous estes obligé, vostre regle est impossible; si vous pouuez refuser l'aumône à ces seconds pauures sans peché, pourquoy ne pouuez-vous pas refuser les premiers, qui n'estoient plus pressez que les seconds, puisque vous auez du superflu aussi bien pour les vns que pour les autres? que si vous dites qu'il faudroit taxer tous ceux qui ont du superflu, & que par ce reglement toutes les necessitez communes seroient soulagées: vous condamnez l'Eglise, qui ne pouruoit point à vn desordre contre l'Euangile, vous blâmez le Magistrat seculier de ne pas faire son deuoir; mais n'est-ce pas estre seditieux, que vouloir souleuer les pauures, en leur disant que le superflu des riches leur appartient par droit de iustice; & dés là meriter d'estre chastié, comme vn perturbateur du repos public? Vostre maniere d'agir donne à plusieurs de violens soupçons, que l'esprit de Iudas ne possede vostre cabale, & que vous ne preniez le pretexte des pauures, pour remplir la Cassette du Sieur ..... ainsi que ce perfide Apostre se couuroit d'vne fausse tendresse à leur égard pour faire sa main, & pour cacher son hypocrisie & ses larcins, si vous n'auiez en veuë que les interests de la charité, vous ne la blesseriez pas comme vous faites. Vous exhorteriez les Chrestiens à donner l'aumône, sans condamner les Docteurs Catholiques qui parlent auec plus de zele que vous en faueur des pauures, bien qu'ils ne croient pas que dans les necessitez ordinaires il faille obliger les riches de donner de leur superflu sous peine de peché. I'aiouste que la seule experience que vous auez, que les necessitez communes sont suffisamment secouruës, vous deuroit empescher de faire des inuectiues contre les Casuistes qui tiennent cette opinion. Parce que de cent personnes qui font l'aumône, il n'y en aura peut-estre pas dix, qui se persuadent d'y estre obligez sous peine de peché; & neantmoins les riches ne laissent pas d'assister les pauures, quoy qu'on n'ajouste point de foy à vostre maxime, que vous voulez qu'on tienne pour texte d'Euangile.

Vostre seconde maxime porte que les riches sont obligez de

donner, mesme de ce qui est necessaire selon leurs conditions, dans les necessitez extremes des pauures. Et parce que Vasques est aussi dans ce sentiment, & que vous ne pouuez pas l'attaquer sur la substance de sa proposition, vous prenez occasion de le blasmer de deux circonstances qu'il demande, afin que cette maxime oblige les personnes riches : dans la premiere, il dit que les riches ont cette obligation, quand ils sçauent que nul autre ne secourra le pauure, qui est en extréme necessité : d'où vous inferez auec vostre adresse ordinaire, qu'il n'y sera peut-estre iamais obligé : parce que rarement arriuera-t-il, que le riche sçache certainement que nul autre ne secourera le pauure. Or ie vous réponds que le riche sçaura que le pauure ne sera pas secouru par vn autre, lors qu'il voit le pauure en necessité, & qu'il ne connoist personne de qui il soit Moralement asseuré, qu'il donnera du secours au pauure : car c'est assez connoistre qu'on est obligé de secourir, quand on ne connoist personne qui descharge de cette obligation : vous estes donc mal-fondé à reprendre Vasquez.

La seconde circonstance est, que la necessité de ce pauure, doit estre telle, qu'il soit menacé de quelque accident mortel, ou de perdre sa reputation. Vous improuuez aussi cette limitation, & quoy que vous ne vous expliquiez pas nettement, vôtre intention est d'étendre vostre second commandement, *Qui oblige de donner mesme de ce qui est necessaire selon sa condition dans les necessitez extrémes ;* non seulement aux necessitez extrémes, mais encore aux grandes ou pressantes. En quoy vous commettez deux fautes. La premiere est, que vous confondez, & prenez pour vne mesme chose, la necessité extréme, & la pressante, contre le sentiment de tous les Theologiens, que vous n'auez gueres leu, puisque vous ignorez ces choses qui sont si communes. La seconde, qui est de plus grande importance est, que vous obligez les riches de se priuer de ce qui est necessaire à leur condition, pour soustenir ou restablir & la condition & l'estat de ceux qui sont en danger de le perdre; parce que d'ordinaire les Theologiens mettent la perte de l'état au nombre des grandes necessitez, & le Pere Iesuite vous a fait veoir que Vasquez est dans ce sentiment. Prenez-vous garde que par vostre seuerité estudiée, vous embarassez beaucoup de bonnes ames qui sont en peine, quand elles voyent de ces grandes necessitez, ou des pertes de biens, qui attirent le changement de condition, & que vous reduisez tous les riches, sans excepter mesmes les Souuerains, à s'incommoder dans leur estat, s'ils auoient assez de soûmission pour suiure la direction des Iansenistes ? I'ay esté autrefois consulté par des

Gentilshommes d'Angletere qui estoient en peine de sçauoir s'ils estoient obligez de s'incommoder notablement, pour secourir d'autres Gentilshommes, dont on confisquoit les biens pour la religion. I'ay esté consulté par des Conseillers, qui doutoient s'ils estoient obligez de faire de grosses aumônes à des parties, qui estoient ruinées de fond en comble par vne Arrest équitable; par exemple pour quelque reste de compte, que le Pere ou le grand Pere de cette partie n'auoitpas rendu. Ces Conseillers voyant ces parties contraintes de cheoir de leur condition demandoient à quoy la charité les obligeoit. I'ay esté consulté par des Medecins, qui m'ont demandé s'ils estoient obligez à s'incommoder dans leur condition, pour secourir les grandes necessités des pauures qu'ils visitent. Et sans me seruir de la connoissance particuliere que i'ay, tout le monde sçait que ces guerres qui affligent l'Europe, iettent vn grand nombre de Bourgeois, de Laboureurs, de Gentilshommes dans le danger de decheoir de leur condition. On peut demander si les riches qui connoissent ces pressantes necessités, sont obligez de donner non seulement tout ce qu'ils ont de superflu, mais encore de donner de ce qui est necessaire selon leur condition. Vous dittes qu'oüy Monsieur le zelé; écoutez les raisons que les Casuistes alleguent pour leur defense. Ils disent premierement que dans l'Euangile de S. Mathieu Chap. 25. on ne trouue point de Commandement de faire l'aumôsne, pour maintenir quelqu'vn en son estat. Tous les Commandemens parlent de donner à manger & à boire, de vestir, de receuoir les estrangers, de visiter les malades, & les prisoniers. Ils disent en second lieu, que les conditions & le partage des biens, ont esté introduits par le droit des gens, afin de rendre les particuliers laborieux; car si toutes choses estoient communes, personne ne voudroit trauailler: La maxime des Iansenistes fomente cette faineantise, parce que personne ne se soucieroit d'acquerir du superflu; si les riches estoient obligez de donner, à ceux qui sont en grande necessité, tout leur superflu, iusques à s'incommoder dans leur condition pour maintenir la condition des autres. Enfin ils disent que nous sommes tous nez auec la liberté, ce qui n'a pas empesché que les seruitudes n'ayent esté receuës & approuuées. Dieu mesme les approuue dans l'ancien Testament, & la Loy Euangelique les ayant trouuées ne les a pas ostées. Si ceux qui ont premierement vsé de ces seruitudes, n'ont pas esté obligez d'empescher ceux qui tomboient de l'estat de la liberté dans la seruitude, pourquoy obligerons nous les Chrestiens à donner leur superflu, & mesmes à s'incommoder pour maintenir chacun en son estat? pourquoy obligerons nous tous les gens de mestier,

Bourgeois, Labouteurs, & autres conditions iusques aux souuerains à s'incommoder & à retrancher les choses qui leur sont necessaires, pour sauuer la condition de tant de personnes qui sont en de grandes necessitez? Ie ne m'estends pas dauantage sur les souuerains, quoy que la maxime du Iansenifte les presse plus que les autres particuliers. Quand ie considere les raisons que les riches produisent, & d'autres qui sont dans les Autheurs; ie n'oserois condamner de peché les riches, qui ne s'incommodent pas pour secourir les grandes necessitez: pouuou qu'ils donnent du superflu; & que dans les extremes ils donnent du necessaire à l'estat; & du superflu à la vie. Et par consequent ie ne voudrois pas obliger vn Confesseur à demander à son penitent, s'il a haussé sa condition en ce temps, où tout le monde selon les Iansenistes est obligé de s'incommoder, ny s'il a retranché de ce qui estoit necessaire à sa condition. Ie ne voudrois pas luy refuser l'absolution, encore qu'il eust releué sa condition, ou qu'il ne se fust pas incommodé, cependant la maxime du Iansenifte conclud à refuser l'absolution à tous ceux, qui dans Paris ont du superflu, & mesmes à ceux qui ne s'incommodent pas; parce que il y a quantité de grandes necessitez dans Paris, & on y connoist toutes les grandes necessitez qui sont dans les Prouinces, qui absorberont tout le superflu & incommoderont tout ceux qui possedent du bien dans Paris, apres quoy ie prie de rechef mon Lecteur de ne prendre point occasion de cet écrit de ne pas faire l'aumône selon ses moyens, *Date eleemosynam, & omnia munda sunt vobis.*

XIII. Objection. *Lettre 6. pag. 4. & lettre 12. pag. 4.* Les Casuistes mettent la Simonie dans vne idée imaginaire, qui ne vient iamais dans l'esprit des Simoniaques, qui consiste à estimer le bien temporel en luy mesme, autant que le bien spirituel consideré en luy mesme. Ce que dit *Valentia Tom. 3 Dist. 16. part. 3.* On peut donner vn bien temporel pour vn spirituel en deux manieres. L'vne en prisant dauantage le temporel que le spirituel, & ce seroit Simonie. L'autre en prenant le temporel comme le motif, & la fin qui porte à donner le spirituel; sans que neantmoins on prise le temporel plus que le spirituel, & a lors ce n'est point Simonie.

Responsе. *Valentia, Tannerus, Sanches*, & les autres que vous allegués, *Lettre 12. pag. 4. & 5.* expliquent naifuement la Simonie: & ne disent rien que les Canonistes & les autres Theologiens n'ayent dit. Et vous Monsieur le Iansenifte ne pouuiez mieux faire paroistre vostre ignorance, qu'en formant cette obiection contre les Casuistes. Ie rapporteray briefuement leur sentiment, touchant ce crime detestable, afin que le Lecteur voye que vous n'auez pas les premieres notions des choses dont vous vous meslez de parler en fanfaron. Ils enseignent que les choses spirituelles comme sont les Sacrements, le Sacrifice de la Messe, la profession d'vn Religieux, vn benefice & pareilles choses spirituelles ne peuuent estre vendües à prix d'argent, ou pour autre chose temporelle, qui vaille, & soit estimée autant que largent. Tous conuiennent en ce point, prenez la peine de lire *Maior Dist. 25. Victoria de Simonia numer. 10. Soto de Iustitia pag. 266. quæst. 6. Caiet. in summa verbo Simonia.* Ie vous allegue ces Autheurs, parce qu'ils sont des plus rigoureux qui aient écrit de la Simonie. Ils conuiennent encore tous en vn second point; à sçauoir qu'on peut prendre de l'argent pour vne chose spirituelle; pourueu qu'on ait quelque motif honneste, & qu'on ne pretende pas de receuoir l'argent, pour la valeur de la chose spirituelle. C'est ainsi que l'Eglise approuue la reconnoissance qu'on donne à vn Prestre, pour offrir le Sacrifice de la Messe, pour administrer les Sacrements, pour assister au Chœur, & pour offrir les prieres en faueur des viuants & des morts. Il y a vn troisiéme point qui est contesté entre les Theologiens, pour sçauoir quand cet argent tient lieu de prix, en sorte que celuy qui fait vne fonction spirituelle, soit censé la vendre. Il semble que S. Thomas tienne que si la fin principalle, que pretend celuy qui fait la fonction spirituelle, est de receuoir l'argent, il est censé vendre la fonction spirituelle, il est Simoniaque. Maior est de mesme sentiment, *Dist. 25. quæst. 2. §. sed contra argumentor.* Où il dit qu'vn Prestre est Simoniaque, s'il dit la Messe pour six petis blancs, comme pour la fin principalle; sans laquelle il n'offriroit pas le Sacrifice. Cette opinion de Maior n'est pas suiuie des autres Canonistes & Casuistes, & quoy qu'elle semble estre de S. Thomas, Sotus qui est de son ordre, n'en demeure pas d'accord; & enseigne dans *la question 6. artic. 2. pag. 297.* Que la fin principalle de receuoir les distributions sans laquelle le Chanoine n'iroit pas au Chœur; & la fin principalle de receuoir vn grande somme d'argent, sans laquelle vne fille ne seroit pas admise à faire profession dans vn Monastere, ne fait pas la Simonie. Mais Sotus dit que pour faire la Simonie, il faut qu'il y ait vne vraye vente; c'est adire, que la chose spirituelle soit liurée, ainsi que dans le contract de vente, on liure la marchandise, & que l'argent, ou autre chose temporelle soit donnée comme le prix de cette chose. Valentia & Tannerus suiuent cette opinion commune; & le Secretaire du Port-Royal s'écrie sur eux comme sur des visionaires, & dit que la Simonie est donc vne idée imaginaire, à laquelle ceux qui vendent les Sacrements, & les benefices ne pensent point.

Ie luy réponds que les femmes & les filles sont capables de comprendre, qu'il y a bien de la difference entre vouloir vendre le Sacrifice de la Messe, & estre determiné à ne la pas dire, si on ne trouue quelque salaire; entre vendre vne profession, & ne vouloir pas receuoir vne fille, si elle n'apporte vn bon dot; & qu'il faut que la bouffonerie occupe entierement l'esprit du Secretaire, s'il n'a pas assez de lumiere pour connoistre la distinction de ces deux choses. Le Secretaire replique.

Il n'y aura donc plus de Simonie, car qui sera assez malheureux, que de vouloir contracter pour vne Messe, pour vne profession, pour vn benefice sous cette formalité de marchandise & de prix? Ie réponds, que tout homme qui seroit actuellement dans cette disposition, ie n'ay garde de iamais vouloir égaler vne chose spirituelle, à vne temporelle, ny de croire qu'vne chose temporelle, puisse estre le prix d'vne spirituelle, ne commettroit pas vne Simonie contre le droit diuin, en donnant quelque chose spirituelle en reconnoissance d'vne temporelle qu'il auroit receüe. Ie dis plus, que la disposition habituelle suffit, pour empescher qu'on ne tombe dans le peché de Simonie, que s'il se trouue quelqu'vn qui n'ait iamais eu cette disposition habituelle ou actuelle, & qui donne de l'argent pour vne chose spirituelle; en sorte qu'il égale la valeur de l'vn à l'autre, il commettra le peché de Simonie contre le droit diuin; encore qu'il ne pense pas formellement, si la chose spirituelle tient lieu de marchandise, & l'argent tient lieu de prix.

Le Secretaire poursuit: Tout beneficier, qui sera tant soit peu instruit de ces formalitez, & qui n'aura pas la conscience tout à fait perduë, pourra receuoir de l'argent, ou toute autre chose temporelle, pour la resignation d'vn Benefice. Ie réponds qu'il ne le peut; parce que les loix Canoniques, & mesme les Ciuiles le deffendent en certains cas: & c'est la limitation qu'apporte Tannerus, que le Secretaire reprend mal à propos. Et pour veoir que Tannerus a raison, & que son aduersaire ne sçait ce qu'il dit; il faut remarquer que les Conciles & les Papes, qui ont défendu de prendre des reconnoissances temporelles pour les Benefices, parlent des recompenses, dont les parties sont tombées d'accord par conuentions & pactes obligatoires; de sorte que les Canons ne parlent point de celles qui sont purement liberales, & dont on n'est point conuenu. Par exemple vn Euesque a fort obligé vn homme en luy donnant les Ordres; cet homme offre par pure gratitude vne haquenée à ce Prelat; le Prelat la peut accepter sans simonie. *Le Chapitre, etsi questionis de simonia, dans la compilation de Gregoire*, explique bien cette question: *& le Canon, sicut Episcopum, dans Gratian* 1. *q.* 2. où il apporte cette raison. *Quia eius oblatio nullam culpæ maculam ingerit, quæ non ex ambientis petitione procesfit.* Innocent IV. *Archidiaconus Hostiensis Turrecremata*, Hugo & Nauarre sont de ce sentiment; les autres Autheurs sont remplis de cas semblables, où ils disent qu'il est permis de donner vne chose spirituelle pour vne temporelle; pourueu qu'il n'y ait point de pacte, & que la reconnoissance soit purement gratuite. Si par exemple vn Aduocat a gratuitement seruy vn Prelat; le Prelat peut gratifier le fils de cet Aduocat de quelque Benefice. Si vn Aumônier a seruy sans recompense vn Euesque; ce Prelat peut le pourueoir d'vne Cure, pourueu qu'en toutes ces rencontres l'intention soit droitte, & que nul pacte exprés, ou tacite n'interuienne entre le Prelat & ceux qu'il gratifie, *Victoria de simonia, num.* 4. enseigne absolument qu'il n'y a point de simonie de donner quelque chose temporelle à quelque collateur de Benefice, quand on ne pretend gagner que l'amitié du Prelat immediatement; quoy qu'on ait intention de se seruir de cette amitié, si on la peut acquerir: il est vray qu'il improuue ce procedé, mais il l'exempte de simonie.

De ce que i'ay dit, il est aisé de répondre au cas que le Iansemiste propose auec tant d'empressement & dont *il attend vne réponce precise, nette, & sans distinguo de droit positif, & sans presomption de tribunal exterieur*: ie la luy donnerois telle qu'il la demande precise & nette, s'il estoit aussi subtil pour penetrer les vertus solides, qu'il est prompt à debiter des bouffonneries, mais parce que ie vois qu'il méprise le *distinguo* du droit Canonique. Ie luy proposeray vn exemple, dans lequel il verra la solution de sa difficulté. Supposons donc que l'Eglise défend maintenant à tous les Prestres de prendre salaire pour le sacrifice de la Messe: Ie demande à mon Iansemiste, qu'il me réponde nettement & precisement, si le Prestre commettra vne simonie, au cas qu'il reçoiue de l'argent pour dire la Messe, ie le défie de me répondre sans *distinguo*; & quoy que ie luy permette de s'en seruir, il n'y trouuera pas son compte. Car il faut qu'il distingue en cette sorte: Si le Prestre reçoit cet argent comme prix du sacrifice, il commettra vne simonie contre le droit diuin; que si il ne le reçoit pas comme prix, mais seulement contre la défense de l'Eglise, qui luy défend de rien prendre; il faut encore se seruir d'vn *second distinguo*, en cette sorte;

ou l'Eglise défend absolument de receuoir sous quelque pretexte que ce soit, aucun salaire pour les Messes, ou elle défend seulement de traitter, & de faire des pactes touchant ces salaires; ainsi que font les Prestres, qui ne veulent pas s'obliger à dire vn annuel, à moins d'auoir vne certaine somme. Si l'Eglise défend absolument de receuoir aucun salaire; le Prestre qui en receuroit, commettroit vne simonie contre le droit Ecclesiastique. Que si elle ne défend que les salaires, dont on conuient par traitté; & non ceux qui sont laissez à la discretion & liberalité de la personne qui fait dire la Messe; le Prestre pourra receuoir ce salaire sans aucun scrupule de simonie: appliquez, Monsieur le Iansenifte, ces deux *distinguo* à l'Ecclesiastique, duquel vous parlez en vostre Lettre; qui compte dix mille Francs à vn Beneficier, qui vient de luy resigner son Benefice; & vous trouuerez la solution de vostre doute, pour ce qui regarde la conscience: car pour le feu exterieur ces deux Beneficiers seront traitez en vrais simoniaques, parce que les Iuges presument que ces dix mille francs sont donnez par vn traitté qui a precedé, ce qu'ils ne presumeroient peut-estre pas pour vn Prestre, qui auroit receu vne recompense gratuite pour dire vne Messe. Aprés cette réponse, ferez-vous encore le fanfaron? continuërez-vous encore dans les applaudissemens que vous rendez à vostre eminente capacité, & à vostre admirable façon de vous exprimer? Insulterez-vous encore à Tannerus & à Valentia, qui fut en son temps vn des solides esprits qui ayent défendu l'Eglise contre les Heretiques? Sçachez que ces vanitez semblent aussi ridicules & extrauagantes à ceux qui sçauent le droit Canon, que seroient celles de quelque homme de mestier Huguenot, qui se vanteroit à ses camarades, d'auoir poussé à bout quelque sçauant Docteur en Theologie.

Vous continuez, Monsieur le Iansenifte, à découurir vostre vanité & vostre presomption, dans la 7. *page* de la 12. *Lettre*, où vous vous ventez d'épargner fort Escobar, en la personne duquel vous pourriez, dites-vous, faire passer les Iesuites pour ridicules: si la compassion de leur misere ne vous retenoit, mais en quoy épargnez-vous ces bons Peres? vous répondez qu'Escobar auance deux propositions que vous pourriez bien releuer. En la premiere il dit, qu'il n'y a point de simonie, lors que deux Religieux s'engagent l'vn à l'autre en cette sorte; donnez-moy vostre voix pour me faire élire Prouincial, & ie vous donneray la mienne pour vous faire Prieur. En la seconde, que ce n'est pas simonie de se faire donner vn Benefice, promettant de l'argent, quand on n'a pas dessein de

payer

payer en effet. En bonne foy est-ce là toute la misericorde que vous faittes aux Iesuites ? est-ce en cela que vous les estimez miserables. Ie vous asseure que vostre charité est tres-mal employée, & que ces bons Peres n'en ont point besoin. Que si Escobar eust dit autrement, il eust pris vostre place ; & se fust rendu ridicule, ainsi que vous seruez de ioüet aux sçauants qui lisent vos Lettres. Car pour le premier cas, si le Prouincialat & l'office de Prieur ne sont point Benefices ; il est constant qu'il n'y a point de simonie dans le pacte que vous condamnez ; parce que la permutation des choses spirituelles, n'est défenduë que dans les Benefices. Par exemple, il est permis de changer des Reliques d'vn Saint, auec les Reliques d'vn autre Saint ; il est permis de traitter des Messes, & des Confessions, en disant, entendez les Confessions pour moy cette semaine, & ie diray la Messe pour vous : vous direz que le Prouincialat & l'office de Prieur sont Benefices, ou des offices, dont l'Eglise a défendu la permutation. Mais vous auez contre vous quantité de Theologiens & Canonistes *Arangoma 2. 2. q. 100. art. 10. Manuel tom. 2. summa cap. 64. n. 2. Becan. casu 37. Soto lib. 9. de Iust. q. 5. art. 2. ad 3. Victoria relect. de simonia n. 17. Lopes 1. part. Instructorij cap. 305.* Et plusieurs autres qui ne sont point de la societé.

Le second cas fait veoir que vous n'entendez pas ce que vous dites : Car les Iurisconsultes enseignent ordinairement que l'essence du contract de vente, ne consiste pas dans les seules paroles ; il faut que la volonte de l'obligé interuienne, & sans cette volonté il n'y a point de contract. Or la simonie est vn vray contract de vente, dans l'intention de ceux qui donnent de l'argent pour vn Benefice. Ie ne nie pas toutefois que cette fourberie ne merite chastiment ; mais tout crime qui est punissable dans les matieres beneficiales, n'est pas pour cela simonie.

XIV. OBIECTION. Les Casuistes & Canonistes donnent des interpretations au droit Canon, qui fauorisent le libertinage, ou par l'explication de quelque terme, ou quand les termes sont si clairs, qu'ils n'en souffrent aucune ; alors ils se seruent de la remarque des circonstances fauorables. Que si il y en a qui soient si precises, qu'on ne peut accorder par là les contradictions ; ils interpretent l'intention du legislateur, en sorte que de deux opinions probables sur vne matiere, la loy du Legislateur approuue l'vne, sans toutefois oster la probabilité à l'autre. Et par ces interpretations, ils veulent que Gregoire IV. parlant des assassins (qu'il exclud du priuilege de l'immunité Ecclesiastique) ne comprenne queceux qui tuënt des hommes à prix d'argent, *Lettre 6. page 1.* Et dans la *page 2.* ils exemptent de l'excommunication les Religieux qui quittent leur habit pour se transporter en quelque lieu de débauche ; & dans la troisiéme, ils disent que Diana prefere son opinion à la decision de trois Papes, qui ont decidé qu'vn Religieux Minime estant fait Euesque, n'est point dispensé de garder la vie quadragesimale, dont il a fait vœu.

RESPONSE. I'ay peine à croire que l'ignorance soit si grande dans la cabale, que plusieurs de ces Messieurs qui ont paru dans le barreau, & ont fait étude de la Iurisprudence, ne sçachent que les Canonistes, les Aduocats & les Iuges aussi bien que les Casuistes sont tres-souuent obligez de se seruir de ces interpretations & explications, que leur Secretaire reproche aux Casuistes. Premierement, parce que souuent les Canons semblent se contrarier, & c'est pour cela que Gratian a donné pour titre à son Decret, *Concordia discordantium Canonum.* En second lieu, souuent les termes de la Loy ne sont pas clairs, ou le vulgaire ne les entend pas. Il ne faut que lire tout le titre *de Verborum significatione*, pour s'instruire de cette verité. Troisiémement, il y a diuerses regles de droit, qui ordonnent d'adoucir les choses qui sont odieuses & penibles. Le titre *de Regulis Iuris*, est rempli de ces belles maximes, qui sont expliquez par Dymis, & autres sçauants Canonistes. Enfin, lors que le Droit ne decide pas vn cas particulier dont on est en peine ; on a recours aux especes semblables, & aux conuenances qu'on trouue dans les compilateurs de ces matieres. Nicolaus, Euerardus, & Barbosa entre les recens, ont composé des traitez, *De locis communibus & verborum significatione, de clausulis*, &c. c'est donc contre le sens commun de tous ceux qui ont la moindre teinture des Loix & des Canons, que le Secretaire de Port-Royal nous reproche l'explication que nous donnons aux Canons. Les Peres mesme de l'Eglise, se seruent de ces mesmes regles pour entendre l'Escriture, les Canons & les Loix ; & nous apprenent qu'il faut chercher le sens de l'Escriture & les Loix, non seulement dans les paroles, mais encore dans les circonstances des temps & des lieux. Le Lecteur pourra lire leurs textes dans les Canons de la *distinct.* 29. D'ou vient donc l'aueuglement si extraordinaire du Iansenisté, qui luy fait inuectiuer contre vne maxime également necessaire aux gens de Iustice & aux Casuistes ? l'on trouue deux causes principales : La premiere est, l'inclination de cet homme sans pudeur, qui le porte à railler sur des sujets des-honnestes, & qui luy fait rechercher hors de propos, l'occasion de parler d'vn Religieux, qui quitte son habit pour aller à vn lieu de débauche. La seconde est plus subtile & plus malicieuse, c'est qu'il a voulu faire dire à Diana, qui est du conseil du Pape ; que le Pape peut decider quelque point de doctrine, ou des mœurs, sans que cette decision oste la probabilité de l'opinion qu'il a condamnée ; afin que les gens simples croyent, que la condamnation qu'Innocent X. a fait des cinq Propositions, n'oste point la probabilité des opinions des Iansenistes, & n'empesche pas qu'on ne les puisse suiure en seureté de conscience.

Voyons maintenant si ce qu'il nous objecte en détail luy reüssira mieux que les interpretations generalles. Il trouue mauuais que le mot d'assassin ne comprenne pas toute sorte de guet-a-pan dans la Bulle de Gregoire XIV. mais le pere Iesuite l'a desia refuté sur ce point, & luy a prouué que les Canonistes prennent le mot d'assassin pour celuy qui reçoit de largent pour tuër vn autre. Le Lecteur pourra veoir les Sommestes *verbo assassinus* & la glosse du Chapitre *pro humani de homicidio in sexto*. Les Italiens & Espagnols le prennent d'ordinaire en ce sens lors qu'il s'agit des peines que le droit impose aux assassinateurs. Quoy qu'il y ait quelques Autheurs François qui en matiere beneficiale comprennent le guet a pan sous l'assassinat ; quand il est question de faire vaquer le benefice d'vn Beneficier, qui commet vn homicide qualifié. Ce qui n'empesche pas que le Secretaire n'ait mal repris ceux qui expliquent la Bulle de Gregoire XIV. en sorte que les meurtriers de guet-à-pan puissent ioüir du priuilege d'Azyle, dont les Eglises d'Italie sont en possession.

Il n'a pas plus de raison de reprendre les Casuistes qui excusent vn Religieux, qui auroit quitté pour peu de temps son habit, afin de se transporter dans vn lieu de débauche. Et pour veoir comme ils sont bien fondez, il est expedient de sçauoir ce qui meut Boniface VIII. à excommunier les Religieux, qui quitteroient temerairement leurs habits ; & à faire cette constitution qui commence, *vt periculosa*, au titre, *ne Clerici vel Monachi in sexto*. C'est que du temps de ce Pape plusieurs Religieux sortoient de leurs Conuents & quittoient leur habit pour vaquer & courir çà & là sans estre reconnus : Ce qui fomentoit grandement les desordres qui s'estoient glissez en plusieurs Monasteres. A l'occasion de cette constitution plusieurs cas arriuerent, surquoy on consulta les Canonistes, par exemple si vn Religieux quittoit son habit dans sa chambre, pour étudier plus commodement, s'il seroit excommunié ; la pluspart des Canonistes répondirent que non. Si vn Religieux s'oublioit de ses vœux, iusques à quitter son habit, pour aller à vn lieu de débauche ; & plusieurs ont répondu qu'il seroit excommunié : d'autres ont répondu, qu'en ce cas il pecheroit mortellement, contre son vœu, de mesme que s'il y alloit auec son habit ; mais qu'il n'encourroit pas l'excommunication portée par *le Chapitre vt periculosa.* Parce que cette excommunication n'est pas contre les impudiques, mais contre les vagabonds qui quittent leur habit, pour n'estre point connus pour Religieux, dans les prouinces, & dans les villes où ils sejourneront, & où ils passeront. Et d'autant que les Loix ne sont pas pour les choses qui arriuent rarement ; comme sont les actions honteuses, dont parle le Secretaire à l'égard des Religieux ; *Sayrus*, qui n'est point Iesuite, est de cette opinion, *lib. 3. de Censura cap. 33. num. 11. & Tabiena verbo excommunicatio, 2. casu 23. quæst. 1. num. 2. qui n'est pas Iesuite.* Non plus que Barbosa qui est dans le mesme sentiment. *Sanchez lib. 6. in Decalog. cap. 8. num. 54. & Suarez tom. 5. disp. 23. sec. 4. num. 3.* l'approuuent & l'appuyent des leurs. Aprés ces authoritez & ces preuues, le Secretaire fait-il pas veoir euidemment, que le desir qu'il a de décrier les Religieux & les Casuistes, a fait qu'il ne s'est pas soucié de passer pour vn ignorant.

Il découure aussi son humeur maligne contre Diana, auquel il impose d'enseigner vne doctrine condamnée par les decisions de trois Papes, & de soustenir que les decisions des Papes n'ostent pas la probabilité de l'opinion contraire. A entendre ce personnage, on croiroit que trois Papes ont fait trois constitutions, par lesquelles ils declarent qu'vn Religieux Minime estant fait Euesque, demeure obligé en vertu de son vœu, à garder la vie quadragesimale; & toutes fois il n'est rien de tout cela. Diana rapporte seulement au Tom. 5. Traitté 13. Resol. 39. deux opinions touchant le doute qu'il propose là ; de l'obligation qu'a ce Religieux Minime. La premiere enseigne qu'il est obligé à garder son vœu ; & apporte pour vne des preuues le refus de dispense que Paul V. Gregoire XV. & Vrbain VIII. ont fait, ou menacé de faire à des Religieux Minimes, qui estoient Euesques, ou qui pretendoient de l'estre bien-tost. La seconde que tient Diana, enseigne qu'vn Religieux Minime estant deuenu Euesque n'est plus obligé à garder la vie quadragesimale. Et apres qu'il a allegué les Autheurs des deux opinions, il répond aux refus qu'ont fait ces trois Papes : & dit qu'ils ne condamnent point l'opinion contraire, & que le plus qu'on puisse inferer de là, c'est que ces trois Papes, ont esté dans ce sentiment comme Docteurs particuliers. Mais la consequence que le Iansiniste en veut tirer est calomnieuse, & pleine d'imposture ; car il donne à entendre que ces trois Papes, en qualité de Chefs de l'Eglise ; ont fait des constitutions tendantes à declarer, que les Religieux Minimes sont obligez à la vie quadragesimale, apres qu'ils ont esté crées Euesques : & que nonobstant ces constitutions Diana tient que l'opinion contraire est probable ; ce que Diana n'enseigne point. La Lettre du Iansensiste ne m'obligeant point à dire mon auis sur le fonds de la question, ie remarqueray seulement, que l'vsage de France est plus doux pour les Religieux, qui sont promus à la dignité Episcopale, que celuy d'Italie ; parce qu'en France, les Euesques peuuent tester, acquerir des heritages, leurs parents succedent, nonobstant leur vœu de pauureté, ce qui n'est pas reçeu dans l'Italie, à moins que le Pape donne permission de tester. Et mesme ie trouue que dans l'Espagne c'est la cathedrale, qui succede aux biens que l'Euesque Religieux laisse en mourant. L'imposture du Iansensiste est encore plus artificieuse *dans la resolution 6.* qu'il allegue *du mesme traitté trez'éme.* Où Diana enseigne qu'vn Prestre qui auroit souffert la nuit en dormant quelque illusion, ne seroit pas obligé de s'abstenir de dire la Messe ; quoy que les rubriques du Messel Romain, luy conseillent de s'en abstenir. Diana rapporte Iean Sanchez de qui il prend son opinion : lequel Sanchez s'estoit formé cette obiection ; le Pape approuuant les rubriques du Messel, témoigne que son sentiment est, qu'vn Prestre au cas susdit, doit s'abstenir de celebrer. A quoy Iean Sanchez répond, que le Pape ne parle en cette approbation, que comme vn Docteur particulier. Cette réponse n'a pas contenté Diana, qui replique que le Pape approuuant les rubriques pour toute l'Eglise, parle necessairement comme Chef de l'Eglise ; car vn particulier ne peut rien ordonner dans l'Eglise. Mais il aiouste que parlant comme Chef, il n'a pas condamné l'opinion qui permet au Prestre de celebrer apres cette illusion ; & le Iansensiste par vne imposture signalée, fait dire à ce sçauant homme, qu'vne opinion ne laisse pas d'estre probable, quoy que le Pape ait determiné le contraire. Et tout cela se fait pour décrier l'authorité du Pape, en bouffonnant sur les Casuistes. Fiez vous à ce malicieux bouffon.

XV. Obiection. Les Casuistes enseignent que les Loix de l'Eglise perdent leur force quand on ne les obserue plus. D'où ils tirent des maximes scandaleuses, qui permettent aux Prestres d'offrir le Sacrifice le iour mesme, qu'ils sont tombez dans des pechez honteux. Et disent que Dieu est tellement honoré par le Sacrifice de la Messe, qu'il seroit à souhaitter que toutes les choses inanimées & animées, les bestes mesme fussent changées en Prestres, pour offrir ce Sacrifice, qui est d'vne si grande valeur, qu'vn Prestre peut receuoir double salaire lors qu'il l'offre pour deux personnes. *Lettre 6. pag. 5. & 6.*

RESPONSE. Il ny a point d'Auocat de Village, qui ne soit capable de vous apprendre que la coustume peut abroger vne Loy, & que la Loy cesse quand on ne l'obserue plus: pourueu que l'inobseruance dure le temps que les Canons ont determiné pour oster l'obligation de la Loy. C'est pourquoy ie n'entreprends pas de prouuer plus amplement cette maxime, que le Pere Iesuiste en vous refutant a establie au delà de ce qui estoit necessaire; tant cette verité est euidente. Que si vous n'estes contents de ce qu'il vous a dit; voyez *Antonius Augustinus*, voyez *Florens*. Vous trouuerez dans les Traittez, que le dernier a fait sur les neuf premieres Decretales de Gregoire XIX. pag. 4. que les choses de la Foy ne changent point dans l'Eglise, mais que les choses de discipline reçoiuent du changement. Vous trouuerez dans la pag. 102. Qu'on prefere la coustume à la Loy aux Canons, pourueu qu'elle ne contienne rien d'iniuste. Vous trouuerez encore dans la pag. 288. l'authorité de S. Gregoire de Nazianze, qui témoigne que de son temps les Canons des Conciles demeuroient sans force; à cause qu'on ne les prattiquoit plus. Lisez *Monseigneur Marka pag. 429.* Où vous trouuerez que Nicolas I. pressa les Euesques de France, de receuoir les Decretales des Papes, ce qu'ils refuserent de faire: alleguant pour raison que les maximes, qu'on prattiquoit, estoient contraires, & auoient abrogé les Decretales. Ie me suis serui de l'authorité de ces deux Autheurs, pour leur capacité, & pour vous monstrer que vous voulez détruire les reigles que les Autheurs de nostre temps tiennent pour constantes.

Mais quand il seroit vray que tous les anciens Canons obligeroient encore maintenant; d'où vient que vous ne parlez que de ceux qui sont propres à deshonorer les Prestres seculiers, & à faire que le Peuple qui lira vos Satyres, perde tout le respect qu'il doit à leur Charactere, Pour moy quand ie vis que dans vos premieres Lettres, vous nous produisiez des Religieux, qui quittent leur habit, pour aller en des lieux de débauche, & pour exercer le mestier de filloux; ie croiois que vostre hayne s'arresteroit aux Moines; dont le seul nom vous est si odieux; que de peur qu'on ne crûst que dans la primitiue Eglise, les gens de bien se trouuoient honorez de ce nom; Monsieur d'Andilly, dans ses traductions, s'est toûjours seruy du mot de solitaire, aux lieux où le Latin employoit tousiours celuy de Monachus: Ie croyois disie que voſtre rage ne viendroit pas iuſques à nous; mais ie vois maintenant le contraire, & que vous declarez la guerre generalement à tous les Preſtres, que vous faittes ſortir d'vn commerce infame, pour offrir l'agneau ſans tache, auec des mains remplies de ſacrileges & de profanations. Helas Meſſieurs, que vous auons nous fait, pour déchirer noſtre reputation, par de ſi noires & de ſi atroces calomnies? Vous qui deuriez couurir nos foibleſſes, ſi vous auiez remarqué quelques defauts, vous mettez au jour des queſtions ſcandaleuſes pour nous décrier. C'eſt auoir vne cruauté bien artificieuſe ſous pretexte de reformer le Clergé, vous perſecutez tant de bons Preſtres? vous ſouuenez vous point des exclamations de Monſieur Arnauld, qui ſe plaint, que dans ſa perſonne on offenſe vn Docteur de Sorbonne, vn Preſtre, Oint du Seigneur? Hé combien de Curez, de Docteurs & de Preſtres offenſez vous par vos deteſtables calomnies? O paſſion que tu és aueugle! Les Ianſeniſtes ne conſiderent pas, que par les Cânons qu'ils produiſent contre l'impudicité des Preſtres; ils découurent au Peuple que de tout temps il y a eu quelques deſordres parmy les perſonnes les plus parfaittes. La haine a ſi fort troublé leur eſprit; que par les Canons qu'ils alleguent, ils décrient la pureté des mœurs de la primitiue Egliſe au meſme temps qu'ils nous inuitent, & nous veulent contraindre de la prendre pour modelle; puis qu'ils nous y font remarquer les meſmes defauts, qu'ils reprochent aux Preſtres qui viuent dans l'Egliſe preſente.

Quel eſt voſtre deſſein Meſſieurs, quand vous propoſez ces cas de conſcience ſcandaleux contre les Preſtres? Si vous pretendez par vos ſanglants reproches de reformer le Clergé de France, vous n'y reuſſirez iamais, parce que vous employez des moyens directement oppoſez à la fin que vous recherchez; vous n'y paruiendrez iamais, par la calomnie & par l'erreur. Penſez-vous que des Preſtres, dont la plus grande partie eſt exempte des defauts, que vos Lettres reprennent en general; & qui connoiſſent leur innocence, preſtent l'oreille à vos trompeuſes remonſtrances, & ſe rangent de voſtre party contre les Caſuiſtes? Si l'auerſion que vous auez des Preſtres Catholiques, vous euſt laiſſé quelque reſte de prudence, vous n'euſſiez pas publié ces Lettres, qui rendent tous le Preſtres ſuſpects. Que ſi quelque Caſuiſte s'eſt monſtré trop indulgent aux Preſtres; pour quelque ſorte de peché, vous deuiez conſiderer que ce n'eſt pas à vous à en faire la correction, & quand meſmes elle vous euſt appartenu, vous deuiez vſer de precaution, & dire, que peu de Preſtres tombent dans le peché que vous reprenez ; & beaucoup moins dans l'excez de celebrer le mesme iour, que la fragilité les auroit engagez dans ce malheur. Souffrez que i'adiouste que vostre ignorance iointe à vostre presomption, qui parroissent dans la citation des Canons, que vous alleguez pour reformer les Prestres, sont de fort mauuais moyens, pour les obliger à se soûmettre à vostre direction. Car ils sçauent bien que les textes dont vous vous seruez, pour reprimer la vie licentieuse des Prestres, & que la rigueur des Conciles que vous affectez, auec seuerité qui tient beaucoup de l'hypocrisie, ne regardent point les pechez qui sont cachez & secrets. La seuerité des Canons contre ces cheutes, estoit effectiuement contre celles qui estoient publiques, & en ces rencontres non seulement on priuoit les Prestres du ministere de l'Autel ; mais on n'auoit pas mesme d'égard à la dignité des Euesques, pour les fautes secretes, elles estoient laissées à la discretion du Confesseur. Les Prestres seculiers ne se ventent pas tant que les Iansenistes, de sçauoir l'Histoire Ecclesiastique & les Conciles ; ils ne sont pas pourtant assez ignorants pour n'auoir pas leu dans Gratian *les Canons 22. & 23. de la 5. distinction. Et le 10. & 20. de la dist.* 18. Et ce qui est ordonné *dist.* 82. pour la penitence des Prestres qui sont tombez en quelque fornication, ou autres pechés d'impureté. Ils sçauent ce que le mesme Gratian en dit en quelques endroits; ce que Antonius Augustinus écrit sur ces matieres, qu'il a tirées des Penitentiaux, qui sont à la fin de son *Epitome.* Le Reuerend Pere Morin de l'Oratoire, repete les mesmes choses, & y adjouste des penitentiaux des Eueschez de France, qui taxent les Penitences pour ces pechez, quand ils estoient publics. Les Prestres Seculiers & les Casuistes, ne sont pas ignorants de ces choses, & si l'Eglise veut renouueller ses Canons, contre les Prestres qui seront conuaincus de fautes publiques, ils ne s'y opposeront pas. Mais pour les cheutes qui seront secretes, ils esperent que les Prelats ne retrancheront pas les Prestres du Ministere de l'Autel, & qu'ils ne publieront pas ce qui est secret, en les suspendant des fonctions de la Prêtrise.

Quittez donc vos pretentions, Messieurs les Reformateurs, si vous n'auez point d'autre fin, que de reformer le Clergé, par vn si mauuais procedé. Que si vous pretendez en décriant les autres Prestres Seculiers, de donner du relief à vostre fausse vertu ; vous ne deuez pas attendre de bons succés d'vne entreprise si mal concertée ; parce que vous attirez sur vous de nouueaux aduersaires outre les Casuistes, qui sont obligés de ne vous pas

épargner,

épargner, & qui faisant paroistre ce qu'ils sçauent par des voyes bien asseurées de la maniere d'agir de vostre cabale, détruiront dans l'esprit du peuple cette reputation que vous tâchez d'y établir auec tant de soin.

Enfin, si vous pretendez par vos reproches d'exterminer le Sacrement de l'Autel, & celuy de la Penitence, ainsi que plusieurs le conjecturent auec de grandes probabilitez; & si pour paruenir à cette fin, vous entreprenez d'aneantir peu à peu le Sacerdoce, en reduisant les Prestres, à vn si petit nombre, qu'auec le temps il sera aisé de les supprimer entierement: il se peut faire que vous agissez prudemment, & auec plus d'adresse que Caluin, qui d'abord osta de sa Secte le sacrifice de la Messe, & les Prestres; & par cette faute s'est troumé auec ses Ministres sans benefices, & sans authorité, pour gouuerner les consciences; mais vostre procedé est tousiours iniuste, en ce que vous accusez les Casuistes d'introduire la multiplicité des Prestres dans l'Eglise, attendu que ce sont les Euesques qui consacrent les Prestres, & que s'il y a de la faute d'en consacrer beaucoup, tout le blasme leur en doit estre attribué: ce que ie dis que vous agissez prudemment, se doit entendre de cette prudence malicieuse des enfans de tenebres qui sont si adroits à inuenter de méchans moyens, pour arriuer à vne mauuaise fin: car si vous vous proposez pour but d'aneantir le sacrifice de la Messe & l'Eucharistie (ce qui paroist assez visiblement dans les liures de vos principaux Autheurs) le moyen que vous prenez de rendre les Prestres odieux pour leur incontinence, est tres-propre à détourner le peuple de faire dire des Messes, & à l'empescher d'y assister, quand mesmes ils la voudroient dire sans recompense, car les anciens Canons que vous voulez remettre en vsage, défendent d'assister au sacrifice d'vn Prestre impudique. L'autre moyen dont vous vous seruez pour priuer l'Eglise de Prestres, est encore plus efficace. Vous tachez de persuader à ceux qui se laissent surprendre par la belle apparencede vostre reforme, que la vie des Prestres est si honteuse à l'Eglise, qu'il vaut mieux qu'elle en demeure priuée; que de souffrir leurs fautes en les multipliant. Ce qui vous a si bien reüssi en quelques endroits, qu'on n'y consacre presque plus de Prestres, sous pretexte d'examiner la vocation de ceux qui aspirent aux ordres sacrez: & de les faire passer par des espreuues si rigoureuses, qu'il y a peu de personnes qui n'en puissent estre exclus par ces seueritez estudiées.

Que si la prudence & l'artifice du diable pouuoit rendre sans effet les promesses que Iesus-Christ a fait à son Eglise; d'y conseruer le Sacrifice iusques à la fin du monde; vous pourriez esperer ce grand succés en plusieurs prouinces de France ; où vos confederez, vos pensionnaires & vos emissaires font tous leurs efforts pour gagner ceux qui y ont pouuoir. Mais la parolle de Dieu estant infaillible, il conseruera les Sacrificateurs, & le sacrifice contre tous les Heretiques, dont vous auez le malheur d'estre du nombre.

Ce que ie viens de dire en faueur des Prestres n'est nullement pour excuser les vicieux, ny pour approuuer le grand nombre de ceux, qui sans vne vocation legitime se presentent aux ordres par des considerations mercenaires. Ie respecte le zele des Prelats, & Docteurs Orthodoxes, qui par leurs exemples, & par leurs écrits taschent à reparer les pertes que fait l'Eglise, par la vie licentieuse de quelques Ecclesiastiques. Ie sçais que le soin que plusieurs Prelats ont d'établir des seminaires, & commander que tous ceux qui aspirent aux ordres sacrez s'y disposent par des exercices de deuotion, est d'vn tres-grand profit à l'Eglise, & est vne marque de leur haute pieté. Mais ce que i'admire & respecte en ces Prelats, qui ont tout pouuoir de faire des Reglemens, & qui en font de si iudicieux, m'est tres-suspect dans la personne des Iansenistes, qui auec leur seuerité affectée, s'arrogent l'authorité de censeurs, & ne témoignent que du mépris pour tous les autres Ecclesiastiques, qui ne les flattent pas dans leurs erreurs. C'est ce qui me fait craindre que ces Reformateurs ne fassent des plaintes de l'incontinence des Prestres ; peut-estre auec mesme dessein qu'eurent autrefois Luther & Caluin ; qui pour remedier au mesme desordre voulurent oster le celibat de l'Eglise.

Outre l'iniustice de vostre accusation contre les Casuistes, vous raillez vn Pere Iesuite, sur ce qu'il desire, que l'Eglise soit fournie d'vn grand nombre de Prestres qui puissent sacrifier tous les iours ; & vous condamnez de Bizarrerie vn sentiment de de deuotion, qui luy a fait écrire dans son *Liure de Hierarchia. Que Dieu reçoit vn si grand honneur par le sacrifice de la Messe,* qu'il seroit à desirer que toutes les creatures, & les bestes mesmes fussent changées en Prestres ; pour rendre cet honneur à leur Createur. Ie vous demande, Monsieur le Secretaire, en quoy vous trouuez de la bizarrerie, est-ce en ce que ce bon Pere dit, que Dieu est grandement honoré par le sacrifice de plusieurs Prestres ? il y a assez d'apparence que c'est la le sentiment de Port-Royal, veu l'auersion qu'il a pour là celebration de plusieurs Messes. Ie crois toutefois que vous mettez principalement la pretenduë bizarrerie dans le changement qui se feroit des bestes en Prestres. Cela supposé ie vous prie de me dire laquelle des deux pensées vous semble la plus bizarre, celle du Prophete Daniel dans le cantique *Bendicite omnia opera Domini Domino*, lors qu'il inuite toutes les bestes à loüer Dieu ; où celle du Pere Iesuite, qui dit que si toutes les bestes estoient changées en Prestres qui sacrifiassent, Dieu receueroit vn grand honneur par ce Sacrifice. Ie vous demande de rechef laquelle des deux pensées, trouuerez-vous la plus bizarre ; ou celle de l'Eglise, qui conseille aux Prestres qui sortent du sacrifice de la Messe, de dire le Cantique *Benedicite*, pour inuiter toutes les creatures, les inanimées & les animées ; les raisonnables & les bestes mesmes à loüer Dieu, & à le remercier de ce Sacrifice : Ou la pensée du Pere Iesuite, qui dit que Dieu seroit grandement honoré, si toutes les creatures inanimées, & les bestes mesmes estoient changées en Prestres qui offrissent le Sacrifice, pour moy ie iuge que ces deux pensées sont tres-raisonnables : mais selon l'humeur railleuse de vostre Lettre, ie me persuade que cette inuitation des bestes à loüer Dieu, vous semblera plaisante. Ce que ie puis dire auec verité de vostre doctrine, c'est que mettant la liberté de l'homme dans la seule exemption de contrainte, non seulement elle change tous les Prestres en bestes, mais aussi tous les hommes & toutes les femmes, & les rend incapables de loüer Dieu auec merite.

La derniere partie de vostre objection consiste dans l'inuectiue que vous faites contre les Casuistes, de ce qu'ils enseignent, que les Prestres peuuent prendre vn double salaire, pour le sacrifice qu'ils offrent, quand ils en sont priez par quelques-vns. Ie serois d'accord auec vous en ce point, Monsieur, si ie n'auois des presomptions assez bien fondées, que l'auersion que vous auez pour les Prestres, & non pas le zele vous porte à blâmer ces sordides recompenses. Caluin & ceux de sa Secte en vserent ainsi, quand ils voulurent décrier les Prestres. Leurs liures sont remplis de piquantes railleries contre les salaires des Messes, les offrandes qu'on donne aux Curez les Disines & Droits de Sepultures. Il ne faut que lire l'Apologie d Hherodote par Henry Estienne, où il nous promet le siecle d'or,

> *Quand vous verrez que les Curez*
> *Defendront d'aller à l'offrande*
> *Voire sous peine de l'amende.*

L'Eglise méprisa les auis que donnoit Caluin sur ces matieres, parce qu'elle sçauoit bien que le cœur de cet Heretique, & de ses disciples brûloit dauarice, & que les ordonnances qu'ils faisoient pour ceux qui desiroient d'estre Ministres parmy eux, qu'ils eussent à se défaire de tous Benefices, s'ils en possedoient

& de ne rien prendre pour annoncer la parole de Dieu ; ne tendoient, qu'à rendre les Ecclesiastiques odieux au peuple, & pour le tromper par vne charité simulée. Or l'adresse des Iansenistes pour auoir dequoy fournir aux frais de la Secte est plus rafinée, & plus connue que n'a pas esté celle de Caluin : & en mon particulier i'en ay appris des soupplesses qui me surprennent. Le Secretaire me dispensera donc de croire que ce soit autre chose que l'hypocrisie, & le desir d'attirer les gens qui luy fait crier contre les doubles salaires de Messes, qui ne sont rien au prix de ce que vous tirez de ceux que vous engagez dans vos reformes. Ie ne veux pas raconter en détail les bons tours que les Iansenistes ont fait pour dupper les personnes de qualité, & pour disposer de leurs bourses. Ie diray seulement qu'à entendre parler quelques-vns de ceux qui ont passé par les mains de vostre grand Directeur (qui fait tant le desinteressé) il est merueilleusement habile en l'art d'amasser des aumônes. Et ceux-là mesme croient que si l'argent & la bonne chere manquoient tant soit peu à ce Predicateur Apostolique & Directeur des ames choisies, il donneroit bien-tost vn auertissement à son auditoire, pareil à celuy que donna le Ministre de Montreal au sien. Cet honneste homme voulant paroistre desinteressé & contrefaire l'homme Apostolique fit mine quelque temps de ne pas prescher pour la retribution : le peuple se contentant de loüer sa vertu, ne se mit pas en peine de luy donner la recompense accoustumée : dequoy ce Predicateur se lassa bien-tost : & dit publiquement en Chaire. *Messieurs, il y a assez long-temps que ie souffre : si ie ne suis payé de mes appointemens, ne pensez pas que ie retourne icy faire la beste.* Le Secretaire ne sera pas content de ma réponse, & repliquera que si l'auertissement qu'il donne est bon, la doctrine des Casuistes merite d'estre censurée, afin donc qu'il n'ait pas occasion de se plaindre, de ce que ie ne dis pas mon sentiment. Ie réponds que plusieurs Theologiens, tant seculiers que reguliers de tous les ordres, ont enseigné depuis trois ou quatre cens ans, que le sacrifice de la Messe estant offert pour plusieurs personnes, leur sert autant que s'il n'estoit offert que pour vne seule ; & de ce principe plusieurs ont inferé qu'vn Prestre, qui seroit reduit à quelque necessité considerable, pourroit offrir le mesme Sacrifice pour plusieurs, & prendre plusieurs salaires pour sa necessité. Mais le plus grand nombre des Theologiens est dans vn sentiment contraire, & disent que cette opinion ne peut estre veritable lors que le Prestre a conuenu, & promis de dire la Messe, pour quelque personne particuliere : quand mesme il seroit vray qu'vne Messe offerte pour plusieurs a le mesme effet, que si elle ne l'estoit que pour vne personne ; dequoy les Theologiens ne demeurent pas d'accord. De plus les Papes, & nommément Vrbain VIII. ont défendu de se seruir de la premiere opinion qui appuie cette multiplicité de salaires, comme estant de mauuaise edification, & contre la foy publique. C'est pourquoy i'ay tousiours improuué ces opinions, qui détruisent mesme la fin que pretendent les Autheurs qui les ont inuentées. Si ceux qui ont presenté à Nosseigneurs les Prelats vne liste de propositions pour les examiner, & pour iuger si elles meritent la Censure, eussent fait reflexion sur le scandale que causent & peuuent causer les opinions de ceux, qui fauorisent ces doubles salaires de Messes, & autres retributions des fonctions Sacerdotales & Curiales, qui ressentent l'auarice, & ont quelque apparence de simonie ; ils n'eussent pas oublié de mettre entre ces Propositions, celle que le Secretaire reproche icy aux Casuistes. Quelques Cures des Prouinces en ont vsé plus prudemment ; car entre les Propositions dont ils ont demandé la condamnation à leur Superieur : La vingt-sixiéme estoit celle qui permet de prendre plusieurs salaires pour vne Messe, par où ils ont témoigné, qu'ils sont bien éloignez de mettre cette doctrine en pratique puisqu'ils en demandent la Censure. Les personnes de bon sens, qui ont veu ces dernieres Propositions de nos Censures en ont esté mal edifiées, à cause qu'ils semblent authoriser par leur silence ces doubles salaires, dont ils ont obmis de parler : l'oubliance les peut excuser en cette rencontre ; quoy qu'il en soit, i'auouë au Secretaire que l'Eglise a raison de défendre ces sortes de recompenses & de punir ler Prestres qui les reçoiuent.

En reuanche de cette franchise il ne trouuera pas mauuais que ie luy en demande vne autre ; à sçauoir que comme il a ingenuëment confessé, qu'il n'est ny Theologien ny Canoniste ; qu'il m'accorde aussi qu'il a esté surpris par les memoires que luy ont fourny ceux qu'il sert ; & qu'ils ont eu tort de luy faire reprocher aux Casuistes qu'ils ne gardent pas les Canons & les decrets des anciens Conciles. Puis que ce sont eux qui les violent, & qui l'ont engagé à y contreuenir. Ie le luy feray remarquer maintenant par les Canons mesmes & par les Conciles, d'où il demeurera conuaincu, que si la discipline de l'Eglise est relaschée, c'est qu'elle souffre les Iansenistes sans les chastier. Ie commence par les Lettres du Secretaire contre les Casuistes, qui sont des libelles diffamatoires, contre des gens illustres en vertu & en capacité. Peut il se trouuer vn mépris & violement des Loix Ecclesiastiques, & Ciuiles, plus grand que d'auoir eu l'imprudence de les Ecrire & de les publier ? Si les Ianſeniſtes auoient quelque reſpect pour les Canons, & pour les Loix, *La premiere question* de la cauſe cinquiéme leur euſt appris, que les Loix Ciuiles puniſſent de mort, ces compoſeurs de libelles, & que les Canons leur ordonnent le chaſtiment du foüet. *Le Concile de Chartage au Canon 57. rapporte par Gratian dans la distinction 46. Can. 6.* les interdit de la fonction de leurs ordres, iuſques à ce qu'ils aient ſatisfait pour leurs mediſances. Auoüez Monſieur le Secretaire, que les Ianſeniſtes vous ont fait violer les Canons. Auoüez que ſi la diſcipline de l'Egliſe ſouffre du relaſchement, c'eſt à diſſimuler vos fautes. Les Canons & les Loix Ciuiles, defendent les nouuelles doctrines, condamnent les hereſies ; les puniſſent ſeuerement de toutes les peines eccleſiaſtiques, & n'y épargnent pas les plus rigoureux ſupplices du corps. Témoin le Concile de Conſtantinople, ſous le Patriarche Michel, qui fit de ſa propre authorité brûler tous vifs les heretiques Bogomyles : le Concile de Conſtance en vſa de cette ſorte, enuers Iean Hus, & Hierôme de Prague ; & les Empereurs, & les Roys, ont chaſtié de toutes ſortes de ſupplices les meſmes hereſies. Les Ianſeniſtes ont violé tous ces Canons & ces Loix, en renouuellant les hereſies de Caluin, & vous ont engagé à deffendre ces hereſies dans vos premieres Lettres. Auoüez Monſieur le Secretaire que ce ſont eux qui foullent aux pieds les plus Saintes Loix de l'Egliſe, & que le relaſchement de la rigueur de ſes peines, conſiſte dans l'indulgence qu'elle a pour vous. Ie vous prie Meſſieurs les Ianſeniſtes de croire, que ie n'allegue point ces Canons, & ces Conciles, pour aigrir les Superieurs Eccleſiaſtiques, & Seculiers contre vous. Tant s'en faut que i'en deſire l'execution en vos perſonnes, où qu'on vous traitte ſelon toute la rigueur des Loix : Ie prie Dieu au contraire tous les iours, qu'il vſe de patience enuers vous, & qu'il ne coupe pas ce figuier infructueux : mais qu'il vous donne des graces pour faire penitence ; afin que nous puiſſions tous mourir en paix dans le ſein de l'Egliſe Romaine. Ie n'ay produit ces Canons, que pour faire voir, que vous y contreuenez, & que c'eſt ſans raiſon que vous accuſez les Caſuiſtes de les mépriſer. Monſieur Arnauld ne deuroit point nous inſulter dans ſes Lettres iniurieuſes, parce qu'vn de vos confreres auoit auec grande connoiſſance de cauſe, differé de donner l'abſolution à vn Seigneur. Il ne deuoit pas publier par toute la France, que nous n'auons qu'vn zele indiſcret, ſans lumiere, ſans connoiſſance, accompagné de l'ignorance des Conciles & des Canons. Car ces outrages ne luy ſeruiront à autre choſe, ſi non qu'il nous contraindra à luy faire veoir, qu'il y a dans le Clergé, des personnes qui ont plus employé de temps à lire les Conciles & le droit Canonique, pour seruir l'Eglise; qu'il n'en a mis à lire Saint Augustin pour la combattre.

Apres la condamnation de ses Lettres faitte si solemnelement en Sorbonne, les Iansenistes ne deuroient pas s'en prendre aux Casuistes, beaucoup moins employer contre eux, la plume d'vn homme, qui par sa propre confession, ne sçait ny Theologie ny droit Canon. Ie porte compassion à ce ieune homme d'esprit, de s'estre porté à l'aueugle contre des gens d'vne autre trempe, qu'il n'auoit crû, pour seruir les Iansenistes, dont il n'a pas consideré les defauts, ny le danger qu'il y a de s'attacher à leurs maximes. On m'a dit que ce ieune homme ayme bien l'étude: Ie ne demande que cela pour l'instruire, & pour l'aider à se débarasser de cette cabale de Port-Royal; pourueu qu'il veille prendre la peine de considerer les texte de Gratian, que ie luy vas marquer, *Il lira dans la distinction 46.* que les arrogants & les superbes ne sont pas propres à enseigner les autres, & que selon cette doctrine des Peres, il a choisi de mauuais maistres, quand il s'est addressé aux Iansenistes. Il apprendra dans la *Distinction* 10. que Saint Augustin & les autres Peres, ne sont point la reigle de l'Eglise; il sera conuaincu de la difficulté qu'il y a de bien resoudre les cas de conscience, quand il verra dans *la premiere question de la premiere cause*, qu'on a peine de comprendre le sentiment de Saint Augustin en diuers cas, qui regardent l'administration des Sacrements. Il connoistra *dans la septiéme question de la mesme cause*, que les decrets de l'Eglise s'accommodent aux temps, & qu'elle les change selon diuerses rencontres. *La Distinction 93. luy fera respecter* la chaire de Saint Pierre & de ses successeurs. *Et la Dist. 20 luy fera auoüer*, que les decrets des Papes doiuent estre preferées aux decisions des Peres: & s'il veut se donner la peine de parcourir superficiellement Gratian, il auoüera franchement que s'il a fait paroistre dans ses Lettres qu'il a de l'esprit: il a donné des preuues tres euidentes aux personnes des-interessées qu'il n'a gueres de conduite, ie ne perds pas toutesfois entierement esperance, qu'il ne profite des bons auis qu'on luy donné, & qu'il ne benisse vn jour Dieu de ce que les casuistes luy fournissent des moyens de se sauuer, pourueu qu'il renonce à la caballe.

XVI. OBIECTION. Les Casuistes enseignent, qu'vn Religieux chassé de son Monastere, n'est pas obligé de se corriger, pour y retourner, & qu'il n'est plus lié par son vœu d'obeïssance, *Lettre 6. pag. 6.*

Response. Quand les Ethiopiens deuiendront blancs ; les Iansenistes nous traitteront auec candeur. Est-ce pas vne chose surprenante, qu'vn Ianseniste écriue en faueur des vœux de Religion ? Nous sçauons qu'ils se rient de ces sacrez liens, on m'asseure qu'en quelques Villes où les puissances leur sont fauorables, on empesche la jeunesse d'entrer dans les Religions de S. Benoist, & des Mandians ; on loüe la liberté au seruice de Dieu, qui ne s'engage point à des contraintes, & voicy vn Ianseniste qui fait le zelé, & ne prend pas garde qu'il imite le diable, qui prend souuent l'habit d'Hermite, ou de quelque Religieux pour mieux tromper. Il est pourtant vray que Nauarre & d'autres Autheurs, tiennent l'opinion que le Ianseniste nous reproche. Pour moy ie n'en dis pas mon sentiment, parce que ie ne suis pas assez versé dans ces matieres de Cloistres. I'ay leu Lessius *Lib. 2. de Iust. cap 41. dubit.* & d'autres Docteurs, qui appüient leur sentiment, de preuues qui semblent raisonnables. Entre les autres, celle-cy me plaist dauantage. Ils disent qu'vn Religieux estant chassé de la Religion par vne sentence definitiue de ses iuges ; la Religion n'est plus obligée de le receuoir. D'où ils inferent que le Religieux n'est pas aussi obligé d'y r'entrer, & par vne suitte necessaire, il n'est pas obligé de se corriger pour y r'entrer. De mesme qu'vn sujet du Roy de France, estant banny pour iamais du Royaume, n'est plus obligé de trauailler à se rendre propre pour seruir le Roy & le Royaume, & peut demeurer sous vn Prince étranger, & viure selon les Loix du païs *Le Chapitre dernier du tiltre de Regularibus* touche quelque chose de cette matiere, mais il n'oblige pas le Religieux à r'entrer, si non quand ses superieurs le desirent. Or iamais ils ne seront censez le desirer, s'ils donnent vne sentence definitiue qui mette ce Religieux hors de la Religion. Ie crois qu'en France les Prelats comme deleguez du Saint Siege casseroient de pareilles sentences, si les Superieurs des Religions en rendoient contre leurs inferieurs : Ou que les Parlements les declareroient abusiues, & commanderoient à l'ordre de reprendre le Religieux chassé. C'est pourquoy cette obiection que vous nous faittes, n'est que de speculation, & elle n'a esté formée que pour deshonorer les Religieux.

XVII. Obiection. Les Casuistes & les Iesuites enseignent, que les valets qui se pleignent de leurs gages, peuuent d'eux mesmes en quelques rencontres se garnir les mains d'autant de bien appartenant à leurs Maistres, comme ils s'imaginent estre necessaire pour égaler lesdits gages à leur peine.

Response.

RESPONSE. Le Pere Iesuiste, qui a répondu à vos impostures, vous a conuaincu de mauuaise foy sur cette obiection, & a prouué par l'authorité des Peres, qu'il est quelques fois permis de se seruir de cette compensation secrette. Ie dis en second lieu, que les Casuistes ne permettent pas la compensation indifferemment en toutes sortes de rencontres, mais ils veulent que certaines circonstances interuiennent sans lesquelles ils blasment cette liberté. Ils veulent premierement, que celuy qui pretend de se recompenser, soit parfaittement asseuré, que la chose qu'il veut prendre, luy est deüe. Secondement il faut qu'il soit hors d'esperance de pouuoir la recouurer par Iustice. En troisiéme lieu, ils souffrent moins la compensation dans les deposts, & dans les choses prestées à cause de la bonne foy, qui doit accompagner ces deux sortes de contracts. Or les seruiteurs & hommes d'affaires, doiuent auoir autant ou plus de bonne foy que le depositaire ou le commodataire. *Sur quoy voiez Lessius Lib. 2. de Iust. & iure cap. 27. dub. 4. num. 16.* Quatriémement ils se seruent de cette opinion, pour sçauoir si on peut donner l'absolution sans restitüer à celuy qui a fait la compensation, mais non pas pour la conseiller auant qu'elle soit faitte. Toutes ces circonstances estant bien gardées, il n'y a rien de si noir dans cette compensation, rien qui doiue scandaliser les bons Maistres, rien qui ne soit conforme aux sentiments des Peres de l'Eglise, entre autres de Saint Ambroise, & de Saint Augustin. Le premier *Libro de Tobia cap. 15.* dit qu'on peut prendre de l'vsure pour s'indemniser d'vne personne qui nous porte quelque preiudice. *Ab illo vsuram exigis cui merito nocere desideras.* D'où i'infere que s'il m'est permis de prendre de l'vsure, pour me recompenser, & recouurer ce qu'vne personne me doit : Ie puis me recompenser par quelque autre voye. Le second, *en son Epistre 54. ad Macedonium*, donne à entendre qu'vn Medecin dont la peine n'est pas recompensée par le malade ; & que l'artisan qui n'est point payé de sa besogne, peuuent se recompenser, & prendre contre le gré de ceux qui doiuent. *Non sane quid quid ab inuito sumitur, iniuriosè aufertur, nam plerique nec medico volunt reddere honorem suum, nec operario mercedem : nec tamen Hæc qui ab inuito accipiunt, per iniuriam accipiunt ; quæ potius per iniuriam non darentur.* Vous voyez Monsieur le Iansenisté, que Saint Augustin dit que le Medecin, & l'artisan ne pechent point en prenant contre le gré de ceux qui doiuent, ce qu'ils retenoient auec iniustice. Il ne falloit donc pas crier contre les Casuistes de ce temps, qui n'enseignent que la doctrine de Saint Augustin & de Saint

Ambroise. Vous ne deuez pas tant crier contre de miserables valets, mais bien contre des Maistres Iansenistes, qui se recompensent sur le public, & sur le Roy, des pertes imaginaires, & en des sommes de grande importance.

XVIII. Obiection. Les Casuistes font l'alliance des maximes du monde, auec celles de l'Euangile, au sujet de la vengeance: laquelle ils pallient par vne direction d'intention; qu'ils ont de sauuer leur honneur, ou leur vie, en renonçant à faire du mal à ceux qui leur en procurent, *Lettre 7. pag. 2.*

Response. Vous n'auez pas bien leu Saint Augustin, Monsieur le Secretaire, car *dans l'Epistre 54. ad Macedonium,* il approuue cette direction d'intention pour excuser l'homicide en quelques rencontres, *Cum homo ab homine occiditur, multum distat vtrum fiat nocendi cupiditate, an vlciscendi, vel obediendi ordine (sicut à iudice, sicut à carnifice) an euadendi, vel subueniendi necessitate, sicut interimitur latro à viatore, hostis à milite.* Saint Augustin nous auertit de regarder l'intention de celuy qui tüe, pour iuger s'il y a du peché dans cet homicide. Vn Iuge par exemple condamne vn criminel à la mort, le bourreau execute sa Sentence; si l'vn ou l'autre le fait pour se venger du patient, il peche. S'il le fait par motif du bien public, c'est vn acte de vertu. Si la femme d'vn homme qui a esté tué, demande qu'on face Iustice du meurtrier, portée de hayne contre cet homicide, elle peche; Si elle laisse la vengeance au Magistrat, & ne demande que ses interests, elle ne peche point. D'ou vient cette difference, si non de la direction d'intention, qui est blasmée par ce debonnaire Ianseniste. Diuers cas qu'il a semez çà & là dans sa septiéme Lettre, me font iuger qu'il blasme cette direction d'intention, lors que sans authorité des Souuerains on recherche la mort de quelqu'vn, ou qu'on se plaist à la desirer, c'est pourquoy ie vas répondre en detail à tous ces cas, afin qu'il voie que la direction d'intention excuse souuent les actions des crimes, dont les Iansenistes taschent de les noircir.

XIX. Obiection. Les Casuistes enseignent que vous ne deuez pas souhaitter la mort par vn mouuement de hayne: mais que vous le pouuez bien faire, pour éuiter vostre dommage. Ainsi on peut prier Dieu qu'il face mourir promptement ceux qui se disposent à nous persecuter, & on peut desirer la mort d'vn Beneficier, qui a vne pension sur nostre Benefice.

Response. Les Theologiens distinguent ordinairement les actes de la volonté en deux especes. Ils appellent les vns efficaces, lors que celuy qui décrie quelque chose voudroit effectiuement appliquer les moyens propres à l'obtenir, s'il estoit en son pouuoir de le faire. Comme si vn homme vouloit venir à l'execution d'vn meurtre, & tous les Theologiens demeurent d'accord que la malice de l'objet infecte & soüille cette sorte de desir. L'autre espece est d'actes, qu'on appelle inefficaces, parce qu'encore, que la volonté se plaise à quelque objet elle ne voudroit toutesfois pas en venir à l'execution, & ne cherche pas les moyens de faire reüssir cette complaisance, en procurant l'effect. Plusieurs sçauants Theologiens disent, que pour connoistre la malice ou bonté de ces actes, il ne faut pas considerer l'objet où ils semblent se porter : mais qu'il faut regarder le motif, qui donne de l'agreement, ou de l'auersion à la volonté pour cet objet. Par exemple, vn homme sortant de sa Maison, rencontre son ennemy mort dans sa rüe, & s'en resioüit, on ne peut pas dire quel peché c'est, que cette resioüissance, si on ne considere le motif qui la porte à se resioüir. Il faut donc l'en interroger, & s'il dit qu'il s'en resioüit à cause qu'il estoit dans le dessein de tuer cet homme qu'il voit mort, c'est vn homicide. S'il dit que c'est par hayne; c'est vne autre espece de peché. Si à cause que c'estoit vn iureur de Dieu, qui ne l'offensera plus, c'est vn acte de zele & de vertu. Si à cause que c'estoit vn méchant qui outragoit tout le monde, qui sera en repos par cette mort; c'est vn acte d'amour du prochain, Si à cause que c'estoit vn Beneficier, qui auoit vne pension sur son Benefice, où vn chicaneur, qui tourmentoit par vn procez iniuste celuy qui se resioüit; c'est amour propre, que cette resioüissance. Les Autheurs que le Iansenistе allegue, sont dans ce sentiment qui est tres probable, mais ie crois que son esprit bouffon ne s'arreste pas à démesler toutes ces formalitez, & qu'il ne prend que grossierement le materiel de l'action, qui dans les actions efficaces suffit pour les rendre mauuaises. Quant à ce qu'il dit, que l'Eglise n'approuue point ces souhaits, qui tendent à la mort, ou au mal du prochain; qu'elle a horreur de ces resioüissances meurtrieres, & qu'elle ne prie point Dieu pour impetrer de luy, qu'il enuoye du mal à ceux à qui nous en desirent; il se depart de la regle qu'il nous a donnée, de de suiure la Sainte Ecriture, & de la prendre pour modelle de nos actions. L'Ecriture Sainte est remplie de semblables souhaits. Les Pseaumes de Dauid nous inuitent à de pareilles resioüissances, & souuent ce Saint Prophete prie la Iustice de Dieu, d'appesantir sa main sur les ennemys de son Peuple. Le Ianseniste fera reflexion sur ce Verset du Pseaume. *Lætabitur iustus cum viderit vindictam : manus suas lauabit in sanguine peccatoris. L'homme de bien se reioüira lors qu'il verra le chastiment des méchants, il lauera ses mains dans le sang du pecheur.* Accusez vous Dauid d'vne reioüissance meurtriere ? Les Casuistes ont ils des termes si forts & si sanguinaires ? que direz vous Monsieur à ce Verset du 54. *Veniat mors super illos, & descendant in infernum viuentes.* Que la mort les enueloppe, & que l'enfer les engloutisse ? que direz-vous aux grandes resioüissances, *que Moïse fait dans son Cantique, rapporté au 15. Chapitre de l'Exode?* Que direz-vous aux prieres que fait l'Eglise tous les jours contre ses ennemys. *Vt inimicos sanctæ ecclesiæ humiliare digneris.* Nous vous prions d'humilier & d'abbatre les ennemys de l'Eglise, apres ces exemples & vne infinité d'autres, que nous auons dans la Sainte Ecriture, *Bonacina sur le premier commandement Disp. 3. quæst. 4. num. 7.* A t'il tort d'exempter vne mere de peché, qui souhaitte la mort à ses filles qu'elle ne peut marier ? *Saint Gregoire liure second de ses Morales Chap. 7.* A t'il tort de dire, *Euenire plerumquè solet, vtnon amissa charitate, & inimici nos ruina lætificet, & rursus eius gloria, sine inuidia culpæ contristet. Il arriue souuent que sans violer la charité, nous nous reioüissons des aduersitez de nostre ennemy, & sans encourir le peché d'enuie, nous nous attristons de son bonheur, & de son eleuation.* Les Casuistes meritoient ils que vous les raillassiez, & que vous mélassiez dans vos bouffonneries les Oraisons du Messel, disant que l'Eglise n'a point d'Oraisons, pour impetrer de Dieu quelque mal pour nos ennemis? L'Eglise n'a qu'à lire les Pseaumes qu'elle chante tous les iours, elle y trouuera de quoy composer vne Oraison propre a inuoquer l'assistance de Dieu, contre les Iansenistes. Elle trouuera ces Versets au trentiéme, qui leur conuiennent fort bien, *Omnipotens &c. vt muta fiant labia dolosa, quæ loquuntur aduersus iustum iniquitatem, in superbia & in abusione.* Que si elle y aiouste cet autre Verset du Pseaume 54. *Quoniam nequitia in habitaculis eorum, in medio eorum*, cette priere sera tres sainte, & on pourra la dire contre les Iansenistes auec merite.

XX. Obiection. Les Casuistes fauorisent les meurtres, ils disent qu'en dirigeant bien son intention, on peut pour conseruer son honneur & mesme pour conseruer son bien, accepter vn duel. L'offrir quelquesfois, Tüer en cachette vn faux accusateur, & ses témoins auec luy, & encore le Iuge corrompu qui les fauorise; & que celuy qui a reçeu vn soufflet, peut sans se venger, le reparer à coups d'épée; & mesmes qu'on peut tüer celuy qui veut donner vn soufflet; qui vous dit que vous auez menty; ou qui vous fait affront par des parolles ou par des signes, si on ne peut le reprimer autrement. Et pour la valeur du bien, qui exempte de peché celuy qui tüe, les Casuistes la limitent à vn écu. Il est vray que quelques vns disent qu'il ne faut pas facilement mettre en pratique ces maximes, à cause que le Magistrat ne les approuue pas.

Response. Qui auroit creu que Messieurs les Iansenistes eussent voulu grossir leur cabale de voleurs, de filoux, de calomniateurs, & les prendre sous leur protection contre tout ce qu'il y a de gens d'honneur au monde ; parce qu'ils ont enuie de faire la guerre aux Casuistes, & de leur mettre à dos ces sorte de gens. Hierôme de Prague se seruoit de cette inuention pour attirer tous ces hommes de bien à son party, & preschoit que le Magistrat mesme n'auoit pas l'authorité de condamner à mort : Ce qui n'empescha pas qu'il ne fust brûlé l'an 1416. & que Nicolas Galerus Prestre, qui preschoit ces mesmes maximes, & qui se faisoit suiure par ces Predications, ne fust chastié du mesme supplice. Il n'y a donc ny honneur, ny seureté de s'attacher à cette doctrine.

Le reproche que vous faites aux Casuistes en vostre Objection est si sanglant, & attaque si viuement leur reputation, que si le Pere Iesuite ne vous auoit fermé la bouche, ie serois obligé de refuter vos calomnies. Mais il vous a conuaincu si nettement de cette infame imposture, contre les Theologiens de sa societé, que plusieurs gens d'honneur, les ayant reconnuës ont dit que vostre Secretaire meritoit la peine portée par les Loix contre les faussaires pour auoir auancé des faussetez aussi notoires, qu'elles sont preiudiciables au public. Ie pourrois donc vous r'enuoyer à ses réponses solides & nettes, qui vous ont si bien desarmé dés la premiere fois, que les repliques que vous auez faite en vostre treiziéme & quatorziéme Lettre; n'ont pas tant augmenté la gloire qu'il a de faire triompher de vous la compagnie dont il est membre ; qu'elles ont seruy à faire veoir vostre aueuglement, & à vous charger de confusion. Neantmoins parce que ce sçauant Apologiste parle principallement pour ceux de son corps, & que ie réponds au nom de tous les Casuistes & Canonistes, ie feray vn abregé de ce qu'ils enseignent touchant l'homicide. Et pour déméler diuers chefs, qu'à dessein vous auez broüillez dans vostre septiéme Lettre, par vne amplification & gradation ridicule, ie mettray quelque ordre à ce que vous auez ietté en confusion.

Ils enseignent premierement que les biens de fortune, d'honneur & de reputation ; pour lesquels on peut tuër vn homme, se doiuent considerer, ou bien lors qu'actuellement on rauit ces biens, ou quand ils sont de sia emportés, & hors de la possession de leurs maistres. Que si on parle de l'actuelle violence qu'on fait, où qu'on veut faire pout rauir les biens, l'honneur où la reputation; le Pere Iesuite vous a prouué que les loix Ciuiles & Canoniques permettent de tuër l'aggresseur, lors qu'on ne peut autrement conseruer son bien; quoy que la personne qui tuë ne soit pas en danger de sa vie. S'il n'y auoit que de l'ignorance en vos Lettres, ie n'en dirois pas dauantage, mais parce que vous y faites veoir vne presomption ridicule, & que vous défiez les Iurisconsultes de trouuer des Loix Ciuiles, qui permettent de tuër, sinon pour la défense de la vie & de la pudicité: & qu'auec vne hardiesse temeraire vous soûtenez que les loix Canoniques n'ont iamais permis de tuër pour la défense de son bien; si en mesme temps la vie du maistre n'est en danger. Parce qu'enfin vous voulez qu'on croye que l'homicide est si fort contraire à la loy naturelle, que la seule lumiere de la raison nous découure, qu'il n'est permis à aucun particulier d'oster la vie à aucun homme, sinon dans les deux cas que vous alleguez; & que le pouuoir qu'ont les Souuerains de punir de mort les criminels, leur a esté donné de Dieu, qui seul est le maistre de la vie, & des membres du corps des hommes, sans laquelle permission les Princes & les Republiques ne pourroient se seruir de leur atuhorité pour tuër: ie veux pour ces considerations traitter plus à fonds de cette matiere, afin que vous iugiez vous mesme que c'est toute autre chose de parler des sciences qui demandent de l'estude, & d'entretenir des deuots & des deuotes Iansenistes, de pensées creuses assaisonnées de bouffonneries & de rencontres pour rire.

Ie vous demande donc, Monsieur, où est écrite cette permission que Dieu a donnée aux Souuerains & aux Republiques de mettre à mort les criminels? est-elle dans l'Escriture sainte? l'auons nous par tradition? est-ce vn article de foy? vous deuiez nous alleguer des textes clairs & precis, qui prouuassent, que par la simple raison naturelle, vn Prince ou vne Republique ne peut pas connoistre que pour sauuer le tout il faut abandonner vne partie: & qu'on peut coupet vn membre gangrené, pour conseruer le reste du corps. Vous deuiez nous designer le temps, auquel Dieu a donné cette permission aux Souuerains. Car il semble que vous la faciez posterieure au commandement que Dieu fit à Noë & à ses descendents, de ne tuër iamais aucune personne: & si vous ne reconnoissez cette permission que depuis ce temps-là, il faut necessairement que depuis Adam iusques à Noé, vous donniez toute liberté aux voleurs dans les Communautez, sans crainte de perdre la vie.

il faut que vous permettiez aux Rois d'enuahir le bien de leurs voisins, sans craindre les guerres, qui trainent aprés elles les meurtres & les carnages ; ou bien il faut que vous condamniez de peché toutes les Republiques & Souuerains, qui ont puni de mort les mal-faiteurs, & tous les Rois qui ont tué dans les guerres, qu'ils ont entreprises pour la défense de leurs biens. Dites-nous donc, s'il vous plaist, d'où vous auez puisé cette benigne Theologie, & cette Morale si humaine ; qui a eu cours depuis Adam iusques à Noé ? Estoit-ce en punition du peché d'orgueil, qui ne faisoit que de naistre, que Dieu vouloit que les Communautez souffrissent les crimes sans les punir de mort ? si vous faites quelque réponse à cet écrit, produisez-nous quelque texte, qui valle mieux que celuy que vous auez allegué *du chap. 21. du premier de la Cité de Dieu de S. Augustin* : car il ne prouue rien moins que ce que vous pretendez ; il ne dit point que les Souuerains & les Republiques n'ont point d'eux-mesmes le pouuoir d'oster la vie aux criminels. Il ne dit point que Dieu a donné ce pouuoir par vne permission expresse. Ce texte dit seulement que Dieu a monstré par les Loix qu'il a establies pour la punition des crimes, que la défense generalle de tuer ne s'étendoit pas à ces criminels. Mais ou sont ces Loix? ne sont elles pas dans le viel Testament ? prouuerez-vous par là que deuant le vieil Testament, depuis Noé iusques à Moïse, on ne pouuoit punir les crimes du supplice de mort : & qu'on ne pouuoit faire la guerre pour des biens de fortune ? pouuez-vous conclure de ce que Dieu a donné des Loix à Moïse, pour punir de differents genres de mort ceux qui s'estoient laissé emporter à diuerses sortes de crimes ; que deuant Moïse ce supplice de mort n'estoit pas permis ? Si vostre conclusion est iuste ; pour la mesme raison ie concluray que Dieu ayant donné le Decalogue à Moïse, il n'y auoit point de loy naturelle deuant ce temps, qui obligeast à garder les preceptes du Decalogue. Que si vous repliquez que la conclusion est fausse, d'autant que Dieu n'a fait qu'écrire sur les tables de pierre la Loy, que la lumiere de la raison découuroit aux Patriarches qui ont precedé Moïse : ie vous diray que Dieu en mettant des Loix, qui ordonnoient punition de mort pour de certains crimes, n'a fait que rediger par écrit, ce qui se prattiquoit par la seule lumiere de la raison naturelle. Que si vous n'auez point de textes de la saincte Escriture, si vous ne iustifiez pas mieux que vous auez fait iusques à present, que c'est par vne expresse permission de Dieu, que les Souuerains ostent la vie aux méchants ; si c'est la seule lumiere de la raison qui a conduit les grandes Monarchies, qui ont gouuerné tout le monde dans la punition des mal-faicteurs : souffrez que nous nous seruions de la mesme raison naturelle, pour iuger si vne personne particuliere peut tuer celuy qui l'attaque non seulement en sa vie mais encore en son honneur & en ses biens.

Vous nous direz Monsieur, que toute la lumiere naturelle s'eclipse lors qu'vn commandement de Dieu s'y trouue opposé, comme en cette rencontre, où Dieu defend à Noë & à ses enfants d'entreprendre sur la vie d'aucun homme, pour quelque sujet que ce soit. *Ie demanderay compte aux hommes (dit Dieu) de la vie des hommes, & au frere de la vie de son frere. Quiconque versera le sang humain, son sang sera répandu ; parce que l'homme est crée à l'image de Dieu.* Est celà tout ce que vous auez à dire ? Dieu defend il là de tüer, ceux qui attenteront à nostre vie & à nostre pudicité ? Ces termes generaux defendent ils de mettre à mort, ceux qui nous veulent oster la vie ? ce n'est pas vostre sentiment. Vous exceptez de ce commandement fait à Noë, ceux qui veulent nous tüer, ou nous rauir la pudicité, & nous croyons auoir aussi raison d'excepter de ce precepte, ceux qui tüent pour conseruer leur honneur, leur reputation & leur bien. Faittes nous veoir que Dieu veut qu'on épargne la vie des voleurs & des insolents, qui outragent indignement vn homme d'honneur, faittes nous veoir que cette defence de tüer n'est pas vn precepte, qui est né auec nous, & que nous ne deuons pas nous conduire par la lumiere naturelle, pour discerner quand il est permis ou quand il est defendu de tüer son prochain. Il faut vn texte expres pour cela. Celuy dont vous vous estes serui ne defend autre chose, si non de ne point tüer sans cause legitime.

Vous prouuez que la Loy naturelle ne permet iamais aux particuliers de tüer, à moins qu'on soit en danger de perdre la vie, parce que nulles Loix ciuiles n'ont permis de tüer, pour l'honneur ou pour les biens, si non quand la vie se trouuoit en peril. Vous faittes vn insolent deffy à tous les Iurisconsultes & Canonistes, & les pressez auec des brauades presomptueuses de vous alleguer quelques Loix, ou quelques Canons. Prenez la peine de lire *Cujas tom. premier pag.* 180. au haut vous y trouuerez que les anciennes loix des Romains permettoient aux Peres de tuer leurs enfans. Il y a plusieurs Loix *au Digeste sous le titre, de adulteriis*, qui permettent au mary & au pere de tuer la femme & la fille, lors qu'ils les surprennent en adultere ; & Iulius Clarus, & d'autres Iurisconsultes, exemptent de peché, tant le pere que le mary. Et sous le *titre, de Verborum obligationibus, au Digeste la Loy, qui seruum*, suppose qu'en certain cas, le Maistre peut auec iustice tuer son esclaue. Lisez vn Liure,

ure, qui a pour tiltre *Mosaicarum, & Romanarum legum collatio*, estimé par vn de vos bons amis Theodore de Bese, vous y trouuerez *dans la page 102. sous le titre de adulterio*, que les Loix Romaines, permettoient au mary de tüer son esclaue, son affranchy, & de certaines personnes de basse condition, s'il les trouuoit commettans adultere auec sa femme; sans que pour cela les Loix l'obligeassent de la mettre à mort auec le complice. *Lisez le traitté 27. de pace tenenda au liure de Fiendis, vous trouuerez dans la glose du §. si clericus*, plusieurs textes des Loix Romaines, qui portent qu'on peut tüer pour la defense de ses biens. Enfin lisez *l'Abbé de Palerme sur le second Chapitre du tiltre de homicidio voluntario*, & vous y trouuerez que le commun consentement des Iurisconsultes tient que selon les Loix ciuiles, on peut tüer pour defendre son bien, quoy qu'on ne soit pas en danger de perdre la vie. Le témoignage de ce dernier Autheur ne vous doit pas estre suspect, parce que c'est le seul Autheur de marque, qui fauorise vostre party. Il y a encore bien d'autres cas où les Loix Romaines permettoient aux particuliers de tüer, que vous n'ignoreriez pas, Monsieur, si vous auiez estudié, seulement autant qu'il faudroit pour estre receu Aduocat: ie ne vous reproche pas cette ignorance, parce qu'vn homme ne peut pas tout sçauoir; mais ie ne puis excuser vostre presomption, de donner le deffy à tous les Iurisconsultes, de vous citer des Loix, qui permissent de tüer, pour autre chose que pour conseruer la vie & la pudicité.

Les Canonistes peuuent vous faire le mesme reproche, & se plaindre de vostre hardiesse, d'autant qu'ils ont des textes de droit Canon, qui permettent de tüer pour defendre les biens, & l'honneur. *Le Chapitre Interfecisti extra de homicidio* le dit clairement en ces termes, *si autem sine odij meditatione, te tuaque liberando, huiusmodi diaboli membra interfecisti, si aliquid ieiunare volueris bonum est tibi.* Que si sans hayne premeditée vous auez tué ces gens voüez au diable: vous meriterez en ieusnant si vous iugez à propos de le faire. Ce Chapitre par vostre propre confession vous donne entierement gain de cause, parce que vous le reconnoissez pour autentique, & niez seulement que cette clause *te, tuaque liberando*, ait vn sens disionctif, en sorte que la particule *qu'il* soit prise pour la particule *vel*. Il ne reste donc aucun autre different entre vous & nous sur ce texte, sinon que vous voulez que le sens de cette clause, soit qu'il n'y a point de peché à tüer vn larron, quand on ne peut pas autrement sauuer & sa vie & ses biens. Et nous voulons que si la defense ou des biens ou de la vie, ne se pouuoit faire sans tüer le larron, il soit permis de le tüer. Voyons lequel des deux sens conuient mieux aux parolles de ce Chapitre, qui répond à deux difficultés qu'on auoit proposées, touchant l'homicide. La premiere estoit d'vn homme, qui auoit tüé vn voleur lors qu il pouuoit l'arrester, & le rendre à la Iustice. Et ce Chapitre declare, que cet homme a commis vn peché d'homicide, & qu'il doit faire la penitence que les Canons ordonnent aux meurtriers. La seconde parloit d'vn autre qui auoit tüé, parce qu'il ne pouuoit arrester le larron. Et le Chapitre répond que celuy-cy n'est pas homicide, & qu'il ne merite point de penitence en rigueur: mais qu'il faut luy laisser la liberté d'en faire s'il veut; parce que ç'a esté pour sauuer sa personne, ou ses biens. Vous dites, Monsieur, que la réponse doit s'entendre en ce sens, que cet homme n'est pas obligé à faire la penitence des meurtres, parce qu'il a tüé le larron en deffendant sa personne & ses biens, de maniere que si le larron n'eust esté tüé que pour recouurir les biens; celuy qui l'auroit tüé, estoit veritablement homicide, & obligé à faire la penitence portée par les Canons. Si vous dites vray, ie vous demande pourquoy ce Chapitre fait mention de la defense des biens, puisque cette defense ne fait rien pour excuser de l'homicide, & qu'il n'y a que la defense de la vie, qui iustifie celuy qui tüe? Si celuy qui répond aux difficultez proposées dans ce Chapitre, eust creu que la defense des biens ne suffisoit pas, pour excuser celuy qui auoit tüé le larron; il deuroit répondre simplement, que celuy qui auoit tüé le voleur, pour defendre sa vie, ne meritoit pas qu'on luy imposast la penitence des meurtriers: mais d'autant qu'il croioit que la defense des biens excusoit celuy qui auoit tüé le voleur: il répondit qu'on ne deuroit pas l'assuiettir à faire la penitence portée par les Canons, s'il auoit tüé, ou pour la defense de sa personne, ou pour sauuer ses biens. Le sens que ie donne aux parolles de ce Chapitre, est si naturel & si conforme au sens commun, que *Barbosa* écriuant sur ce Chapitre, cite vingt Autheurs Iurisconsultes & Theologiens, qui ont expliqué cette clause *te tuaque liberando*, dans vn sens disionctif en sorte que la defense de biens ou de la vie, suffise pour excuser celuy qui tüe le voleur. Iulius Clarus Conarruuias, Antonius Gomes, Mascardus, Duennas & Menochius, & autres Iurisconsultes, sont de ce nombre. Ce n'est donc pas aux Casuistes seulement que vous en voulez. *La glose du Chapitre dixiéme, de homicidio, dans la compilation de Gregoire*, est de mesme sentiment, & enseigne qu'vn laïque peut tüer vn voleur pour defendre son bien; quand il ne peut faire autrement, & dit que les Canons qui semblent dire le contraire, se doiuent entendre des Clercs, & gens d'Eglise. Ie ne trouue que le seul

Abbé de Palerme, qui explique *te tuaque liberando*, dans vn sens conionctif, & qui condamne celuy qui tüe pour deffendre son bien. Ce qu'il a dit auec si peu de fondement, que pour toute raison il n'allegue que *la glose de la question 3. de la cause* 23. C'est pourquoy ie ne m'estonne pas si tous les Canonistes & Iurisconsultes, ont abandonné ce sçauant & solide Canoniste, sur ce Chapitre second. Mais ie m'estonne comment ayant tant d'adresse, vous en auez si fort manqué en cet rencontre, & que vous ne vous soiez pas instruit de ces veritez deuant que de venir brauer les Iurisconsultes & les Canonistes, iusques chez eux. Nous auons desia la Loy naturelle contre vous, les Loix ciuiles, & les Canoniques, qui permettent de tüer vn voleur qui s'efforce d'emporter nostre bien, quand on ne le peut pas empescher autrement. Si vous n'estes pas encore satisfait, & si vous desirez d'autres preuues, outre les Autheurs que le Pere Iesuite a rapportez, vous pouuez lire *les additions à l'Abbé de Palerme sur le Chap. 2. de homicidio*, qui citent Barthole, & bon nombre de Loix ciuiles, dont cet Autheur s'appuie, pour dire qu'il est permis de tüer pour la conseruation des biens. Vous pouuez aussi lire *Barbosa, sur le mesme Chapitre*, qui cite plusieurs Iurisconsultes & Theologiens, qui enseignent qu'il est permis de tüer le voleur, lors qu'actuellement il s'efforce d'emporter nostre bien.

Parlons maintenant du second temps, où le voleur, & l'insolent nous ont desia enleué le bien, l'honneur, & la reputation. Mais Monsieur, ne soyez pas si ennemy du *distingue*, que vous ne me permettiez d'en vser. Ie dis donc que les Theologiens & Iurisconsultes, distinguent entre le vol qui est fait en presence de témoins, & celuy qui est clandestin & occulte: & pour celuy qui est sans témoins; les mesmes Autheurs qui disent qu'il est permis de tüer le voleur, lors qu'il nous vole actuellement, excusent celuy qui tüe le voleur qui prend la fuitte, & qui enleue nostre bien. C'est pourquoy ie ne reitere pas les citations. Mais pour celuy qui se peut prouuer en Iustice, vous ne sçauriez monstrer que les Iurisconsultes, ou Theologiens excusent celuy qui tüeroit le voleur, qui prend la fuitte; lors qu'il emporte nostre bien. Plusieurs de ces Theologiens iugent autrement de l'honneur que du bien, car ils croient qu'on peut tüer vn homme qui s'enfuit apres auoir donné vn soufflet ou vn coup de baston, parce que selon leur sentiment l'honneur ne se peut recouurir que par cette voie. *Nauarre*, *Petrus à Nauarra*, *Franciscus à Victoria*, *Henriquez*, & quelques autres sont de cette opinion. *Tolet*, *Salon*, *Emanuël*, *Malderus*, que *Barbosa* r'apporte *sur le dixiéme Chapitre du tiltre de homicidio*, & dont il approuue la doctrine, enseignent le contraire; c'est disent-ils que l'homme qui fuit, apres auoir donné vn soufflet: rend en partie l'honneur, à celuy qui l'a reçeu; en ce qu'il témoigne le craindre; & pour le reste de la reparation, le Iuge peut y satisfaire s'il y a des témoins; & si l'iuiure est occulte, l'honneur n'est pas beaucoup interressé. En toute cette doctrine qui regarde l'homicide, vn homme de bon sens iugera qu'il n'y a rien qui choque la raison, & condamnera l'insolence de ceux qui parlent contre les Saints, & les Docteurs qui l'ont enseigné, comme contre les pestes du genre humain, qui eussent coniuré sa perte.

De la substance de l'homicide, vous passez à ses circonstances & vostre calomnie impose à Molina d'auoir enseigné, qu'on peut tüer vn voleur qui voudroit dérober la valeur d'vn écu, le Pere Iesuite vous a encore si bien refuté sur cet article, qu'il ne me reste rien à dire pour la defense de ce sçauant & profond Theologien. Mais entretenons nous sur vostre Chrestienne maxime, que vous opposez à celle de Molina. Ie m'asseure que s'il vous plaist reatrer dans vous mesme, ie vous contraindray de m'auoüer, que si des deux maximes il en falloit tenir vne, il faudroit plustost suiure celle qui permet de tüer vn voleur pour vn écu; que celle des Iansenistes, que vous appellez Chrestienne & Euangelique. Car si ie vous demande pour combien on peut tüer vn voleur, vous répondez *en vostre quatriéme Lettre pag. 3. sur la fin*, que quelque prix qu'on vous determine, vous ferez tousiours les mesmes reproches que vous faittes, contre la doctrine, qui soustient qu'on peut tüer pour vn écu, d'où s'ensuit qu'on ne pourroit pas tüer vn voleur, qui emporteroit vne cassette pleine de diamans: ny pour quelque bien que ce soit; quand mesme vn voleur emporteroit par force tous les papiers & actes du plus riche homme qui soit en France Vous auez raison de répondre ainsi, supposé que vous enseigniez comme vous faittes, qu'on ne peut oster la vie à vn homme, s'il n'attente à la vostre, ou à vostre pudicité. Mais ie vous fais veoir par les consequences, que vostre principe est faux, pernicieux pour l'estat, & qu'il met les Souuerains en danger. Car si on ne peut tüer que pour conseruer sa vie, vn homme qui seroit asseuré que des pirates ne l'enleuent, que pour le faire esclaue, ne pourroit les tüer pour defendre sa liberté; & vn Souuerain qui seroit asseuré qu'on n'en veut point à sa vie, & qu'on se contentera de le déposseder de son estat, ne pourroit commander qu'on fist main basse sur ces mutins. Voyla les belles suittes de vostre Morale reformée, qui sont si dangereuses, que i'espere qu'elles ouuriront les yeux aux gens de condition, & à ceux qui gouuernent, &

qu'elles vous feront horreur, lors que vous les aurez considerées hors de la passion, qui vous transporte contre Molina; qui n'a pas dit ce que vous luy imputez. Mais supposé qu'il l'ait dit, il vaudroit tousiours mieux suiure cette opinion qui expose vn voleur & vn coquin a estre tué pour vn écu, que d'exposer toutes les personnes de condition, qui sont dans le monde à la discretion, ou plustost à l'insolence des voleurs. L'opinion de Molina trouueroit des exemples, car les Iuges croient qu'vn voleur domestique merite la mort quelquefois pour vn écu, & vous ne trouuerez point de Iuges, qui condamnent vn Seigneur qui tuë vn voleur, qui luy emporte tout son bien.

Vous finissez vostre Objection par vne raillerie, & vous vous moquez des Theologiens, de ce qu'aprés qu'ils ont enseigné qu'on peut tuer vn faux accusateur, & vn faux-témoin, ils adoucissent cette opinion en disant; qu'encore qu'elle soit veritable en elle-mesme ou en speculation, il ne faut pas toutefois la mettre en prattique: parce que le Magistrat ne l'approuue pas, & qu'elle dépeupleroit l'Estat par les meurtres frequents qu'elle causeroit. Vous insultez à vostre ordinaire aux Theologiens de ce qu'ils prennent pour regle de leurs decisions le iugement du Magistrat, & non la parolle de Dieu, les considerations de l'Estat, non pas celles du Paradis & de l'Enfer. Vous finissez vostre Objection aussi mal que vous l'auez commencée, & par tout vous faites veoir que vous auez raison de dire que vous n'estes pas vn Theologien. Apprenez donc de ceux qui ont plus estudié que vous, que la consideration du Magistrat, & de l'Estat est capable de faire qu'vne action change entierement de face; de sorte qu'vne action considerée en elle-mesme sera licite, laquelle estant rapportée à l'Estat sera illicite, & au contraire, vne action illicite en elle-mesme, qui en consideration de l'Estat sera licite. Par exemple, il n'est pas permis à vn homme de tuer vn autre pour vne poulle ou pour des fruits; toutefois si vn General d'Armée a fait défense de rien prendre sur peine de la vie, il pourra faire pendre vn soldat pour quelque petit vol: de mesme qu'vn Capitaine peut tuër vne sentinelle qui dort. Et l'vne & l'autre de ces executions est licite en consideration du bien de l'armée. Le soldat au contraire pourroit dormir sans offenser Dieu, si la faction où l'on l'a mis ne l'obligeoit à veiller: & si le bien de l'armée ne rendoit son sommeil criminel. C'est sur les mesmes considerations que les Theologiens enseignent, que l'interest des Royaumes & des Republiques, rend mauuais des homicides, qui seroient permis, s'il n'y auoit point de communauté, ny de Republique. Si par exemple deux familles d'vne ville de France estoient en querelle, & que quelqu'vn d'vne de ces familles vint a estre tué, il ne luy seroit pas permis de tirer raison de ce meurtre, & de tuer quelqu'vn de la famille ennemie. Parce que la punition du crime appartient au Roy. Mais en plusieurs Prouinces du Brasil & des terres de l'Amerique, où il n'y a point de Roy, point de villes, point de Communautez, les Theologiens enseignent que la famille offensée pourroit tuër ou le meurtrier, ou quelqu'vn de sa famille, si elle refusoit de faire raison. *Molina le decide ainsi, disput. 10. & cite Angelus verbo bellum §. 6. Tabiena. Gabriel in 4. d. 15. q. 4. art. 10. Nauar. in cap. nouit, de iudiciis; Coroll. 25. n. 94. & 95.* pour la mesme raison on ne souffriroit pas en France qu'vn particulier preuint son ennemy & tuast celuy qui auroit manqué deux ou trois fois à le tuër; à cause que la iustice du Roy peut y mettre ordre. Mais en Canada, & autres terres des Barbares, ou il n'y a point de Iustice contre ceux qui tuënt, point de gouuernements, point de Communautez, point de Police: si le fusil d'vn Sauuage auoit manqué deux ou trois fois sur vn Iansenìste, en bonne foy, Monsieur, ie vous demande si vous condamneriez vostre frere d'auoir commis vn peché, s'il preuenoit ce meutrier? i'ay de la peine à le croire. N'accusez donc plus les Theologiens de ce qu'ils rejettent la malice de certains homicides sur les considerations de l'Estat, ou sur les défenses des Princes. Lesquels homicides sans ces considerations pourront estre exempts de peché en certains cas. L'interest du tout est souuent cause qu'on n'a point d'égard à la partie, & les défenses de nos Superieurs & du Magistrat, peuuent rendre nos actions criminelles, qui sans cela eussent esté indifferentes, & peut-estre bonnes.

N'inuectiuez donc plus auec tant de chaleur contre quelques Theologiens qui excusent le duël en certain cas? car ils considerent pour lors le duël en luy-mesme, sans auoir égard à l'Estat & aux défenses des Princes, & vous ne trouuerez vn seul Casuiste, qui dise, qu'il est permis de se battre en duël dans la France, où nos Rois ont fait des Edits si seueres; que iamais les Rois ne peuuent obliger sous peine de peché mortel; où ceux de France obligent leurs subjets sous peine de damnation, à ne se iamais battre. Vous ne trouuerez point de Casuistes qui disent que nonobstant les excommunications des Papes & des Euesques, contre ces furieux meurtriers, il n'y a point de peché à faire ce mestier de gladiateur; quand mesme nous accorderions que celuy qui refuse le combat, perd vn veritable honneur, qu'il peut legitimement rechercher. La raison est, que le Roy & nos Superieurs, sont par dessus l'honneur des particuliers. Mais ne pensez pas pour ce que ie viens de dire, que i'aye la moindre pensée qu'vn Gentil-homme qui refuse le duël, coure risque de perdre vn veritable honneur, qu'il peut conseruer en se battant, si les défenses des Princes ne l'en empeschoient. I'ay tousiours creû que ce petit nombre de Theologiens, qui considerans le duël en soy, l'excusent en certains cas se trompent & errent en ce point. Ie sçais bon gre aux Iansenistes & à qui que ce soit d'improuuer cette doctrine; pourueu qu'ils ne le facent pas auec cette presomption & arrogance, qui les rend criminels, au lieu que ces Theologiens peuuent auoir merité en soûmettant à l'Eglise ce qu'ils écriuoient auec charité pour excuser leurs freres. Saint Augustin s'est bien trompé en écriuant de l'homicide, personne ne le traitte mal pour cela. Il a creû que les Iuges pouuoient faire mourir celuy qui s'estoit mis caution pour vn criminel, au cas que le criminel euadast, & qu'il ne peust le representer. *La glose du chap. 19. de la 23. cause quest. 5. l'en reprend & en effet* iamais l'innocent ne doit estre tué pour le coupable. S. Augustin a creû qu'on pouuoit excuser vne femme qui tuë pour conseruer sa pudicité. L'honneur de l'homme n'est-il pas autant considerable que celuy d'vne femme, qui consiste principalement en la pudicité; cependant S. Augustin ne veut pas qu'vn homme puisse tuër pour conseruer son honneur. S. Augustin ne croit pas qu'on puisse tuër pour conseruer son bien; il est abandonné presque de tous les Theologiens, de tous les Iurisconsultes, & Canonistes. On ne luy dit pas des iniures pour cela. S. Hierôme mesme ne le reprend point de cette cruelle misericorde, qu'il prattique enuers les voleurs: quoy que ce dernier Docteur & Pere de l'Eglise eust des sentimens plus forts: & qu'il creust qu'on obligeoit les voleurs de les battre & de les estropier; comme il témoigne par ces paroles de son Commentaire, *sur le premier Chapitre du Prophete Sophonie, Si quis fortitudinem latronis & piratæ & furis eneruat, infirmosque eos reddat, prodest illis sua infirmitas.* Si vous auiez tant soit peu de l'esprit de Dieu, dont les Peres & les Theologiens ont esté animez, vous eussiez leu auec respect leurs écrits, & eussiez pris occasion de vous humilier, si vous y eussiez remarqué quelques tâches. Mais l'orgueil qui accompagne tousiours l'heresie, vous fait tant presumer de vos personnes, qu'il n'y a point de vertu ny de talent que vous ne tâchiez de noircir par vos calomnies, afin de vous mettre en credit.

Si au défaut de la conscience, qui n'estoit pas vne bride assez forte, pour retenir la haine que vous portez aux Iesuites, vous eussiez peu consulter vostre raison; vous n'eussiez pas employé vostre eloquence auec tant d'ostentation pour nous décrier les formalitez, que les Iuges obseruent pour condamner vn homme à mort. Vous eussiez supposé que les Iurisconsultes sçauent ces choses que les Clercs du Palais n'ignorent pas, que si vous pretendiez instruire ces Peres, vous ne deuiez pas tant vous estendre sur des choses si minces, qu'ils sçauent assez, & lesquelles ne sont propres qu'à vous faire admirer des femmes, & des ignorants: Que si vous ne vous estes proposé que cette fin, quand vous auez écrit vostre 14. Lettre, elle a esté fort defectueuse, car vous auez obmis beaucoup de circonstances, que les Loix demandent, afin que le Iuge prononce quelque Sentence, non seulement de mort, mais encore en matiere ciuile. Mais toutes ces circonstances ne nous prouueront iamais qu'il n'est pas permis de defendre son bien, en tüant celuy qui le vole, si on ne peut autrement le conseruer. Mais toutes ces circonstances ne prouueront pas qu'vn Capitaine ne puisse tüer vn soldat sur le champ, qui refuse d'aller à la tranchée du siege. Iamais vostre harangue puerile ne prouuera que les Generaux d'armées, leurs Lieutenants, & ceux qui commandent sous eux, soient obligez de garder les formalitez que vous dites; lors qu'vn des soldats de l'armée tombe dans vne desobeissance formelle. Si vous auiez autant de cœur, pour faire la guerre aux ennemis de la France, comme vous auez de rage & de lascheté, pour persecuter l'Eglise & l'estat; vous auriez veu dans les armées qu'vn Capitaine donnera vn coup d'espée à trauers le corps d'vn soldat, qui resistera à quelque commandement; qui souuent ne merite pas tant la mort, que fait vn voleur qui nous emporte nostre bien. Et toutesfois personne ne condamne ces Capitaines, pourueu que la passion ne les emporte point: & que ce chastiment soit necessaire pour conseruer l'obeissance des autres soldats. Allez donc porter vos formalités de Iustice autre part, & ne combattez pas des Iurisconsultes & des Thelogiens, auec des armées si foibles. Ne venez pas nous dire qu'il n'est pas permis de se battre en duel, à cause qu'on n'y garde pas toutes les formalitez que les Iuges gardent dans la Tournelle, quand ils condamnent vn criminel à la mort. Les raisons qui se prennent des Commandemens de Dieu, des defenses de nos Roys, des excommunications de l'Eglise valent mieux. Le scandale seul que donnent ceux qui se battent, & le mauuais exemple que d'autres qui n'ont point d'honneur à perdre, en prennent; rendroit le duel criminel, & peché mortel quand mesmes nous accorderions qu'en quelque cas vn Gentilhomme se peut battre, pour conseruer vn veritable honneur, vous deuiez alleguer ces raisons que vous auez ignoré ou dissimulé, & non pas ces bagatelles qui n'empescheront pas vn homme

homme d'esprit de se battre, vous deuiez écrire vigoureusement contre les duels, au lieu que vous les fomentez & les authorisez, en rapportant quoy que faussement des gens sçauans & vertueux, qui les excusent. *Væ homini per quem scandalum venit: melius est vt suspendatur mola asinaria collo eius, & demergatur in profundum maris.*

XXI. OBIECTION. Les Casuistes enseignent qu'vn Iuge peut dans vne question de droit, iuger selon vne opinion probable en quittant la plus probable, & mesmes contre son sentiment, *Lettre. 8. pag. 1.*

RESPONSE. *Bonacina* croit que cette opinion est probable, *de distinctione specifica & numerica peccatorum, disp. 2. q. 4. puncto 9. num. 15.* & cite *Sayrus, Aragonia & Salon qui la deffendent*, dont les deux derniers sont Dominicains. Mais les Iesuites tiennent l'autre opinion, *Vasquez, Becanus, Azor, Reginaldus, Valentia, Sanchez.* Et ie suis de leur sentiment à cause que le Roy établit les Iuges, pour iuger selon leur propre connoissance.

XXII. OBIECTION. Les Casuistes soustiennent, que les Iuges peuuent receuoir des presens, amoins qu'il y eust quelque Loy particuliere qui leur deffendist, lors que les parties les leur donnent, ou par amitié, ou par reconnoissance de la Iustice qu'ils ont renduë, pour les porter à la rendre à l'auenir, ou pour les obliger à prendre vn soin particulier de leurs affaires, ou pour les engager à les expedier plus promptement, ou pour les preferer à plusieurs.

RESPONSE. C'est l'opinion de Saint Augustin, dans l'*Epistre 54. ad Macedonium*, ou parlant des Iuges qui reçoiuent des presens, il dit que la coustume les excuse. *Sunt aliæ personæ inferioris loci, quæ ab vtraque parte non insolenter accipiunt sicut officialis, & qui amouetur & cui admonetur officium. Ab his extorta per immoderatam improbitatem repeti solent. Data per tolerabilem consuetudinem non solent. Magisque reprehendimus, qui talia inusitatè repetiuerunt quàm qui talia de more sumpserunt.* Il y a d'autres sortes de gens qui ne sont pas de si haute qualité, qui ont coustume de prendre des presens. De ce nombre sont les Iuges, qui ont leur office ou par commission, ou bien en tiltre. Si toutesfois ils exigent ces presens par vn excés de malice; on les repete d'ordinaire sur eux. Mais la coustume souffre qu'on les leur laisse, quand ils ont esté donnez sans contrainte; & on blasme plus ceux qui les repetent que ceux qui les ont reçeus. Molina & les autres Casuistes, disent la mesme chose, & veulent que les Iuges se tiennent aux ordonnances, & à la coustume, & qu'ils prennent exactement garde au scandale, qui est presque ineuitable, si on sçait que les

Iuges reçoiuent ces gratifications.

XXIII. Objection. Les Casuistes disent, que s'il y a plusieurs parties, qui n'ayent pas plus de droit d'estre expediées l'vne que l'autre, le Iuge ne pechera point, qui prendra quelque chose pour en preferer vne. *Lettre* 8. *pag.* 2.

Response. Si c'estoit vne pure gratification, il faudroit se tenir à ce qui a esté dit dans la derniere decision; pourueu qu'il n'y eust point d'ordonnance contraire. Mais parce que les Greffiers peuuent exiger, & vexer le parties, lesquelles pour auoir la preference peuuent facilement faire des encheres forcées, & non volontaires sur les autres competiteurs; le reglement qu'a fait Monsieur le premier President, est tres iudicieux & tres equitable.

XXIV. Objection. Les Casuistes & les Iesuites, fomentent l'vsure, & aprennent à la pallier par des contracts de societé simulée, sous pretexte de gratifications & autres déguisements, & principalement par le contract qu'on appelle Mohatra *Lettre* 8. *pag.* 2 *&* 3.

Response. Ce sujet est l'vn des plus importans, qui soient dans les Lettres du Secretaire, & dans les libelles que ses aduersaires des Casuistes ont publiés depuis quelques mois. Les gens de bien qui desireroient tirer quelque honeste profit de leur argent, se trouuent embarassez par la diuersité des sentiments des Theologiens, dont quelques mots condamnent absolument tout le profit que l'on peut tirer de son argent, si ce n'est qu'on veille en achetter des rentes constituées ou des heritages; & les autres au contraire soustiennent que sans ces achats, on peut en seureté de conscience prendre vn honneste profit, pourueu qu'on ait vn tiltre legitime pour le prendre. Il importe donc grandement aux particuliers & au public, que cette difficulré soit bien démeslée, & qu'on sçache si en effet tous les contracts, qui ne sont point de constitution de rentes sont vsuraires, en sorte que ceux qui s'en seruent pechent mortellement, & soient obligez à restitüer les profits, faute de quoy les Confesseurs ne puissent leur donner l'absolution. Le Liure *de Triplici examine* composé par Monsieur Bail, a solidement traitté cette matiere, & a prouué par de bonnes raisons, qu'outre les contrats de rente & achats d'heritages, il y a beaucoup de tiltres legitimes, qui nous donnent droit de tirer du profit de l'argent que nous prestons. Ceux qui desireront s'en instruire plainement, le pourront lire, depuis la page quatre cent & quatorsiéme, iusques à la quatre cent soixante & deuxiéme. Et pour ceux qui n'ont pas tant de loisir, ou qui n'entendent pas le Latin: ie mettray icy en abbregé ce que ce sçauant Docteur & experimenté Directeur, a mis plus au long dans ſon Liure, afin que les conſciences, que quelques Theologiens & Confeſſeurs effraient, puiſſent eſtre calmées par l'authorité & l'experiēce d'vn homme qui eſt connu à tout Paris, pour ſa capacité & pour ſa probité. Ce qui doit encore donner plus de poids à ſa doctrine, eſt que pour l'ordinaire il l'emprunte des liures des anciens Theologiens de la faculté de Paris, & qu'il a fait approuuer le ſien *de Triplici examine* par des plus remarquables Docteurs de la meſme faculté. Apres cet abbregé i'expliqueray mes ſentiments, & prouueray la meſme doctrine par d'autres raiſons, que celles dont Monſieur Bail ſe ſert.

SECTION PREMIERE.

Sentimens de Monſieur Bail.

DANS la page 417. il definit l'vſure, & dit qu'on la commet, lors qu'en vertu du ſimple preſt on tire du profit de l'argent qu'on preſte, on n'a point d'autre legitime tiltre de prendre cet intereſt, d'où ſenſuit que ſi celuy qui preſte, a quelque tiltre, ou iuſte cauſe de prendre ce profit, il ne commet point d'vſure, parce que ce n'eſt plus en vertu du preſt que les Latins appellent *mutuum*, qu'il tire ce profit. Dans les pages 414. 417. & 441. Il diuiſe l'vſure en pluſieurs eſpeces, dont l'vne eſt contre le droit naturel, & oblige touſiours à reſtitution ; l'autre n'eſt que contre le droit poſitif, c'eſt adire contre les Loix de l'Egliſe, ou les ordonnances des Roys, & elle n'oblige a reſtitution qu'apres la condamnation faitte par la Sentence de quelque Iuge. Il allegue dans les pages 415. 422. & 454. Gerſon & d'autres graues Autheurs qui condamnent de temerité & d'audace, ceux qui blaſment trop facilement de certains contracts, & qui les veulent faire paſſer pour vſuraires. Gerſon & ces autres lumieres de leur temps exhortent les Theologiens à eſtre fort reſeruez en de ſemblables rencontres, où ils peuuent pecher grieſuement, & embroüiller les conſciences de ceux qui s'addreſſent à eux. Dans la page 423. il remarque fort iudicieuſement, que deuant le Concile de Conſtance, les Theologiens condamnoient les rentes conſtituées auec autant de chaleur, que preſentement nous voyons les intereſts condamnez par quelques Theologiens & quelques Curez. Ils troubloient les conſciences des fidelles, pour ces rentes conſtituées, ainſi qu'on les broüille maintenant, pour les intereſts ; & Henry de Gand s'eſtoit ſi hautement declaré contre les rentes conſtituées, qu'il n'estimoit pas, que les personnes qui en achettoient fussent en estat de se sauuer. Ces contestations toutesfois n'ont pas empesché, que les constitutions des Papes & les ordonnances de nos Roys, n'ayent declaré que ces rentes constituées sont iustes & legitimes Ce qui me donne sujet de croire qu'il pourra bien en arriuer autant à l'égard des obligations, qu'on condamne maintenant auec plus d'animosité que de raison; puis qu'elles sont appuiées de l'authorité des plus sçauants Theologiens seculiers & reguliers, qui soient dans l'Eglise. C'est ce qui seroit à souhaitter, pour faire cesser les desordres, qui suiuent de ces opinions rigoureuses, ainsi que rapporte Monsieur Bail, pag. 462. où il dit auoir veu, des personnes prestes à mourir dans vn desespoir effroyable, pour se veoir condamnées par quelque Confesseur à restitüer les biens qu'elles auoient acquis par ces sortes de contracts. Le mesme dit auoir veu des veufues & des heritiers, dans des extremes melancholies pour le mesme sujet, & auoir entendu auec horreur, les gemissements & les sanglots de ces miserables personnes, ainsi persecutées par ces impitoyables Theologiens. C'est pourquoy il les coniure de prendre des sentiments plus humains & plus veritables, & dans la page 833. Il prie les Docteurs en Theologie, de s'addonner à la lecture des Casuistes,& de ne se pas fier à leur degré de Docteur, ny a la subtilité de leur esprit, quand il est question de decider des difficultez de Moralle, qui ne s'apprennent que par vn long exercice, & apres auoir meurement consideré plusieurs circonstances, que les meilleurs esprits n'apprennent que par l'experience. Pour son particulier, il confesse dans la page 454. qu'il a estudié l'espace de douze ans, à diuerses reprises, les questions qui traittent de l'vsure & de ces sortes de contracts, que quelques-vns blasment si legerement,& souuent sans sçauoir de quoy il s'agit.

Dans les pages 420. & 421. il rappotte presque tous les iustes tiltres, que celuy qui preste peut auoir de tirer du profit de son argent, & apres il examine en particulier l'équité de plusieurs de ces tiltres, & commance pages 418. 421. & 425. par celuy que les Theologiens & Canonistes appellent, *Lucrum cessans & damnum emergens*, qui se rencontre, lors que celuy qui preste son argent, souffre quelque perte en ses biens, ou est empesché de faire quelque honneste profit à l'occasion du prest qu'il fait, & monstre que Saint Thomas, les anciens Theologiens, & mesmes les plus seueres Predicateurs, & qui ont presché auec plus de zele contre l'vsure (comme Saint Bernardin) ont iugé que ce tiltre estoit iuste, & suffisoit pour tirer du profit de son argent. Ce qui sert de conuiction euidente, que celuy qui preste peut quelquesfois receuoir plus qu'il n'a presté, pourueu que ce ne soit pas en consideration du prest, mais pour quelque autre tiltre qui soit raisonnable. Apropos de ce tiltre, il demande au bas de la page 426. si vne personne qui auroit de l'argent pour achetter vne terre ou vn office ; ou mesmes qui renonceroit à son negoce, expressément pour prester son argent, à ceux qui pourroient en auoir besoin, pourroit se seruir de ce tiltre (*Lucrum cessans & damnum emergens*) & prendre autant de profit qu'il eust retiré de sa terre & de son negoce. Sur quoy il allegue le Cardinal de Lugo, & Malderus Euesque d'Anuers, qui disent qu'il le peut en seureté de conscience ; & dans la pag. 428. il fait mention de certains Marchands, qui sont établis en Flandre, par l'authorité du Prince, pour prester de l'argent à interest en cette maniere. Ce qui se prattique encore par les monts de pieté en Italie par l'authorité des Papes. Et Monsieur Bail adiouste que l'an 1617. plusieurs Docteurs en Theologie, six Euesques, & deux Archeuesques s'assemblerent à Malines, pour examiner ces sortes de prests, & tous iugerent qu'ils n'estoient pas vsuraires. La mesme page 427. auertit qu'on ne les souffre pas en ce Royaume, & qu'ils y passeroient pour vsuraires, quoy que de soy ils ne le soient pas. Ce qui confirme ce qu'il a enseigné, à sçauoir qu'il y a des vsures qui ne le sont, que parce que les ordonnances des Roys les defendent, & que ceux qui se seroient seruis de ce tiltre en France, ne seroient pas obligez à restitution auant que d'y estre condamnées.

Dans la page 433. & dans les suiuantes, il explique vn second moyen qui est legitime, pour tirer du profit de son argent. C'est de prendre part au profit ou reuenu, qui prouient du traffic qu'exercent ceux à qui nous prestons ; ou au reuenu d'vne terre ou office qu'ils achettent. Ce moyen suppose dans son origine qu'on passe trois contracts, dont le premier est de societé ; par le second, on cede quelque partie du profit qui pourroit reuenir en vertu du premier contract, & par le troisiéme on conuient d'vn prix certain pour abandonner au Marchand, & à celuy qui achette vne terre, tout le profit & le reuenu qu'il en pourra tirer, à la charge qu'il prenne le tout à ses perils & fortunes. Par exemple vn homme qui prestera sont argent, à vn Marchand, auec lequel il eust peu gagner au denier six huict dix ou douze, s'il se fust arresté au premier contract de societé ; se contentera de gagner au denier dix-huict, à condition que celuy qui emprunte donne des cautions bonnes & valables, pour la somme que l'autre luy preste. Dans la page 440. il enseigne que sans faire les deux premiers contracts, dont l'vn est de societé, & l'autre d'asseurance du capital, il suffit de faire le troisiéme qui comprend assez les deux autres. Il cite dans la *page* 446. plus de vingt des plus celebres Theologiens & Canonistes, entre-autres, *Maior*, *Nauarre & Siluester*, pour appuier son sentiment, & tient ce moyen si asseuré que dans la *page* 438. il dit qu'il a serieusement examiné toutes les raisons de ceux qui improuuent ce contract, & que pas vne ne prouue qu'il soit vsuraire où autrement vicieux. Il reïtere le mesme dans la *page* 462. où il soustient que son opinion est plus commune que l'autre, & qu'elle est soustenuë par de plus illustres Theologiens. Et dans la *page* 444. Il dit que les Conciles qui ont esté tenus en France, n'ont iamais défendu de s'en seruir. D'où s'ensuit, qu'il n'y a personne de ceux qui prestent qui ne puissent tirer du profit de son argent; quand il le donne a des marchands, où à ceux qui acquierent des offices. On pourroit dire que quand celuy qui emprunte veut s'acquitter de quelque debte, qui l'obligeroit à vendre vne terre, celuy qui preste ne pourroit pas tirer du profit, car il ne pourroit pas prendre part à aucune vtilité qui reuienne à celuy, qui ne fait que s'acquitter de ses debtes. Ce qui n'empesche pas que cette maniere de faire profiter son argent, ne soit bonne à l'égard de ceux qui acquierent, ou qui trafiquent; ie dis plus, qu'elle est équitable & iuste, lors que celuy qui acquitte sa debte, se conserue quelque heritage, ou quelque negoce d'où celuy qui preste peut profiter. I'auouë que Monsieur Bail ne conseille pas de se seruir de ce moyen; mais quand on s'en est seruy, il n'oblige pas à restitution.

Il auoit parlé d'vn troisiéme moyen dans la *page* 421. qu'on peut prattiquer auec tous ceux qui ont des heritages en cette sorte. Celuy qui preste ne voulant pas aliener son argent pour tousiours achete vne rente pour vn an seulement, ou pour deux, sur le bien de celuy qui emprunte; ie croy que Monsieur Bail s'est oublié de l'expliquer plus au long, ou qu'il l'a compris sous le titre de Societé, quand il a dit qu'on peut prendre part au reuenu que produit la terre qu'on achepte de l'argent de celuy qui preste, sont toutefois deux titres entierement differents ainsi que ie feray tantost veoir.

Dans la *page* 451. il explique vn quatriéme moyen, dont se seruent ceux qui prestent, pour auoir l'interest de leurs deniers. C'est qu'ils font signifier à ceux qui ont emprunté, qu'ils ayent à rendre la somme, ou à payer les interests. Il est vray qu'il ne parle pas nettement en cette rencontre, & ce qu'on peut tirer de tout son discours, c'est qu'il n'improuue pas le sentiment de ceux qui disent, que les interests reçeus en vertu d'vne sentence sont legitimement acquis à celuy qui a presté, encore que les deux parties eussent conuenu entre-elles de faire donner cette Sentence.

Dans la *page* 454. il dit que celuy qui preste, peut receuoir du profit sans blesser sa conscience, quand celuy qui emprunte donne cet interest par pure liberté & sans y estre contraint.

Il reste vn sixiéme moyen de prendre de l'interest quand celuy qui emprunte est si mauuais payeur, ou ses affaires sont en si mauuais estat que celuy qui preste, court risque de perdre sa somme principalle, mais Monsieur Bail reiette ce moyen, & dit que pour lors il n'est pas permis de prendre de l'interest.

Aprés auoir estably les diuers titres qui excusent du peché d'vsure ceux qui en prestant de l'argent en reçoiuent du profit: il répond aux raisons, dont se seruent ceux qui sont dans des sentimens contraires. La premiere & la plus ordinaire est, que l'argent se consume par le simple vsage, ainsi que le pain & le vin, & autres choses qui seruent à la norriture. Or les Philosophes ont reconnu par la seule lumiere de la raison, qu'il y a de l'vsure lors qu'en ces choses qui se consument par l'vsage, on exige plus de celuy qui emprunte qu'on ne luy a presté, par exemple si pour vn pain de vingt liures qu'vn homme preste à son voisin, il en redemandoit vn de vingt-cinq, ou si pour vn baril d'huile de cent pots, il en demandoit vn de cent dix. Il satisfait à cette Objection dans la *page* 448 & distingue entre le pain, le vin, l'huile & autres choses, dont nous ne nous seruons que pour les consumer, & entre l'argent; parce que ce dernier prend la nature des choses qu'on en achepte; d'où vient que si on preste de l'argent à vn pauure homme pour achepter du pain, & d'autres choses necessaires à la vie, ce sera aussi bien vsure de tirer du profit de son argent, comme si pour vingt liures de pain on en demandoit vingt-cinq. Mais si l'argent est presté pour trafiquer où acquerir quelque heritage, on peut prendre part à la chose qui est achettée de l'argent de celuy qui l'a presté.

Il répond dans la *page* 459. *&* 460. à ce que nos aduersaires disent, que desormais il n'y a plus d'vsure, si la direction d'intention suffit pour l'éuiter, & monstre clairement & agreablement que la direction d'intention sert tres-souuent, à faire vn bon contract, quoy que la mesme matiere soit capable de seruir à vn mauuais. Ce iudicieux Docteur allegue de si beaux textes de S. Augustin, en faueur de la direction d'intention, qui a serui au Secretaire de sujet à ses profanes bouffonneries, que s'il les auoit leus, il rougiroit d'auoir raillé S. Augustin en la personne des Casuistes; quand il s'est mocqué de leur direction d'intention.

Dans la *page* 471. il répond à ce qu'on objecte que les ordonnances défendent de tirer de l'interest de son argent, & dit que le tribunal de la conscience, & celuy des hommes ne sont pas tousiours d'accord ; parce que les hommes iugent sur des presomptions, & la conscience se regle par la pure verité.

Voilà à peu prés les sentimens de Monsieur Bail, touchant les interests qu'on prend de l'argent presté. Sur cette Doctrine ainsi expliquée, ie fais les Reflexions suiuantes.

SECTION SECONDE.

Reflexion sur cette Doctrine.

LA premiere que tous ceux qui ont tiré de l'interest de leurs deniers à vn prix raisonnable, par exemple au denier dix-huict ou vingt, ne sont pas obligez à restituer, pourueu qu'ils ayent eu intention de le tirer, en consideration d'vn des titres que ce docte personnage approuue dans son Liure ; ou que de bonne foy ils aient donné leur argent, sans penser à ce titre qu'ils auoit veritablement. D'où s'ensuit que les veufues, les enfans, & autres heritiers des personnes, qui ont tiré de semblables profits ne sont point obligez à restituer. Et si leurs Directeurs les veulent troubler là-dessus, ils se peuuent tenir à ce que ce sçauant & vertueux Docteur en dit, aprés des plus celebres Docteurs de la Sorbonne & des autres Vniuersitez.

La seconde que l'on peut donner conseil (à ceux qui le demandent) de se seruir du contract de societé, pour prendre de l'interest de leur argent. Ie fonde ma Reflexion sur les preuues qu'apporte ce docte Escriuain pour monstrer la iustice de ce contract ; sur les raisons dont il se sert, pour refuter celles de nos aduersaires, & faire veoir qu'il n'y en a pas vne qui ne porte à faux ; sur le témoignage qu'il rapporte de vingt ou trente celebres Docteurs, qui tous approuuent ce Contract. Aprés quoy il faudroit de puissantes raisons, & de tres-grands inconueniens pour nous détourner de l'vsage de cette societé ; & toutefois on allegue au contraire, sinon qu'il est difficile que toutes les circonstances requises à bien faire ce Contract se rencontrent ensemble. Or ie croy qu'elles se peuuent facilement rencontrer, autrement il ne faudroit iamais conseiller à vn Marchand d'entrer en societé auec vn autre ; c'est donc assez, que celuy qui preste son argent sçache qui celuy qui l'emprunte fait vn bon negoce, où achette vn bon fonds. Que si ce sont d'aud'autres personnes qui demandent cet argent à emprunter, & si l'on doute qu'elles ayent du traffic, ou des heritages, d'où l'on puisse tirer du profit, & que pour cela il y ait danger de commettre quelque vsure, le mesme danger se trouuera, si on passe vn Contract de rente constituée auec la mesme personne, parceque selon les decretales. *Regimini de Martin V. & de Calixte III.* Les rentes constituées doiuent estre Contracts d'achapt, & si la personne qui emprunte n'a le negoce ou l'heritage pour en vendre quelque partie, par la rente que l'on constituë, les profits qu'on tire par ces Contracts, sont vsuraires; & neantmoins nos aduersaires qui nous défendent les Contracts de societé, ne font point de scrupule de conseiller qu'on preste de l'argent par vn Contract de rente constituée. On adjouste que souuent ces Contracts de societé ne reüssissent pas, & que ceux qui s'y sont engagez, maudissent les Casuistes qui leur ont conseillé de s'en seruir. Cette seconde raison est moins considerable que la premiere, parce que l'on ne demande pas pour l'ordinaire aux Casuistes, s'il est expedient pour les auantages temporels d'entrer en ces societez. On leur demande seulement, si en conscience on les peut faire: & quand on leur demanderoit leur auis sur le temporel, & qu'en suitte d'vn mauuais succés on les maudiroit, il ne faudroit pas pour cela le leur refuser, de mesme qu'on ne laisse pas de donner son auis touchant le mariage, & touchant l'entrée en Religion, quoy que souuent les personnes mariées, & quelquefois les Religieuses, maudissent ceux qui leur ont conseillé le mariage, ou l'entrée de la Religion. Et si cette raison auoit lieu, les Casuistes & Confesseurs, qui au lieu du Contract de societé, conseillent des Contracts de constitution de rentes auroient grand tort; car tres-souuent on maudit ces Casuistes, à cause que par ces Contracts, ceux qui prestent, perdent leurs sommes, les biens de leurs débiteurs, estant hypotequez à d'autres, ou pour d'autres raisons, qui font que ceux qui ont de l'argent, craignent de l'engager, & aiment mieux ne le prester que pour vn temps limité.

La troisiéme Reflexion est au sujet de l'interest qu'on prend en veuë du peril, auquel s'expose celuy qui preste son argent, ou de le perdre absolument, ou de le recouurer auec de tres-grandes difficultez: ie serois d'accord que cette veuë ne suffiroit pas pour authoriser ce guain, s'il ne s'agissoit que du peril ordinaire, auquel tout homme qui preste son argent s'expose, car comme Monsieur Bail a iudicieusement remarqué, ce peril est de l'essence du prest. Mais quand outre ce peril ordinaire, il y a du danger extraordinaire de perdre ses deniers, ou parce

O

que les affaires de celuy qui emprunte ne sont pas en bon estat; ou parceque le traffic qu'il fait, est hazardeux, ou parce que ceux qui ont eu affaire à cet homme ont esté trauaillés de fascheux procés pour recouurer leur argent ; il n'y a point d'apparence de blâmer la conuention de tirer plus de profit qu'on n'en espereroit d'vn autre, où il n'y a que le danger ordinaire. Vû que dans tous les autres Contracts qui se font au change, & entre Marchands, le peril est consideré & tombe en estimation.

La quatriéme, est touchant les Sentences qu'on obtient ordinairement pour receuoir les interests. Surquoy mon sentiment est, que si celuy qui preste n'auoit aucun titre pour prendre cet interest, auant que la Sentence soit donnée, elle ne luy en donne pas d'elle-mesme vn suffisant dour le receuoir : Ainsi ie croy qu'il faudroit obliger à restitution ceux qui ont reçeu les interests sur ces Sentences ,parce qu'elles ne sont données que sur la presomption qu'ont les Iuges, que celuy qui à presté à besoin de son argent. Mais quand, ou par le Contract, ou par vne rente que l'on achepte pour vn ou pour deux ans, on peut en conscience tirer du profit ; où en quelque autre maniere, de celles que Monsieur Bail approuue aprés tant de celebres Theologiens ; si celuy qui preste son argent, craint de pecher en faisant contre les ordonnances du Prince, ou bien s'il a peur d'estre appellé en Iustice, pour iurer si l'argent n'a pas esté donné à interest, ie luy conseille pour lors d'auoir recours à cette Sentence du Iuge pour se deliurer de tout embarras.

La derniere Reflexion est, sur ce qu'on pourroit adjouster que ces titres estimez legitimes par Monsieur Bail pour prendre interest, peuuent bien estre approuuez à l'égard du droit naturel, & en les considerant dans la force des raisons de Theologie ; mais non pas selon les Ordonnances des Rois, lesquelles peuuent défendre l'vsage de ces titres, quoy que d'eux-mesmes ils soient legitimes, & qu'ils ne cessent de l'estre, que parce que le Prince les a défendus. I'espere que ie satisferay tantost mon Lecteur, sur ce point des Ordonnances des Rois ; ce qui fait que ie me contente icy de répondre qu'en limitant ainsi vne Doctrine si bien appuiée, on la rendroit inutile pour ceux qui veulent tirer du profit de leur argent ; & elle ne seruiroit qu'aux autres, qui ont desia fait des profits semblables, puisque ceux mesmes qui parlent du la sorte, les déchargent de l'obligation de restituer.

SECTION TROISIESME.

Sentiment de l'autheur sur la matiere des Prests.

APrés auoir rapporté les sentimens de cet habile Docteur, nostre Profession qui nous engage au seruice du public, m'oblige d'auancer les miens, sur la difficulté qu'on fait sur les prests, qui se font d'vne autre maniere que par des Contracts de constitution, & de decider ce que Monsieur Bail, n'a pas voulu traiter ; à sçauoir qu'elle obligation ont les subjets du Roy, de ne pas prester de l'argent auec interest, en vertu de ses Ordonnances qui l'ont défendu.

I'entreprends donc de prouuer deux choses. La premiere, qu'vn Theologien qui ne s'arrestera qu'aux raisons de la Theologie, peut conseiller à vn qui a de l'argent, d'en tirer vn honneste profit. La seconde, que les Ordonnances du Roy ne défendent pas absolument les profits qui sont fondez sur des titres équitables. Ie ne pretends pas toutefois de sortir des bornes d'vn petit extraict que i'ay tiré des Theologiens qui ont écrit de cette matiere, des Canonistes, & Docteurs en droit Ciuil, qui ont composé sur le mesme sujet, comme sont du Moulin, d'Argentray, Loüet, & entre les derniers, le sieur Claude Saumaise. Ce seroit vne presomption à moy de vouloir expliquer en cette petite Réponse tout ce qui appartient à l'vsure, & qui à peine a-t-il esté bien démeslé, dans les gros Ouurages de ces eminens esprits. Ie me contenteray de dire precisément, ce qui suffit pour mettre en seureté de conscience ceux qui veulent tirer du profit de leur argent : Or i'estime que de diuers titres dont Monsieur Bail traite en son Liure, de l'equité desquels ie tombe d'accord auec luy, deux suffisent pour tous les gens qui prestent ; à sçauoir le Contract de societé, lors qu'on preste à ceux qui font quelque negoce, & celuy en vertu duquel on achette vne rente pour vn an ou pour deux, sur quelque heritage de celuy qui emprunte. Ie pourrois encore en mettre vn troisiéme conformément à quelques Arrests rapportez par *Loüet page 591.* où il est iugé qu'vn homme qui n'a que des meubles peut établir vne rente constituée, au moyen de laquelle la personne constituante demeureroit obligée. Mais parce que *l'extrauagante, regimini de emptione & venditione*, veut que la rente soit constituée sur vn fonds, à cause que le Contract de rente, est vn vray achapt ; ie ne conseillerois pas d'établir vne rente sur vn homme qui n'a que des meubles ; mais d'auoir recours au

Contract de societé, si la personne qui emprunte fait quelque negoce. Ie ne m'arresteray pas à prouuer que ces deux sortes de Contracts suffisent pour accommoder ceux qui prestent, parce que la chose me semble claire, l'experience nous faisant voir qu'on ne hazarde pas son argent dans les prests, si ceux qui empruntent ne sont soluables, & n'ont du bien, ou dans le negoce ou dans des heritages. Mais ie m'étendray vn peu plus pour prouuer l'équité de ces deux Contracts, & commenceray par celuy de societé. Cette sorte de Contract est si conforme à la lumiere naturelle, que depuis que par le droit des gens, le partage des biens a esté fait, les mariages ont semblé estre defectueux, quand la societé de biens ne s'y est pas rencontrée; personne n'a trouué à redire que les maris & les femmes fissent cette societé, pourquoy donc les Casuistes blasmeroient-ils ceux qui ont de l'argent, quand ils veulent le faire profiter par de semblables Contracts? Personne n'a blâmé cette societé de Marchand à Marchand; tous les iours elle se pratique, on la souffre mesme entre les ioüeurs de chartes, pourquoy ne sera-t-elle mauuaise qu'à l'égard de ceux qui prestent leur argent pour en accommoder les particuliers, & conseruer le commerce dans la republique? Ceux qui condamnent ce Contract, répondent qu'ils ne blâment pas la veritable societé, mais que celle que nous authorisons, n'est que feinte, à cause des deux Contracts, que nous y mélons qui renuersent la nature de la societé; parce que la nature du Contract de societé consiste dans le hazard, qui doit estre égal pour la perte, aussi bien que pour le profit, & dans les trois Contracts que nous ioignons ensemble, celuy qui preste tire vn profit asseuré, sans qu'il coure aucun danger de rien perdre. A cela nous repartons, que celuy qui preste son argent entre par le premier Contract de societé au mesme danger de perdre, que celuy qui emprunte; de mesme que tous deux partagent également l'esperance du profit qui peut reuenir de la societé; mais par les deux contracts qui suiuent, celuy qui preste, vend l'esperance du profit, qu'il eust eu à vn prix fort modique, à condition que celuy qui emprunte asseurera la somme principalle de celuy qui preste, en sorte qu'il ne courra point de risque, mais aussi il ne receura qu'vn petit guain, & celuy qui emprunte court hasard de gaigner vn profit tres considerable. Or dans ces deux contracts il n'y a rien qui ne soit équitable, & qui ne se prattique tous les iours en d'autres matieres. Par exemple vn pescheur peut vendre vn coup de filet qu'il va ietter dans l'eau, & pour vn petit prix, il donnera quelques fois vne pesche, qui vaudra beaucoup, nous voyons encore de ces sortes de ventes sur le ieu, où l'on achette quelques fois vn coup de dais, & il peut arriuer que celuy qui l'achette à vil prix, gaignera beaucoup; il pourra aussi arriuer le contraire: ces deux exemples prouuent assez, que celuy qui preste son argent par le contract de societé, peut par les deux autres suiuants, mettre sa somme à couuert, en vendant l'esperance d'vn grand profit pour vn petit prix, dont il conuiendra, comme seroit au denier dix-huict, ou au denier vingt. Nos aduersaires font icy vne seconde démarche, & confessent que ces deux derniers contracts sont équitables, pourueu qu'ils se facent apres que le premier contract de societé a esté passé, mais ils n'auoüent pas que ces trois contracts se puissent faire à la fois, de sorte que celuy qui preste son argent, puisse dire au Marchand qui l'emprunte; *Ie veux prendre part au profit que vous ferez en traffiquant, & parce que ie ne suis pas versé aux affaires, ie vous quitte tout le profit que vous tirerez de mon argent, pourueu que vous me faciez monter ma part au denier dix-huict.* La difficulté ne consiste donc plus qu'à prouuer qu'on peut par vn seul contract conuenir d'vn profit reglé, ainsi qu'on l'eust peu par les trois que nos aduersaires reconnoissent pour legitimes.

I'ay deux arguments pour le prouuer. Ie prends le premier de nos aduersaires mesmes, car puis qu'ils reconnoissent que ces trois contracts faits separement, sont legitimes, il ne sçauroient dire pourquoy ils sont iniustes & vsuraires, quand il sont faits à la fois. Ils ne sçauroient donner de raison, pourquoy vn qui preste son argent à vn qui negotie, ne peut pas tout d'vn coup dire qu'il renonce au reste du profit que fera le Marchand, pourueu que le dit Marchand luy asseure sa somme principalle, & qu'il luy donne part à son profit au denier dix-huict, ou à vn autre prix raisonnable. Car s'il y auoit de l'vsure ou de l'iniustice dans ces trois contracts faits en mesme temps, ou dans ce dernier, qui comprend virtuellement les deux autres, il faudroit necessairement que l'vsure procedast de ce que l'objet & la matiere de ces contracts, qui est iuste, quand ils sont faits à part, ne fust plus la mesme, & changeast de nature quand ils sont faits ensemble: ce qui ne se peut dire auec verité. On pourroit dire qu'il y a de l'iniustice, quand on contraint celuy qui emprunte à faire les deux derniers contracts, qui peutestre ne voudroit faire que le premier de societé, sans venir au second qui asseure le capital. Mais ie suppose que le Marchand de sa franche volonté & librement, se porte à faire les deux derniers contrats, ou le dernier seulement. Comme en effet tous ceux qui negotient, qui m'ont consulté sur ce cas, sont tres contents de passer le dernier contract, & d'asseurer la somme principalle, pourueu qu'ils trouuent de l'argent au denier quinze, seize, ou dix-huict, selon les Prouinces ou le traffic se fait.

Pour derniere instance nos aduersaires disent que ce contract de societé pallie les vsures, & qu'il ne faut pas le souffrir. Mais s'ils entendoient bien ce que c'est que de pallier l'vsure, ils n'auanceroient pas cette obiection ; car on ne pallie point l'vsure, quand on fait vn vray contract & legitime, en vertu duquel, on profite autant que fait l'vsurier, par son contract vsuraire, La palliation se trouue seulement, lors qu'on feint vn contract legitime, & vn veritable tiltre, qu'on n'a toutesfois point, afin de tirer du profit de son argent, ainsi qu'on fait les changes simulez, que les Iurisconsultes appellent *Cambium siccum*, ou quand on feint de vendre du bled que l'on ne vend point, ou de donner du bestail à profit, que l'on ne donne point. Ces marchez, ou societez, sont de vrayes palliations d'vsure. Ce qui ne se trouue point aux trois contracts dont il s'agit qui sont veritables & effectifs, ainsi que i'ay fait veoir iusques apresent. Ie prends ma seconde preuue du Chap. *Per vestras de donationibus*, où le Pape Innocent III. trouue bon que l'on donne son argent à vn marchand, auec asseurance du capital, à condition que celuy qui preste l'argent receuera vn profit limité par vn contract. Et faut remarquer que ce grand Canoniste, n'en demande pas trois, mais il se contente d'vn qui vaut autant, que s'il estoit precedé des deux autres. Monsieur Bail allegue ce mesme Chapitre, ce qui me fait estonner du scrupule qu'il a de conseiller vn contract tres-iuste, & qui a l'approbation du droit Canonique. I'ay mis a dessein cette approbation, parce que le Pape peut defendre que l'on ne face pas ensemble trois contracts, qui seroient legitimes, s'il estoient faits séparement. D'où vient qu'vn Beneficier qui veut resigner son Benefice, créer vne pension par vn autre acte, & estendre cette pension par vn troisiéme ; ne peut pas par vn seul acte traitter de la resignation de son Benefice pour vn certain prix ; parce que le Pape dans le dernier *Chap. de Pactis*, defend toutes sortes de conuentions pecuniaires, quand il s'agit de traitter d'vne chose spirituelle, comme est le tiltre d'vn Benefice.

L'Equité du second contract, dans lequel celuy qui compte son argent, achette vne rente pour vn an ou pour deux, est aussi aisée à prouuer; car c'est vn vray achat, aussi bien que le contract de rente constituée, & n'y a point d'autre difference, sinon que dans les ordinaires constitutions de rentes, celuy qui acquiert achette à perpetuité, & aliene son argent pour tousiours, & dans celuy-cy il n'achette que pour vn an, & n'aliene que pour le mesme temps. Or est il que l'essence du contract de rente n'est pas qu'il soit perpetuel (autrement les rentes constituées seroient de veritables vsures & non des rentes & achats (ainsi que les *Extrauagantes Regimini* le disent) parce que ceux qui vendent les rentes constituées, les peuuent r'achetter quand ils voudront. Le droit Canonique authorise cet achat de rente pour vn temps dans le *Chap. illa vos de pignoribus.* Où il est decidé qu'on peut ioüir pour vn temps d'vne rente pour argent presté, en sorte qu'il soit en la liberté de celuy qui preste, de retirer son argent. *Couarruuias lib. 3. variarum cap. 9. & Tiraqueau au traité du retrait conditionel* §. 5. *glose* 2. Approuuent l'achat des rentes qui se font à condition que celuy qui les achette, les pourra amortir, ou rendre à celuy qui les luy vend. D'où s'ensuit selon l'opinion de ces deux sçauans Canonistes, qu'vn homme qui a vingt mille francs, peut achetter mille liures de rente pour vn an, sur la terre ou sur la maison de celuy qui emprunte. Le droit Ciuil authorise aussi ces contracts, en ce qu'il approuue ceux que les Iurisconsultes appellent *Retro venditionis, & retro emptionis*, que ie n'explique pas plus au long, parce que i'en ay assez dit pour le dessein que i'ay de iustifier les deux contracts de societé, & d'achat de rente pour vn temps limité, & pour exempter de blasme, les Theologiens & Directeurs, qui permettent à ceux qu'ils dirigent, de faire profiter leur argent en ces deux manieres.

Reste à veoir s'il est expedient de conseiller ces deux sortes de contracts. Ie trouue plusieurs Theologiens qui tiennent pour l'affirmatiue, supposé que ceux qui ont de l'argent soient determinés à n'en point accommoder gratuitement ceux qui en ont besoin & qu'ils ne veillent point l'employer en rentes constituées pour des raisons qu'ils alleguent. Comme parce qu'ils ont des enfans à marier, ou bien ils veulent achetter vne terre, ou ils attendent le temps propre pour traitter d'vn Office, & ce pendant ils ne veulent pas aliener leur argent par des rentes constituées, ou bien parce qu'ils craignent de perdre leur bien, par de semblables constitutions. Ces Theologiens prouuent leur opinion par des raisons fort considerables, qui se reduisent a dire que l'opinion contraire à la nostre, renuerse la charité, sous pretexte de charité, & de faire prester gratuitement. D'autant que ceux qui ont de l'argent, estant intimidés par cette opinion, & craignant de se damner, s'ils tirent du profit de leur argent, autrement que par des rentes constituées, ils le tiennent serré dans leurs coffres, & par ce moyen empeschent le commerce qui fait viure les pauures gens. Si les Iansenistes & leurs confederés, veulent veoir toutes ces raisons en detail, ils peuuent lire le Liure, qu'vn de leurs bons amys a depuis peu d'années, composé de l'vsure, C'est le sieur Claude Saumaise, qui en tout son Liure, allegue plusieurs bonnes raisons, pour persuader, qu'il est expedient, que l'on permette de prester son argent auec interest Que si le temps leur manque pour lire tout le Liure, ils pourront se contenter de la preface, qui est vn peu longuette, mais en recompense du temps qu'ils employeront; parmy les raisons dont il se sert, ils rencontreront des traits de Satyre, contre les Moines, & contre les Religieux Mandiants, qui leur feront trouuer la lecture agreable, quoy qu'elle soit contraire à l'obiection qu'ils forment, contre les Casuistes. Pour ces raisons & autres, qui me tiennent presque lieu de demonstrations Morales, ie crois qu'il seroit expedient de conseiller l'vsage de semblables contracts. Il n'y a que les Ordonnances du Roy, qui me facent de la peine, parce qu'elles defendent ces profits & interests, qui se tirent de l'argent, & c'est l'vnique cause, pour laquelle des plus sçauants Aduocats du Royaume, & d'autres gens de Robbe, auec qui i'ay conferé de cette matiere, ne peuuent gouster ces interests, parce que l'ordonnance les deffend; & ils auouënt que sans cette defense, on pourroit les receuoir sans offenser Dieu. Il importe donc grandement, de prouuer que nonobstant ces Ordonnances, il est tres probable que l'on peut en conscience retirer du profit, par le contract de societé, ou par l'achat d'vne rente pour vn temps limité, ainsi que i'ay dit.

SECTION QVATRIESME.

Réponse aux Ordonnances des Roys sur cette matiere.

POVR voir cecy, & répondre à l'obiection, il est à propos de voir les Ordonnances, qui ont esté faites au sujet des interests, ou vsures. La premiere fut l'an 1317. sous Philippe le Bel, qui defend expressement toute sorte d'vsure. Louys XII. en fit vne autre, qui defend de tirer du profit de l'argent qu'on preste. Enfin l'article 202. des Ordonnances de Blois, reitere ces defenses, en ces termes, *Faisons inhibitions & defenses à toutes personnes de quelque estat sexe, & condition qu'elles soient, d'exercer aucunes vsures, ou prester deniers à profit & interest, ou bailler marchandises à perte de finances, par eux ou par autres, encore que ce fust sous pretexte de commerce, & ce sur peine, la premiere fois d'amande honorable, bannissement & condamnation de grosses amandes, dont le quart sera adiugé aux denonciateurs; & pour la seconde, de confiscation de corps & de biens.* Le texte de cet article semble

semble estre si clair, que presentement on ne peut rechercher ces profits sans offenser Dieu. Il y a toutesfois plusieurs moyens d'expliquer cette ordonnance, en sorte qu'en tirant profit de son argent, on ny contreuiendra point; ou si on y contreuient, on ne pechera pas. Ie rapporteray quelques vnes de ces explications, que ie soûmets entierement à l'authorité du Magistrat, estant prest de retracter, tout ce que ceux qui sont Superieurs temporels, iugeront estre contre le sens des Loix du Royaume. La premiere explication est de quelques Theologiens, qui prennent pour des Loix purement pénales, & qui n'obligent point en conscience, celles qui imposent des peines aux contreuenants, lors principalement que les peines sont extraordinaires, comme elles le sont dans cette ordonnance de Blois. Ie ne m'arreste pas à cette premiere interpretation, parce que i'estime qu'au sujet de l'vsure dont il est question, les ordonnances obligent en conscience; de mesmes qu'elles obligent, quand elles defendent les blasphemes & autres grands crimes. Mais ie crois que l'opinion des Theologiens, qui iugent de l'obligation d'vne Loy, par la fin que le legislateur a pretenduë en faisant sa Loy, doit auoir lieu en cette rencontre. Ces Theologiens enseignent, que la fin de la Loy cessant en de certaines especes d'vn mesme genre; iamais ces especes n'ont esté comprises sous la Loy. Par exemple l'excommunication portée contre ceux qui commettent Simonie, n'estant que contre la vraye Simonie, ceux qui ne sont Simoniaques, que contre les Loix de l'Eglise, n'encourrent point l'excommunication; à cause que la Simonie Ecclesiastique, n'est pas à proprement parler Simonie. Ces Theologiens enseignent en second lieu, que si la fin de la Loy cesse dans quelques cas particuliers de l'espece defenduë, ceux qui tombent dans ces cas particuliers, sont exempts de peché. Le Lecteur qui voudra s'instruire pleinement de la verité, ou probabilité de cette doctrine pourra veoir *Soto lib. 10. de Iust. Carbo integro volumine, Azor lib. 50. tom. 1. Manuale Nauarri cap. 23. ann. 49. Tolet. de septem peccatis cap. 18. 19. 20. Sayr. tom. 2. Molina disp. 208. & Suares* en diuers endroits d'vn gros volume *de Legibus*, où ils citent plusieurs Canonistes, & Iurisconsultes, qui tiennent que la fin de la Loy cessant, on ne peche point en y contreuenant. Or ie crois que la fin qu'ont eu nos Roys en defendant de tirer du profit de l'argent que l'on preste, n'a esté que de defendre l'vsure qui est contre le droit naturel, & qui tend à ruiner les particuliers, qui empruntent, soit pour subuenir aux necessitez de la vie, soit pour entretenir le commerce, d'où le public tire ses forces & sa splendeur. Ce n'est donc pas l'intention de nos Roys, de commander à leurs sujets qu'ils prestent gratuitement en tous cas, mais ils pretendent de commander le seul prest d'argent, que les Latins appellent *mutuum*. Or ce prest ne s'entend ordinairement, que de l'argent qui se preste pour achetter les choses, qui nous sont necessaires pour viure, ou au plus pour maintenir vn estat que l'on auroit legitimement acquis. C'est ainsi que quelques Theologiens & entre les Canonistes *Gregorius Tholosanus lib. 22. cap. 3.* expliquent l'obligation que nous auons de prester *gratis*; en sorte que nous soyons obligez de ne rien profiter, quand nous prestons à vne personne, qui en a besoin, pour se maintenir dans son estat. Et dans le sentiment de ces Theologiens & Canonistes, celuy qui en ces cas particuliers tireroit de l'interest de son argent pecheroit contre le droit naturel, & contre l'Ordonnance du Roy qui l'explique. Mais à l'égard des interests ou profits qui sont fondez sur des tiltres legitimes, il est tres probable que les Ordonnances ne les defendent pas absolument. Premierement parce que nous auons veu que les Loix Canoniques permettent ces contracts, & il est vray semblable que nos Roys ne defendent pas, ce que les Canons permettent. Secondement parce que ces prests sont vtiles, à la republique; & pour cette consideration les Parlements permettent aux Tuteurs & Curateurs, de donner à interest les deniers de leurs Mineurs; & dans le ressort du Parlement de Bretagne, on contraint les Tuteurs à les faire profiter de cette maniere. Ce n'est pas seulement aux Tuteurs, que le Roy permet ces interests, il les accorde encore en d'autres rencontres, lors que l'vtilité publique souffriroit, si le Magistrat obligeoit à garder exactement l'Ordonnance. C'est pour cette consideration que les Habitans de Bresse & autres, ayant l'an 1642. representé au Conseil du Roy, qu'ils ne pouuoient maintenir le commerce, ny payer la taille, à moins que le Roy permist de prester son argent, & d'en tirer du profit sans achetter des rentes constituées, le Roy par son Arrest du 29. Mars leur permit ce quils demandoient. Troisiémement on m'a dit, que dans le ressort du Parlement de Thoulouse, on ne condamne point celuy qui a reçeu des interests de son argent, à les rendre, quand celuy qui auoit emprunté les auoit promis. Conformement *à la Loy 5. §. penult. de solut. & à la Loy troisiéme & les suiuantes au Code de vsuris.* Ces exemples embarassent bien fort ceux qui blasment tous les interests, & qui les condamnent d'vsure contre le droit Diuin. D'où vient que quelques vns de ces Theologiens, disent que le Mineur, estant deuenu Majeur, doit restituer tous les interests, qui ont esté reçeus de ses deniers, & pour le Tuteur ils disent qu'il n'est obligé qu'à donner auis à son Mineur de l'obligation qu'il a de restituer. Les autres obligent le Tuteur à restituer, au cas que son Mineur ne satisface; & d'autres portent cette obligation iusques aux Iuges, qui condamnent les debiteurs au payement de semblables interests. Ce qui va si loing, qu'en fin il faudroit s'en prendre au Prince qui a fait la Loy. Les plus moderez de nos aduersaires, disent que ces profits seroient vsuraires & iniustes, si le Prince par son Ordonnance, ne les donnoit aux Mineurs, ou aux autres, qui en peuuent prendre par les Arrests des Cours Souueraines. Mais cette réponse ne me semble pas veritable, car encore que les Souuerains ayent pouuoir sur les biens des particuliers, & qu'en certains cas se puissent seruir de ce droit & authorité; il faut toutesfois de grandes raisons pour en venir là, & que la république soit interressée, si on en vse autrement. Nous voyons cela dans les prescriptions de dix, vingt, trente & quarante ans, où les Princes donnent le bien des particuliers, qui ont esté si negligens, que de les laisser posseder, vn si long espace de temps par d'autres. Car ces prescriptions arriuent rarement, & quand elles se rencontrent, il faut tant de circonstances, qu'il est difficile de bien prescrire. Au lieu que dans ces profits & interests, il y a des Sentences de condamnation à chasque moment & sans necessité, puisque les rentes constituées (si nous en croyons nos aduersaires) seruent autant à l'vtilité publique, que les prests simples auec interest. Il n'y a donc pas d'apparence que le Roy & ses Officiers veulent ainsi disposer du bien de ses sujets, contre la Loy naturelle, dans vne matiere pleine d'iniquité, & que pour éuiter vsure, ils veulent faire vne iniustice aux particuliers; en donnant si facilement aux creanciers qui ont presté leurs deniers, ce qui ne leur appartient nullement.

Autant que ces exemples gesnent nos aduersaires, autant me donnent ils de liberté. Car ie conclus de ces exemples, que les prests qui se font dans l'equité, & conformement aux tiltres que i'ay expliquez, ne sont pas contre le droit naturel, & ne sont pas infectez du vice d'vsure, ou d'iniustice: puisque le Magistrat les accorde si facilement. Ie conclus que les Ordonnances ne les defendent pas absolument, mais elles veulent qu'on s'addresse au Iuge, afin qu'il examine s'il n'y a point de ces vsures enormes, qui sont contre le droit naturel & diuin. Comme on trouue encore à Paris & aux autres Villes de France, des gens qui prestent sur gages, à deux ou trois sols chasque mois pour écu. Les Ordonnances veulent que le Iuge ait l'œil sur les interests, pour reigler conformement aux intentions du Prince, afin que le debiteur ne paye pas plus, que ce que la Loy a estably. I'appuye ces conclusions de coniectures fort probables, parce que nous ne trouuons pas qu'en France ces sortes de profits ayent esté defendus auant Philippe le Bel, & dans l'Eglise, nous n'auons point de Canons qui les defendent aux personnes Laïques, auant Alexandre troisiéme, qui viuoit enuiron cent cinquante ans, deuant Philippes le Bel. Les Canonistes qui ont écrit sur le tiltre *de vsuris* conuiennent en cela ; & le sieur Claude Saumaise, qui est le plus recent Autheur qui ait écrit sur l'vsure, le prouue en plusieurs endroits de son Liure. Ces defenses dans l'estat Ecclesiastique & Seculier, nous sont venuës des énormes vsures des Iuifs, & des Chrestiens, qui pour les imiter inuenterent diuerses palliations, afin de n'estre pas chastiez, si on les trouuoit coupables de l'vsure, contre le droit naturel & diuin: parce que cette sorte d'vsure a tousiours esté condamnée par les Canons, & par les Loix des Princes temporels. Pour remedier à ces veritables vsures, & aux palliées, qui ne sont pas moins coupables, nos Roys ont condamné tout profit ou interest, qui se retire d'authorité particuliere, & n'ont approuué que celuy qui est ordonné par les Sentences de leurs Officiers. Voyla à mon auis l'intention des Canons & des Ordonnances, qui ne changent pas la nature des choses, & ne font pas que ce qui n'est pas vsure, pris en soy & selon sa nature, le deuienne apres qu'il est defendu. L'vsage du Parlement de Thoulouse, me confirme encore en mon sentiment, car si ces interests & profits, estoient contre le droit naturel, ce Parlemont qui a tousiours eu des Iuges autant sçauans & vertueux, qu'on en peut desirer, ne conniueroit pas si facilement au payement de ces interests, quand ils sont promis. Ie prends vne derniere confirmation de mon opinion de l'vsage de tous les Parlements, qui condamnent ceux qui ont presté à interest à le restituer, sous quelque tiltre que ce soit, qu'ils l'ayent pris. Par exemple, si vn Marchand auoit vendu de la marchandise à condition que celuy qui l'achette païeroit l'interest du prix de la marchandise ; si dans vn temps limité il ne le payoit ; les Parlements ne receueroient pas ce contract (ainsi que dit Loüet pag. 594.) & toutesfois S. Thomas & tous les Theologiens approuuent ces contracts de Marchands, à cause que n'ayant pas le prix de leur Marchandise, leur traffic en est incommodé; & du Moulin mesmes *tract. de vsuris quæst.* 74. *n.* 48. enseigne qu'vn Marchand peut vendre sa Marchandise à condition, que si dans quelque espace de temps, celuy qui achette ne paye pas, il sera obligé à l'interest de la somme. Ce qui me fait dire que les Parlements en vsent ainsi par precaution, & d'autant qu'ils presument de la fraude & de l'vsure, dans ceux qui prestent, &

ne s'addressent pas aux Iuges pour obtenir Sentence de condamnation. Mais si en verité, & selon Dieu, il n'y a ny fraude ny vsure dans ces prests ; dans l'opinion probable qui enseigne que la fin de la loy cessant, on n'est pas obligé de la garder ; on pourroit dire que ceux qui ont des titres legitimes de prester leur argent à interest, ne pechent point en le donnant, sans obtenir Sentence de condamnation. Ie serois neantmoins d'auis qu'on eust tousiours recours aux Iuges afin de porter respect aux Ordonnances.

Enfin, ie conclus des exemples des Bailliages de Bresse & autres, que la Republique & l'Estat reçoiuent de l'vtilité de ces prests d'argens à interest, & que ces deux Bailliages, excusent les Theologiens qui reconnoissent vne semblable vtilité par tout le Royaume pour les tailles du Roy, pour le negoce, & pour les affaires des particuliers.

SECTION CINQVIESME.

Du Contract Mohatra.

DIsons vn mot du Contract Mohatra, que le Secretaire eust peu expliquer en termes plus François, si son esprit folastre n'eust crû que ce mot est propre à faire rire les gens qui luy ressemblent. C'est ce Contract dont parle le 202. Article de l'Ordonnance de Blois, quand elle défend de vendre des marchandises à perte de finances, & dont la nature se connoist mieux par les cas particuliers, que par les speculations generales. Vn Marchand par exemple vend du drap vingt-cinq francs l'aune à credit, & terme d'vn an. Le mesme qui achepte prie le Marchand de reprendre sa marchandise à vingt francs l'aune argent comptant ; en sorte toutefois que la premiere vente & le premier Contract subsiste, par lequel celuy qui a acheté cette estoffe, est obligé de payer le prix conuenu, le terme d'vn an estant expiré. Les Theologiens demandent si ce Contract est vsuraire, ou iniuste. Et quelques-vns répondent que si la bonne foy s'y rencontre, & que le Marchand qui a vendu au plus haut prix sa marchandise, ne la rachette qu'au plus bas, qui soit dans la iustice & dans l'équité ; il n'y a point de mal en ce Contract, d'autant que dans la vente de toute marchandise, il y a trois prix, le haut, le mediocre, & le bas ; & que dans toute cette estenduë de prix, on peut acheter ou vendre vne mesme marchandise, sans iniustice. Ces Theologiens disent de plus, que le Marchand donnant son estoffe à credit, pour le terme d'vn an, peut prendre l'interest du prix qu'il eust deu receuoir argent comptant, *propter lucrum cessans & damnum emergens*. Ie croy que cette opinion est tres-probable, si toutes ces circonstances se trouuoient dans ce Contract : mais parce que souuent il peut seruir de couuerture à l'vsure & d'occasion de débauche aux enfans de famille, qui par cet achat d'étoffes trouueront de l'argent pour fournir à leurs folles dépenses; les Ordonnances ont grande raison de le défendre; & ie croy que le Marchand peche pour l'ordinaire quand il se sert de ce Contract, parce que ceux à qui il baille cet argent l'employent en de mauuais vsages. De toute cette Réponse le Secretaire apprendra qu'il y a beaucoup de difference, entre donner des inuentions pour pallier l'vsure, & entre suggerer des moyens de faire de legitimes Contracts; car la palliation se rencontre quand on feint quelque Contract legitime, pour en couurir l'vsure : mais iamais il n'y a de palliation d'vsure quand on fait vn vray Contract de vente. Ce qui se voit clairement dans les constitutions de rentes, par lo propre aueu de nos aduersaires, qui n'accusent point d'vsure leurs penitens, qui font des Contracts de constitution, auec ceux qui ont besoin d'argent, & qui en cherchent à emprunter. Or ce qu'ils disent des rentes constituées, ie le dis des Contracts de societé, & des Contracts qui achettent vne rente pour vn temps limité, comme seroit pour vn an, ou pour deux seulement; & tout ce qu'ils disent contre ces deux Contracts, ie le dis contre les rentes constituées, & quand ils me demandent en quels cas, ie mettray le peché d'vsure, si ie permets à ceux qui prestent de tirer de l'interest de l'argent qu'ils prestent; ie leur réponds que ie ne permets point de tirer du profit de l'argent, sinon aux cas, où nos aduersaires permettent de prester de l'argent, & de faire des constitutions de rentes : mais en toutes les rencontres, où ils approuuent ces rentes constituées, ie dis qu'on peut se seruir des Contracts de societé, & d'achapt de rente pour vn ou deux ans, sans aliener son argent pour toûjours. I'ay esté vn peu long sur cette Objection, parce que la matiere ne pouuoit pas estre traittée en moins de parolles; ie prie mon Lecteur de souffrir que i'ajouste encore vne douzaine de lignes, pour donner vn auis à quelques Declamateurs, qui preschants ce Caresme dernier se sont fort échauffez contre les Casuistes, & principalement sur la matiere de l'vsure, accusants les Iesuites de donner tous les iours de nouuelles inuentions del a pallier. S'il leur plaist de lire à loisir cette Réponse, i'espere qu'au lieu de continuer des inuectiues, qui n'ont serui qu'à scandaliser leur auditoire, ils y verront mieux corriger leurs erreurs qu'ils ont debitez dans quelques-vns de leurs écrits : d'où l'on pourroit bien quelque iour tirer vne liste de propositions qui contiennent la pure doctrine de Iansenius : selon laquelle ils n'ont pas besoin de changer leur bonnet en turban, pour estre pires que Mahometans.

XXIV. Objection. Les Casuistes enseignent que celuy qui fait banqueroute, peut en seureté de conscience retenir de ses biens, pour faire subsister sa famille auec honneur. *Lettre 8. page 4.*

Response. Le Pere qui a fait veoir vos Impostures, vous a conuaincu de mauuaise foy dans cette Objection, & a apporté fidelement les Textes de Lessius, qui défend tout le contraire. Vous monstrez encore vostre infidelité, quand vous traduisez *vt decore viuat*, en ces termes François *pour viure auec honneur*, car il falloit traduire, afin qu'il ne viue pas dans la honte ou dans le deshonneur. Ie n'examine pas le fonds de la question, & dis seulement que les Autheurs que i'ay leus sur cette difficulté, enseignent qu'vn homme de basse condition, qui par des voyes iniustes est monté à vne haute fortune, ne peut faisant banqueroute, retenir dequoy se maintenir petitement en ce second estat ; mais qu'il doit rendre tout à ses creanciers. Ie ne vous citeray que des Iesuites, parce que vous les croyez plus larges que les autres. *Azor tom. 3. lib. 4. cap. 39. col. 279. à la fin Lessius lib. 2. de inst. & iure cap. 16. dubit. 1. de Lugo de iust. & iure page 580. n. 41.* Ce peu que ie viens de dire, suffit pour faire veoir, que les Casuistes ne fauorisent pas ceux qui par iniustice, s'éleuent à de prodigieuses fortunes aux dépens des particuliers des prouinces entieres, & du Royaume : & que si les Casuistes ont des sentimens plus doux, c'est pour les bons Marchands, qui ont receus de leurs peres vn estat & condition honneste, ou bien qui sont paruenus par des voyes bonnes & legitimes, à vne meilleure condition que leur naissance ne portoit. Au reste, Monsieur le Iansenìste, vous estes plaisant, quand sur la fin de vostre douziéme Lettre ; vous vous imaginez de bien embarasser les Iesuites, si vous leur faites decider cette question pour la conscience, autrement qu'elle ne se iuge en Parlement. Estes vous si peu éclairé és choses du Palais que vous ne sçachiez pas, que les Iuges donnent souuent des Arrests sur des presomptions, où pour chastier la negligence des Marchands, ou pour éuiter les tromperies de ceux qui feindroient d'estre pauures, afin que le Parlement leur ordonnast des alimens? Il y a cent autres motifs qui font que ces Arrests sont iustes, ce qui n'empesche pas que le tribunal de la conscience ne decide autrement. Si vous ne voulez pas prendre la peine de lire les Autheurs qui ont traité *de differentijs vtriusque fori, prenez la peine de lire Lugo p.* 573. *de iustitia & iure nombre onziéme*, & vous y trouuerez les raisons qui obligent les Iuges à iuger contre les banqueroutes à toute rigueur.

XXV. Objection. Les Casuistes déchargent de l'obligation de restituer vn soldat, qui a la priere de quelqu'vn auroit battu vn autre, ou bien qui auroit brûlé sa grange. *Lettre.* 8. *page.* 4.

Response. Le Pere Bauny cite quelques Autheurs pour cette opinion qu'il suit, lesquels à mon auis ne parlent pas de l'obligation qu'auroit ce soldat de restituer à celuy qui a souffert le dommage, mais de l'obligation de restituer au soldat mesme qui auroit esté condamné à payer le dommage & l'auroit effectiuement payé. Or en ce dernier cas celuy qui a conseillé à vn soldat de brûler n'est pas obligé de reparer le dommage qu'encourt ce soldat. C'est donc vne méprise du Pere Bauny, à laquelle les autres Casuistes ne prennent point de part.

XXVI. Objection. Les Casuistes enseignent qu'il est permis de dérober dans vne grande necessité. *Lettre* 8. *page.* 5.

Response. Mon Dieu qu'il faut qu'il y ait de bizarerie dans la doctrine des Iansenistes; & que les maximes qu'on vous a données, Monsieur le Secretaire se contrarient: quand vous parliez de l'aumône vous auiez de si grandes tendresses, que vous dépoüilliez les riches pour reuestir les pauures, que vous les appelliez membres de Iesus-Christ: vous nommiez les riches les dépositaires du bien des pauures; vous disiez que les riches estoient obligez de donner l'aumône par deuoir de Iustice. Et maintenant vous prenez les pauures à la gorge & les reduisez à souffrir la faim, la soif, la nudité & toutes sortes de maux: pourueu qu'ils n'expirent & ne rendent pas l'ame dans ces miseres. Voilà le desordre que cause vostre haine contre les Casuistes, & vostre ambition; que vous croyez soustenir, tantost en souleuant les pauures contre les Casuistes, & tantost leur mettant les riches à dos. Cela n'empeschera pas que ie ne confesse que plusieurs Theologiens enseignent ce que vous representez. Entre-autres, *Angelus, Siluester, Medina Couarruuias, Nauarrus, Petuit à Nauarre & Lessius lib.* 2. *de iust. cap.* 12. *n.* 12. Ce dernier dit seulement que l'opinion que vous condamnez est probable; mais il suppose que la necessité doit estre grande à l'égard de la vie, non de l'estat. Il suppose aussi que le pauure n'ait aucun moyen en demandant mesme de subuenir; & il parle auec vne si grande retenuë, que tout homme de bon sens iugera que les raisons, dont-il se sert sont probables.

XXVII. Objection, Les Casuistes exemptent les fem-

femmes & les filles débauchées de l'obligation de restituer, ce qu'elles acquerent par leurs mauuaises actions : si ce n'est qu'elles soient recompensées par des Religieux qui font le mal auec elles. Les Casuistes exemptent pareillement les assassins, qui ont esté paiez de leurs meurtres, & font la mesme grace aux sorciers, pourueu qu'ils soient habiles en leur mestier ; car aux ignorans ils n'accordent rien. Et par cette distinction ils inuitent les sorciers à se rendre habiles & à communiquer souuent auec le diable ; & haussent le prix des femmes débauchées qui sont moins publiques que les autres. *Lettre 8. page 5. & 6.*

Response. C'est vne chose estonnante que vous qui faites si fort le poly, aimiez tant l'ordure, & qu'vn homme de Ruelles, ny porte que des salletez. Les deuotes de Port-Royal, que vous tâchez de diuertir aux dépens des Casuistes, peuuent-elles se plaire à ces sortes de railleries, & faut-il pour les mettre en belle humeur que vos Lettres leur disent des nouuelles de ce qui se passe dans des lieux infames? Vous deuiez épargner la honte de ces bonnes ames, & il eust esté bien plus seant à vn Iansen iste qui fait le penitent, & le reformé, d'écrire d'vn stile graue & serieux, que de s'engager indiscrettement à faire le railleur ; & puis s'y trouuer si court qu'il faille aller dans des lieux de débauche, pour y trouuer le mot pour rire : comme vous n'auez pris ce genre d'écrire, badin & bouffon, que pour le diuertissement du public ; les ames qui s'abandonnent au plaisir dans ces lieux infames, n'auront garde d'en quitter leur part ; & quelle ioye leur sera-ce quand elles apprendront par vos Lettres, que leurs fripponneries sont deuenuës l'entretien des plus galantes conuersations ? Ie rougis d'être obligé de vous faire ce reproche, mais voilà desia la troisiéme ou la quatriéme fois, que vous nous traisnez dans ces ordures. Vous prendrez à vostre ordinaire le pretexte de vostre zele, mais le moins qu'on puisse dire est, qu'il faut que ce zele ne soit gueres pur, aussi bien que vostre foy n'est gueres sincere, car auec quelle sincerité auez-vous peu ne rapporter qu'vne partie de ce que *Lessius lib. 2. de iust. cap. 14. dub. 8.* & les autres Casuistes enseignent de ces sales marchez ? Ie diray ce que vous auez obmis à dessein. Les Theologiens & Iurisconsultes sont d'accord en ce point que ces traittez des-honnestes n'obligent pas auant qu'ils soient executez. Mais aprés l'execution les Theologiens disent que si le prix stipulé n'est pas excessif, la personne qui l'a reçeu pour vne méchante action, n'est pas obligée à le restituer. Les Iurisconsultes & les Loix ne parlent pas si nettement, d'où vient que les Iuges sont portez à faire restituer ces recompenſes d'iniquité & de crimes, ſi on les trouue encore en eſpeces, & qu'elles ſoient de conſideration, ſans auoir égard à ces donations; & les caſſent entierement, ſi elles n'ont pas encore eſté executées. Perſonne ne trouue rien à redire à ces Loix, & aux Sentences des Iuges qui les ſuiuent : car ſi les Empereurs ont peu declarer nulles les donations que le mary ou la femme ſe font l'vn à l'autre, *ne ſe mutuo amore ſpolient*, de peur que l'excés de l'amour ne les reduiſe à la pauureté; ils ont peû à plus forte raiſon ordonner le meſme, pour ces amours illegitimes, qui ſont quelquefois plus violens que ceux des perſonnes mariées: mais comme les Loix qui défendent ces donations, ne s'entendent pas de petites choſes, auſſi celles qui parlent de ces recompenſes ne regardent pas ce qui ne va qu'à la vie, à l'entretien, & choſes modiques. Outre que le texte des Loix n'eſt pas ſi clair, qu'on puiſſe dire qu'elles irritent parfaittement ces Contracts où il y a de la turpitude: auant que le Iuge les declare nuls; ce qui fait que les Theologiens ne les condamnent pas abſolument. Vous vous taillez de ce que les Caſuiſtes eſtabliſſent diuerſité de prix pour vne marchandiſe qui eſt également mauuaiſe, comme ſi deuant que les Caſuiſtes fuſſent au monde, cette diuerſité de prix, ne ſe trouuoit point? A voſtre auis eſtoit-ce par l'eſtimation des Caſuiſtes que dans le 38. Chapitre de la Geneſe, Iudas donne à Thamar ſon anneau, ſon bracelet, & ſon baſton pour recompenſe de la faute qu'il luy a fait faire? à voſtre auis eſtoit-ce les Caſuiſtes qui auoient taxé le prix pour ces vilaines que Plaute appelle, *ſeruulorum ſordidorum ſcorta diabolaria*? Si ces remarques n'eſtoient indignes d'vn Theologien, ie vous enuoirois conſulter ceux qui ont écrit *ſur les Loix de turpi ſtipulatione.* En voilà aſſez pour faire veoir que vous eſtes autant ridicule en vos railleries, que vous eſtes peu conſideré dans les choſes ſerieuſes.

XXVIII. Obiection. Les Caſuiſtes enſeignent qu'on n'eſt pas obligé en conſcience de rendre les biens qu'vn debiteur nous auroit donnez pour en fruſtrer ſes creanciers. *Lettre* v. *page* 5.

Response. Cela eſt vray, pourueu que celuy qui reçoit ne ſollicite point, & ne conſeille ny directement ny indirectement cette donation, La raiſon en eſt claire, parce que la proprieté de ces biens appartient veritablement à celuy qui les donne, & il peut transferer cette proprieté par des donations auſſi bien qu'il pouuoit ioüer ces biens ou les conſumer en autres dépenſes, Leſſius que vous citez ne dit autre choſe *l.* 2. *c.* 20. *d.* 19. n. 168.

XXIX. Obiection. Les Caſuiſtes enſeignent qu'vn

Iuge eſt bien obligé de rendre ce qu'il a reçeu pour faire iuſtice ; ſi ce n'eſt qu'on le luy euſt donné liberalement ; mais qu'il n'eſt iamais obligé à rendre ce qu'il a reçeu d'vn homme, en faueur duquel il a rendu vn Arreſt iniuſte. *Lettre* 8. *page* 7.

Response. Que cette continuation d'impoſtures eſt ennuieuſe : car *Leſſius l.* 2. *c.* 14. *d.* 8. *n.* 58. *ne dit que cecy, pretium non eſt neceſſariò reſtituendum,* En rigueur on n'eſt pas obligé à reſtituer le prix ; & vous traduiſez que ce méchant Iuge n'eſt iamais obligé de reſtituer. Ce qui eſt tres-faux dans l'opinion de tous les Caſuiſtes, car le iuge qui donne vne Sentence iniuſte, eſt obligé de reſtituer à la partie qui a ſouffert l'iniuſtice, ſi celuy au profit duquel elle a eſté faite ne reſtituë ; quoy qu'il ne ſoit pas obligé à rendre ce qu'il a reçeu de l'vne des parties pour donner vne Sentence iniuſte en ſa faueur. Leſſius a de bonnes raiſons contre Caietan que vous deuiez refuter ſi vous pretendez que ce Iuge ſoit obligé à reſtituer ce qu'il a reçeu de la partie, qui a profité de ſon iniuſtice.

XXX. Objection. Les Ieſuites approuuent ce prodigieux nombre de Caſuiſtes, qui ſont cauſe de la corruption de la Morale. *Lettre* 8. *page* 8.

Response. Vous rebattez ce que vous auez deſia reproché ; vous auez enuie de nous oſter tous les Theologiens & Caſuiſtes, pour nous faire lire S. Auguſtin interpreté à vôtre mode ; vous voulez bannir des Parlemens, les Iuriſconſultes, les Ordonnances & les couſtumes, afin que les Iuges ne ſe reglent que ſur le pur Euangile, par les traditions & par l'antiquité. En vn mot, vous voulez que nous mépriſions les ſentimens de tout le monde, pour admirer vos extrauagances & adorer vos viſions : perdez cette penſée là, car vous ne reüſſirez pas en voſtre deſſein. Ce n'eſt pas que les Caſuiſtes approuuent beaucoup de liures qu'on écrit mal à propos ſur la Morale. Nous ſçauons bien qu'il y a beaucoup de compilateurs qui ne font que ramaſſer diuers cas, qu'ils cherchent dans les tables des bons liures, & qu'ils les mettent ſouuent contre la penſée des autres. Cet inconuenient ſe trouue en toutes les ſciences, quoy qu'il ſoit plus dangereux en la Morale & en la Medecine : mais vous ne vous contentez pas de blâmer ces ramaſſeurs : vous attaquez tous les Iuriſconſultes auec les Canoniſtes, vous mépriſez l'échole de S. Thomas, c'eſt à dire vn des plus fermes appuis de l'Egliſe depuis quatre cens ans. Vous mettez en meſme rang celle de Scot, qui merite d'eſtre honorée auſſi bien que l'autre. Vous ne parlez que par mépris des autres Religions, & principalement des Ieſuites. Les Molina, les Suarez, les Vaſquez, les Sanchez, & tous ces illuſtres Peres ſont des ignorans ſi on vous croit, ſont des corrupteurs de Morale, qui ne tendent qu'au relaſchement; ſont des Eſcriuains plus pernicieux à l'Egliſe, que n'ont eſté les Hereſiarques à la primitiue: ces emportemens, au lieu de vous mettre en eſtime, ſeruent de conuictions euidentes pour faire iuger aux gens d'étude & de ſens, que vous n'auez pas leu ces Liures, que vous diffamez des perſonnes de merite ſans les connoiſtre, & que vous ne vous connoiſſez pas vous meſme. Nous auons leu les Liures que vous blâmez, nous iugeons qu'il faut des ſiecles entiers pour porter de ſi grands genies; nous les admirons tous les iours: & quand nous comparons les Autheurs des ſiecles paſſez auec ceux du ſiecle dernier; & de celuy où nous viuons: nous ne trouuerons point parmy les Canoniſtes & Iuriſconſultes d'Autheurs, qui ſurpaſſent les Sanchez, & les Baſiles, les Pontius, les Sotus, les Silueſter, & les autres que vous traittez de racaille. Quand nous comparons les Iuriſconſultes du dernier ſiecle, & de celuy que nous courons auec les ſiecles precedens, nous trouuerons que l'antiquité ne l'emporte point ſur ces derniers ſiecles. I'en dis autant de la Scholaſtique (ſans y comprendre S. Thomas) qui en tous les ſiecles ſera reconnu pour le Maiſtre: & ie ſoûtiens que s'il y a du relaſchement dans les opinions de la Morale, il ne vient pas depuis cent cinquante ans, & que les Autheurs que vous calomniez, ſont plus eſtroits que ceux des Siecles precedents. Suares eſt incomparablement plus eſtroit, que les anciens Scholaſtiques. Sanchez plus eſtroit que les anciens Canoniſtes. Les ſentences larges que vous reprenez en ceux de la ſocieté, ont eſté enſeignées long-temps auant que cette compagnié fuſt au monde. Si voſtre caballe auoit quelque démeſlé auec les Ieſuites, & ſi vous croyiez eſtre bien fondez à cenſurer leur Morale; vous deuiez prendre des Arbitres des autres corps des Religieux, où vous euſſiez troué d'excellens Theologiens, qui ont écrit ſur les meſmes matieres, qui ſont en conteſtation, entre les Ieſuites & vous. Que ſi les Religieux vous ſont ſuſpects, vous deuiez vous adreſſer aux Seculiers; nous vous euſſions fourny des Docteurs, qui ont traitté ces queſtions. Vous pouuiez vous pleindre au S. Siege, ou aux Eueſques. Vous auez mieux aimé nous entreprendre tous à la fois, & recuſer tous les Canoniſtes & Caſuiſtes, pour Iuges & pour Arbitres; que de ſubir leur iugement: parce que vous trouuiez en ces Docteurs voſtre condamnation ineuitable. Si vous auiez vn veritable deſir de reformer la Morale des Caſuiſtes, vous deuiez mettre en lumiere les opinions contraires à celles que vous reprenez, en les appuyant de raiſons inuincibles, & qui n'euſſent point eſté refutées par vos aduerſaires; & ſi vous trouuiez de veritables erreurs dans les Auteurs, que vous calomniez : la charité que vous deuez au public, vous obligeroit à les refuter si clairement & si solidement, que nous pûssions veoir, que les Casuistes s'estoient trompez & qu'ils auoient pris des Sophismes pour des raisons, & l'apparence pour la verité. Vous n'auez rien fait de cela, vous auez tiré des propositions déguisées, & auez crû que le monde étoit obligé de vous croire à vostre parolle : les Iesuites vous ont pressez, & vous ont contraints de rendre raison de vostre accusation, & au lieu de le faire, vostre foiblesse, & vostre mauuaise doctrine ont si fort paru ; où tout le monde croioit, que vous estiez les mieux preparez ; que traitant de l'homicide, où vous insultiez à ces Peres, vous auez acquis le nom de Protecteurs des voleurs, & de Casuistes des filoux. Il vous est arriué ce que nostre Seigneur dit estre ineuitable aux superbes, à sçauoir de tomber du haut des montaignes au faiste desquelles vous auiez grimpé, pour vous éleuer. Si la gloire des Iesuistes vous faisoit mal au cœur, vous deuiez renoncer à l'enuie, & aspirer à cet honneur par des voïes legitimes ; si vous remarquiez quelques opinions dans leurs ouurages, qui ne vous semblassent pas raisonnables, vous eussiez acquis vne legitime reputation, si vous les eussiez conuaincus d'erreur. Ce sont là les voyes d'honneur, que vous deuiez prendre, & nous vous estimerions maintenant, si vous auiez écrit de la Penitence, comme a fait le R. Pere Iean Morin. Si vous auiez fait quelque bonne compilation, comme est celle des libertez de l'Eglise Gallicane (à la reserue de quelques propositions qui tendent au Schisme & à l'Heresie, qu'il est aisé d'en retrancher.) Si vous auiez écrit sur les matieres de droit Canon, comme Monseigneur MarKa, maintenant illustrissime Archeuesque de Thoulouse, pour son merite & pour sa science : Ou comme Monsieur Florent. Si vous vouliez écrire de la Theologie, vous pouuiez imiter Monsieur Abelis, ou en Morale, Monsieur de Marandé. Ie ne parle point des Religieux, parce que que vous faisiez profession de faire paroistre le Clergé Seculier, & de l'opposer aux Reguliers. Si vous vous fussiez comportez de la sorte : nous nous fussions tous ioints à vous ; mais quels livres auez vous donnéz au public, pour gaigner l'estime des gens de lettres ? quels ouurages sont sortis de vos mains, pour opposer aux livres que vous taschez de destruire ? Ie le dis sans passion d'enuie ou d'aigreur, ie n'ay iamais leu de livres, où il y ait moins à apprendre, que dans les livres des Iansenistes ; & suis de l'auis de Monsieur de Marandé, qui leur reproche auec raison ; que de toutes les Sciences, depuis la Theologie iusques à la Grammaire, ils ne sçauent qu'vn peu de controuerses, qui se reduit aux cinq propositions, qui ont esté condamneés d'Heresies. D'abord que ie vis le livre de la frequente Communion, qui ne parloit que de l'antiquité; & de la Penitence de la Primitiue Eglise, ie conçeus vne grande esperance, d'y trouuer de l'esclaircissement sur certaines difficultez, qui m'ont tousiours fait de la peine; & ie ny trouué rien moins que ce que i'y cherchois I'y trouué vn style fleury, beaucoup de beaux passages des Peres, mais en matiere assez ordinaire, & qui à des gens du mestier ne vont pas au delà du lieu commun. Ie ne me rebutay pas pour cela, ie continuay à lire leurs Apologies & autres écrits qu'ils ont composez contre l'illustrissime Euesque de Vabres, contre Monsieur le Moine, Monsieur de Marandé, le Pere Pierre de Saint Ioseph, & les Peres Iesuites. En tous ces ouurages ils sement leurs Heresies, & introduisent des extrauagances pour la deuotion. Et parce que le mensonge ne peut s'appuyer de la raison, ils diuertissent les esprits foibles;par leurs bouffonneries Satyriques, & se seruent d'outrages contre ceux qui taschent de les remettre au bon chemin. Ce n'est pas qu'ils manquent d'esprit, car ils en font paroistre en vne si mauuaise cause: mais ils n'ont pas eu le temps de se rendre habilles dans les Sciences, & il faut que leur artifice supplée à tout. D'ou vient que s'estant engagez ou par malheur, ou par inclination à deffendre les Heresies de Iansenius & de Saint Cyran, qu'ils ont veües attaqueés viuement, ils ont employé toutes leurs lectures, à chercher des passages de Saint Augustin, & de quelques autres Peres, & passé les jours & les nuits, à trouuer des occasions, pour se défaire des arguments qui les conuainquoient. Aussi ils n'ont fait aucun fonds de science contre les Catholiques. Toute leur doctrine consiste à dire qu'ils suiuent l'antiquité, la tradition & les Peres. Toutes les preuues de cette antiquité, qu'ils pretendent suiure, se reduisent à quelques Canons abrogez, à quelques textes des Peres mal expliquez, ou à quelques opinions des Peres qui ont esté solidement refutées par d'autres Peres de l'Eglise. Apres tout, s'ils auoient tant soit peu de sincerité, ie me rapporterois à leur iugement, à l'égard de Saint Augustin, & s'ils auoient fait quelque reflexion sur leurs lectures, ils m'auouëroient que c'est vn des plus doux & des plus fauorables Casuistes de son temps, de sorte que les Theologiens estiment quelques fois, que ses opinions sont trop larges. Comme quand au *Livre de Adulterinis coniugijs cap. vltimo*, il est d'auis que l'on donne le Baptesme à vn Cathecumene, qui viuant dans vn concubinage a esté surpris de quelque maladie, qui l'empesche de donner des signes d'vn vray repentir. Mais nos aduersaires ne se soucient que de leurs cinq propositions, voyla à quoy se reduit toute la suffisance des Iansenistes. Sur quoy ie laisse à iuger au lecteur, si auec si peu de fonds ils ont sujet de n'estimer que leurs ouurages.

Auant que de passer outre ie vous auertis, que ie n'ay pas consideré ce que vous reprochez à Vasquez, d'auoir enseigné qu'on pouuoit conseiller à vn larron, qui seroit determiné à voler vn pauure; de s'addresser à vn riche qu'on luy nomme: afin que prenant le bien de ce riche, il espargne le pauure. I'ay passé cette obiection à dessein, parce que vous confessez vous mesmes, que Castio Palao, dit que tous les Casuistes refutent Vasquez en cette decision. Cela estant ie ne crois pas que ie doiue iustifier ce rare Theologien, car ie ne pense pas que personne ait estimé, qu'il doiue estre impeccable: si ce Pere s'est trompé, les Peres de l'Eglise se sont bien mépris d'autres fois.

XXXI. Obiection. Les Iesuites enseignent dans leurs Theses soustenuës à Louuain, que ce n'est qu'vn peché veniel de calomnier & d'imposer de faux crimes; pour ruiner de creance ceux qui parlent mal de nous. Et le Pere Dicastillus enseigne que la calomnie, lors qu'on en vse contre vn calomniateur, quoy qu'elle soit vn mensonge, n'est pas neantmoins, vn peché mortel ny contre la Iustice, ny contre la Charité. *Lettre 5.*

Response. Ie m'estois bien apperçeu que dans vos Lettres, lors que vous traittez du Decalogue, vous n'auiez osé parler contre la doctrine des Casuistes & des Iesuites, sur le sujet de la detraction. Et i'auois creu que vos écrits n'estant remplis que de médisances, de calomnies, & d'impostures, vous n'auriez pas l'asseurance de reprocher aux gens de bien vos artifices & vos méchancetez. Mais le desespoir où vous vous trouuez de pouuoir vous iustifier des impostures & calomnies, dont vos aduersaires vous ont conuaincus; vous a portez à décrier vne doctrine, que *Dicastillus* a prise de plusieurs sçauants Theologiens, tant Seculiers que Reguliers; & à dire que les Iesuites la mettent en prattique pour rüiner vostre reputation; en vous imposant des crimes inuentez & des calomnies abominables. I'espere que vous demeurerez pris au piege que vous tendez aux Iesuites, & que par vostre propre confession, vous serez declarez calomniateurs, apres que i'auray expliqué la doctrine de *Dicastillus*. Il tient en effet l'opinion probable que vous blasmez auec des termes si outrageux. Mais il suppose deux choses. La premiere que celuy qui court risque de son honneur, ne le puisse conseruer en implorant la protection du

Prince & de ses Loix. Car si cette personne a d'autres voies en main, il doit s'en seruir, sans diffamer son ennemy en découurant ses crimes. La seconde chose qu il suppose, est que celuy qui veut conseruer sa reputation ; puisse effectiuement la conseruer en décriant son ennemy. Car si la diffamation qu'il fait de son calomniateur luy estoit inutile, pour conseruer la renommée qu'on luy rauit iniustement ; cette detraction ne pourroit plus tenir lieu de iuste defense : mais elle seroit vne vraye vangeance, qui ne peut estre sans peché. Ces choses ainsi supposées, tout homme de bon sens trouuera que *Dicastillus* est bien plus doux, & plus humain enuers les calomniateurs, & ceux qui perdent iniustement la renommée de leur prochain, que beaucoup d'excellents Theologiens, qui dans les circonstances où *Dicastillus* permet de médire & de detracter, disent qu'on le peut tüer. *Bannes 2. 27. quæst. 64. art. 7. dub. 3. in corpore & solutione ad 2. Manuël tom. 1c. summæ in 2. editione cap. 73. num.* 10. *Nauarra lib. 2. de restitut. cap. 3. in 2. parte dub. 13. num. 289. 290. Salon Aragonia, Couarruuias, du Val in 2 25. tract. de charit. quæst. 17. art.* 10. Et beaucoup d'autres rapportez par *Diana part. 5. tract. 4. resol. 9.* sont de ce sentiment. Vous me direz que vous auez déja combatu cette cruelle Morale de ces sanguinaires Theologiens, & de mesme que les grands excez n'excusent pas les fautes, qui ne sont pas grandes : ainsi les emportements de ces Theologiens ne iustifient pas la doctrine de *Dicastillus*, qui permet de calomnier pour sauuer son honneur, lors qu'il est iniustement attaqué. C'est pourquoy ie vous allegue d'autres sçauants Theologiens qui sont du corps de Sorbonne, & des ordres Religieux qui ont écrit auant que les Iesuites fussent au monde, de qui *Dicastillus* a pris la doctrine que vous combattez. *Maior in 4. dist. 15. quæst. 16. Soto in 4. quæst. 3 Siluester verbo restitutio, quæsito 3. & Nauarra cap. 18. summæ num. 48.* authorisent & mettent à couuert *Dicastillus* : lors qu'ils enseignent qu'vn homme qu'on calomnie peut diffamer son calomniateur en découurant vn crime secret. Car quoy que *Dicastillus* dise que, s'il impute faussement vn crime à ce calomniateur, ce ne sera pas vn peché contre la Iustice, mais vn simple mensonge (de quoy ces quatre Theologiens rapportez par Emanuel Sa §. 4. du mot *infamare* ne parlent pas) cela n'empesche pas qu'ils ne soient d'accord auec *Dicastillus*, & qu'ils ne tiennent qu'on peut oster la reputation d'vn calomniateur, sans commettre aucune iniustice. Outre ces Theologiens *Diana partie 6. traitté 6. resol. 16.* allegue *Bartole, Farinacius, Felinus, Sotus, Peregrinus, Pitigranus, Sayrus*, & plusieurs autres Theologiens, & Canonistes qui enseignent qu'vn homme à qui on

reproche

reproche vne chose iniustement, peut soustenir à celuy qui fait ce reproche, qu'il en a menty, & qu'il est vn impudent calomniateur, quoy que le crime ait esté commis. Que dittes vous contre tous ces Autheurs, Monsieur le Secretaire ? auez vous pris la peine de parcourir l'abregé de Diana sur cette matiere, lors que vous attaquez tous les Iesuites, en la personne de *Dicastillus* ? Si vous auiez enuie de décrier cette opinion, vous deuiez nous prouuer par de bonnes raisons, qu'vn homme de probité & prudent, est obligé par les Loix de la Charité, & de la Iustice, de perdre sa reputation pour conseruer celle d'vn detracteur, & d'vn calomniateur qui la luy rauit. Vous deuiez demonstrer qu'vn calomniateur à droit, & est Maistre de sa reputation, quoy qu'il rüine celle d'autruy. Si vous ne le faittes; on vous prendra pour vn Auocat de scelerats, de calomniateurs, & de toutes sortes de personnes, qui tendent à troubler le repos public. Ce que i'ay dit iusques icy n'est pas pour authoriser la prattique de la doctrine de *Dicastillus*, car encore qu'elle soit probable prise en elle mesme, toutesfois parce que pour l'ordinaire elle peut estre suiuie de tres dangereuses consequences: la plus grande partie des Theologiens enseignent, qu'il n'est pas permis à vn particulier de defendre sa reputation en calomniant son ennemy, ou en luy imposant vn crime; si ce n'est deuant les Iuges, qui ont l'authorité pour chastier les calomniateurs, qui accusent vne personne innocente. C'est pour cette cause que le Maistre du Sacré Palais, a corrigé dans la Somme *d'Emanuël Sa, le quatriéme §. du mot infamare*, quoy que cet Autheur eust des Theologiens de l'ordre de Saint Dominique, pour ses cautions. Et pour la mesme raison le plus grand nombre des Theologiens de la Societé, tiennent que si celuy qui est calomnié, ne peut conseruer son honnour par les voyes ordinaires & par l'authorité du Prince; il ne doit pas se faire raison à luy mesme: en detractant, mais doit souffrir pour l'amour de Dieu. Celuy qui voudra veoir les Autheurs n'a qu'à lire ceux que i'ay allegués pour *Dicastillus & le quatriéme traitté de la cinquiéme partie de Diana*, & ceux qui n'ont pas le loisir de veoir tant de Liures, n'ont qu'à faire reflexion sur les calomnies qui courent dans le monde; pour veoir ou que la personne calomniée pourra en demander reparation par Iustice; ou que la calomnie qu'elle inuente, n'est pas vn moyen pour conseruer son honneur, ou enfin que quelque circonstance de celles que suppose *Dicastillus* manquera à celuy qui desire conseruer sa reputation, en detractant de son aduersaire. De sorte que ces Theologiens ont raison de reietter l'opinion de *Dicastillus*, dont les imprudents & les méchants pourroient facilement faire vn mauuais vſage, & qui eſt preſque inutile pour les gens de bien. Ie ſçay que quelques Theologiens, comme Malderus Eueſque d'Anuers, & Siluius Docteur de Doüay, enſeignent auec d'autres Autheurs qu'ils citent, que cette opinion eſt ſouuent vtile à vn Confeſſeur, lors qu'il rencontre des Penitens, qui ayant eſté diffamez iniuſtement par des médiſances, en ont pareillement fait d'autres ou pour conſeruer leur honneur, ou par vn deſir de ſe venger. Mais encore en ce cas ie crois que ſi le Confeſſeur n'eſt fort prudent, & s'il n'examine auec grand ſoing ſi ces médiſances ſont égales, ſi celuy que le Penitent a diffamé eſt veritablement le calomniateur; il pourra ſouuent ſe tromper, & exempter de la reſtitution celuy qui eſt obligé à la faire. Voyla a peu pres tout ce que les Theologiens enſeignent, de part & d'autre au ſujet de la calomnie: D'où le Secretaire de Port-Royal deuoit tirer ces raiſonnemens. La plus grande partie des Ieſuites enſeignent qu'vne perſonne qui eſt iniuſtement calomniée ne peut licitement conſeruer ſa renommée en detractant de ſon ennemy, donc les Ieſuites ne voudroient pas defendre leur reputation en detractant des Ianſeniſtes.

Dicaſtillus enſeigne que celuy qu'on calomnie peche venielement, & commet vn menſonge, s'il inuente vne médiſance contre ſon calomniateur. Donc les Ieſuites n'inuentent pas des médiſances en tout ce qu'ils reprochent aux Ianſeniſtes, parce que tous les Theologiens de la Societé enſeignent qu'il faudroit pluſtoſt laiſſer perir tout le monde, que de commettre vn peché veniel. Ces deux arguments ſont bien plus raiſonnables que celuy que vous eſtabliſſez, pour fondement de voſtre quinziéme Lettre, qui conſiſte en ces propoſitions.

Les Ieſuites ſe ſeruent en prattique de la doctrine de *Dicaſtillus*, qui ſouſtient qu'vne perſonne qui eſt iniuſtement calomniée, peut repouſſer la calomnie, en imputant fauſſement vn crime au calomniateur. Or eſt il que les Ieſuites ont eſté iniuſtement calomniez par les Ianſeniſtes, donc les Ieſuites en defendant leur honneur, inuentent des calomnies contre les Ianſeniſtes. C'eſt la le Syllogiſme que vous oppoſez à tous les reproches des Ieſuites. C'eſt la ſur quoy vous brauez. C'eſt la piece deciſiue que voſtre aueuglement vous a fait produire contre vous meſme, & qui eſt ſi fort à voſtre deſauantage, que que quand meſmes ie vous accorderois que toutes les propoſitions en ſont veritables, vous ſeriez touſiours par voſtre propre confeſſion de méchants calomniateurs, qui auriez obligé ces Peres, à ſe defendre par des menſonges. Mais ie ſuis bien loing de tomber d'accord de la premiere propoſition, attendu que les deux premiers arguments que i'ay mis cy-dessus prouuent le contraire. Ie ne reçois en tout ce Syllogisme que la seconde proposition pour veritable, qui dit que les Iesuites ont esté iniustement calomniés. Ie sçay bien que l'aueuglement & le desespoir de pouuoir répondre aux veritables reproches des Iesuites, ont tiré cette verité de vostre bouche ; parce que si vous n'auoüez que vous auez premierement calomnié les Iesuites, vous ne sçauriez vous seruir de la doctrine de *Dicastillus* ; pour dire que leurs réponses à vos Lettres, sont remplies de calomnies contre vostre honneur. Mais quand vous ne l'auoüeriez pas. Cette verité n'est que trop constante, & trop prouuée par la seule lecture de vos Lettres, & par la refutation que le Pere Iesuite a fait de vos impostures.

XXXII. Obiection. Les Iesuites accusent le monde de deuotions impertinentes enuers la Vierge, les Peres Binet & Barry, ont des liures remplis de ces bagatelles, *Lettre 9. pag.* 1.

Response. Puisque ie fais profession de deffendre les Casuistes & non les Iesuites, qui traittent d'autres matieres, que des cas de conscience : ie pourrois me dispenser de répondre à cette obiection. I'estimerois toutesfois estre ingrat enuers l'Aduocate, la Mediatrice & la Mere des pecheurs, si ie ne reconnoissois en elle toutes ces qualitez, & si ie ne la remerciois publiquement des faueurs qu'elle fait tous les jours aux pauures pecheurs, & à moy en particulier. Ces misericordes m'obligent à la defendre, & les outrages des Iansenistes, qui luy laissent en apparence le nom & la qualité de Mere de Dieu (ce que Nestorius ne faisoit pas) mais à cela prés, ils la dépoüillent de toutes les prerogatiues, que la Sainte Trinité luy a données : d'Aduocate, d'Azyle, & de Mediatrice des pecheurs. C'est pour parler consequemment & maintenir tousiours leur principe, que Iesus-Christ n'est pas mort pour le Salut de tous les hommes, non pas mesmes pour celuy de tous les Chrestiens. Car ce principe estant supposé tout ce que les Peres ont dit du pouuoir de la Vierge, pour retirer les pecheurs du vice & de l'Enfer, c'est vn vray amusement pour tous ceux à qui Iesus-Christ n'a point appliqué le merite de sa Passion ; & vne fourberie à l'égard des prédestinés, si Dieu les a voulu sauuer auant que d'auoir préueu les intercessions de la Vierge. Si le principe des Iansenistes doit estre reçeu, ils ont raison de se rire du Chappellet & des autres prattiques de deuotion, qui sont authorisées dans l'Eglise ; qui ont vogué dans toute la France, & principalement dans Paris, où nostre Dame est honorée autant qu'en aucun lieu de la Chrestienté. S'il est constant que Iesus-Christ n'a tiré du commun naufrage ; qu'vn petit nombre d'hommes, à qui les graces efficaces infaillibles sont destinées & asseurées, les Iansenistes obligent tous les Chrestiens de les retirer de l'erreur, ou ils sont & de les empescher d'auoir recours à nostre-Dame, par tant de superstitions que les Peres de l'Eglise, & les Moines en suitte ont introduittes & augmentées. C'est ainsi qu'en vsa Caluin qui prit à tasche de rüiner le credit de nostre-Dame. C'est ainsi que son Disciple Henry Estienne, se mocque des Eglises de nostre-Dame, en les nommant nostre-Dame d'enhault, nostre-Dame d'en bas, nostre-Dame des Champs, nostre-Dame de la Ville, nostre-Dame des Canes, nostre-Dame des Crotes, comme le Secretaire de Port-Royal se mocque des deuotions qu'on fait en son honneur. Mais si le principe des Iansenistes est faux, s'il est blasphematoire, s'il est declaré Heretique : la conclusion qu'ils en tirent, pour deshonorer nostre-Dame, & pour rendre ridicules les deuotions des ames simples enuers elle ; est fausse, blasphematoire & ne peut estre soustenuë que par des Heretiques. Si le principe des Iansenistes est faux : celuy des Catholiques est vray, qui enseigne que Iesus-Christ est mort pour tous. Que tous les pecheurs peuuent aspirer au pardon ; & à la misericorde, & la conlusion que les Peres & les Theologiens tirent en faueur de nostre-Dame est Catholique & veritable : à sçauoir qu'elle peut beaucoup pour nous impetrer des graces ; qu'elle employe son pouuoir pour retirer du peril les ames qui mettent leur confiance en elle & que Iesus-Christ change souuent les desseins qu'il auoit de perdre les pecheurs, en consideration des prieres de sa sainte Mere. Cela estant ainsi, quel chastiment ne meritent point les Iansenistes & leur Secretaire, qui dans leur neufiéme Lettre ont composé vn libelle diffamatoire contre l'honneur de la Mere de Dieu ? Quelle peine peut expier le crime des Libraires, qui impriment les blasphemes contre la Reine du Ciel ; & quelle excuse peuuent auoir ceux des habitans des Paris, qui ont entendu publier par les ruës ces impietez, qui les ont leuës dans leurs maisons, & qui ont pris plaisir à ces bouffonneries?

Les Historiens nous apprennent que Dieu a souuent vengé le des-honneur qu'on faisoit à sa Mere, par des chastimens extraordinaires : les Lettres nous donnent sujet d'en apprehender de pareils. Nous sçauons au contraire que Dieu a souuent retiré ces fleaux, & s'est appaisé par l'entremise de la Vierge. Nous l'auons veu cette année dans la peste de Naples, & l'an 1627. dans celle de la ville de Lyon, qui ont esté si effroyables, qu'elles ont deserté ces grandes villes ; & n'ont cessé qu'aprés des vœux fais à la Vierge. Paris ressent desia de grandes maladies, qui peut-estre ne sont que des dispositions à de plus dangereuses ; le vray moyen de les preuenir : c'est de demander pardon à la Vierge, du des-honneur qu'elle a reçeu de ces Lettres, luy promettant de dissiper le Port-Royal, & d'exterminer le Iansenisme, & pour cet impie Secretaire, il deuroit craindre ce qu'autrefois on prattiquoit à Lyon, enuers ceux qui auoient composé de méchantes pieces, on les conduisoit sur le Pont & on les precipitoit dans le Rhosne, *Væ mundo à scandalis, melius est vt suspendatur molâ asinariâ collo eius & demergatur in profundum maris.*

XXXIII. Obiection. Les Casuistes enseignent qu'on peut conseruer vne veritable deuotion auec vn amour desordonné pour les grandeurs, parce que la recherche des grandeurs n'est que peché veniel ; à moins qu'on les desirast pour offenser Dieu, ou l'Estat, plus commodement. *Lettre 9. page 4.*

Response. Les Casuistes enseignent que la vraye deuotion consiste à fuïr les honneurs, & à rechercher l'opprobre de Iesus-Christ, mais cette deuotion n'appartient qu'aux parfaits. Il y en a vne autre qui consiste à n'affectionner point les honneurs, lors qu'on les possede, & à plustost mourir, que de commettre vn peché veniel, pour les conseruer ou les accroître. Les mesmes Casuistes disent que l'ambition n'est d'ordinaire qu'vn peché veniel, si le motif de l'ambitieux n'est pas mortel : ou si pour paruenir à ce qu'il ambitionne, il ne prend des moyens, qui aillent à peché mortel. Escobar ne dit que cela, & ce qui trompe le Ianseniste, est qu'il croit que les sept pechez capitaux sont toûiours mortels, à cause que le peuple les appelle de ce nom : Où peut-estre qu'il croit que toute ambition est de la nature de celle que quelques-vns des principaux du parti, qu'on connoist fort bien, qui ne s'y sont engagés que par des motifs fort éloignez de l'humilité Chrestienne, & que le bon Pere Escobar quoy qu'on luy fasse dire icy en faueur de l'ambition n'excuseroit iamais de peché mortel. Et puis vous nous dites tant de belles choses de l'humilité & vous preschez si hautement le mépris des grandeurs du monde ; helà Messieurs, aprés auoir écrit & parlé de la sorte quand vous ouurez la Sainte Escriture ? ne craignez-vous point que le S. Esprit, qui voit les sentimens de vostre cœur ne vous fasse vostre procés, comme à Origene auec ce seul verset de Dauid, *Peccatori autem dixit Deus quare enarras iustitias meas & assumis testamentum meum per os tuum?*

XXXIV. Obiection. Le Pere Bauny enseigne que

l'enuie du bien spirituel du prochain est mortelle ,,mais que l'ennie du bien temporel, n'est que venielle. *Lettre 9. page 4*

RESPONSE. Le Pere Bauny veut dire qu'on peut auoir vn motif, pour desirer que nostre prochain ne s'auance point en honneur où en biens de fortunes, qui ne sera que peché veniel : ce que les Theologiens & Casuistes enseignent communément: mesmes on peut desirer qu'il perde ses biens, afin qu'il ne se damne pas, ou qu'il ne tyrannise pas les pauures, mais le Pere dit le contraire à l'égard des biens spirituels. Car on ne peut pas auoir vn honneste motif de desirer que quelqu'vn ne deuienne pas grand Saint, ne se conuertisse pas à Dieu, ou n'entre pas au Ciel; & ceux qui feroient ces Actes dans l'opinion du Pere haïssent leur prochain. Aristote a reconnû cette difference entre les biens temporels & les biens honnestes, ou les actions de vertu, quand il dit au second de sa Rhetorique, que cette espece d'enuie que les Grecs appellent *nemesis*, ne peut auoir les choses honnestes pour objet : mais les biens de fortune, ce qu'on peut dire est, que le Pere Bauny a mis en termes obscurs ce qu'il auoit trouué dans les autres Theologiens plus clairement expliqué.

XXXV. OBIECTION. Les Casuistes enseignent que la paresse est vne tristesse de ce que les choses spirituelles sont spirituelles, comme seroit de s'affliger de ce que les Sacremens sont la source de la Grace, & c'est vn peché mortel. *Lettre 9. page 5.*

RESPONSE. Vostre mauuaise foy, & vostre peu d'étude paroissent également en ce reproche, & c'est bien vouloir que la passion l'emporte dessus la raison que de parler au Pere Iesuite en ces termes; *ô mon Pere ie ne crois pas que personne ait iamais esté assez bizarre, pour s'auiser d'estre paresseux de cette sorte.* Vous témoignez vostre mauuaise foy, en ce que pour rendre la definition, que donne le Pere Escobar, impertinente, vous passez sous silence le principal exemple du peché de paresse que cet Autheur rapporte, & ne mettez que celuy qui n'est qu'accessoire: au lieu que vous deuiez dire auec Escobar que celuy-là commetteroit vn peché de paresse, qui s'attristeroit de ce que Iesus-Christ, a establi des Sacremens, comme des moyens pour paruenir à cette iouïssance, par la grace qu'ils conferent à ceux qui en veulent vser ? Vous agissez encore de mauuaise foy contre Escobar, parce que vous ne dites rien de plusieurs pechez qu'il rapporte, qui sont appellez communément par les Theologiens, les filles du peché capital de paresse, & vous pretendés par cette soupplesse, faire accroire aux simples qu'Escobar oste *la paresse* du nombre des pechez capitaus.

Vous monstrés aussi visiblement que vous estes peu versé en Theologie, car Escobar parlant du peché de paresse ne dit que ce que *S. Th. a enseigné en la seconde seconde quest. 35. art. 2. 3. & 4. & en sa premiere seconde quest. 37. art. 4. ad-tum. Caietan, & les autres Scholastiques de son Ordre, Siluester Verbo acedia, Nauarre en sa Somme chap. 23.* auoient donné l'exemple à Escobar de ne se point départir de la doctrine de saint Thomas, laquelle ce Docteur Angelique auoit tirée de sainct Gregoire & de S. Damascene. D'où s'ensuit qu'en voulant vous railler d'Escobar vous traittes ces Peres & saint Thomas auec les Theologiens de ridicules. Mais en agissant de cette maniere vous vous exposez vous-mesmes à la risée des Theologiens, qui voient par là vostre foible; mais que croiront de vous les personnes qui auront seulement vn peu de sens commun lors que vous dites, *que vous ne croyez pas que personne ait iamais esté assez bizarre pour s'auiser d'estre paresseux de cette sorte.* Car selon vos maximes qui veulent que Iesus-Christ n'est pas mort pour le salut de tous les Fideles & que la Grace efficace est donnée à peu de personnes; ceux qui se sont laissés surprendre à vos œuures, peuuent facilement s'attrister, d'auoir esté créés pour vne fin, à laquelle ils desesperent de pouuoir atteindre, & par vne suite quasi necessaire, ils peuuent souuent s'attrister de ce que les Sacremens produisent la Grace efficace, dont ils ne ressentent point les mouuemens. C'est donc contre le sens commun que vous combattez les maximes fondamentales de vostre doctrine. C'est contre ce que vous aues dit dans vostre quatriéme Lettre, qu'il y a dans l'Eglise, vn grand nombre de libertins, dont vous en connoissez plusieurs, qui ne pensent qu'à contenter leur sensualité, sans iamais tourner cœur vers le Ciel, & sans aucun souuenir de l'autre vie; car si ce que vous dites est vray, ie ne doute point que ces gens-là ne s'attristent, quand on leur dit qu'il faudra quitter ces delices, pour en chercher d'autres aprés la mort, & qu'ils ne regrettent d'auoir esté creés pour vne autre fin, que pour les plaisirs qu'ils goustent en cette vie.

XXXVI. Obiection. Les Casuistes enseignent qu'il est permis de manger tout son saoul sans necessité, & pour la seule volupté, pourueu que cela ne nuise point à la santé, & que ce n'est que peché veniel, si sans aucune necessité on s'égorgeoit iusques à vomir, *Lettre 9. pag. 5.*

Response. C'est haïr bien crüellement les Casuistes, que de risquer la reputation d'honneste homme vous enfonçant dans toutes ces ordures pour les combattte; i'ay grand regret d'estre obligé de vous y suiure, mais puisqu'il faut vous répondre. Ie diray que plusieurs bons Theologiens enseignent qu'il n'y a pas plus de mal à rechercher sans necessité le plaisir du goust, qu'à procurer la satisfaction de la veuë, de l'ouïe, & de l'odorat; & plusieurs tant Philosophes que Theologiens tiennent, que ces contentemens des sens sont indifferens, & qu'ils ne sont ny bons ny mauuais. Que si vous auiez (Monsieur le Secretaire) la premiere teinture des sciences, vous n'auriez pas condamné ces opinions qui sont probables. Ie ne sçais pas mesmes si vous entendez bien les principes de vostre Morale. Car vos maistres tiennent qu'vne personne qui n'a point perdu son innocence baptismale peut sans peché se seruir des creatures, pour son diuertissement. Et il me souuient que le sieur du Hamel preschant deuant le Roy dans sa Parroisse de S. Merry, exhorta fort sa Majesté de conseruer son innocence baptismale, afin qu'il peust sans peché, prendre les plaisirs de la chasse, qui sont interdits aux hommes qui sont tombez en peché Mortel. Ce principe estant estably parmy vous; vous deuiez dire que vous ne parlez que contre ceux qui mangent tout leur saoul sans necessité, aprés auoir perdu l'innocence baptismale; ou bien vous croyez que tout le monde l'a perduë, dequoy le sieur du Hamel ne demeurera pas d'accord. Pour ce qui est de se gorger sans necessité, iusques à vomir ce que vous condamnez de peché mortel. Ie ne sçais si c'est par complaisance que vous auez pour les dames que vous vous portez à cette rigueur. Elles ont si grande horreur de cette action indecente que pour ne pas blesser leur imagination le sieur de Vaucelas a banny de la langue Françoise, vne frase que toutes les autres nations approuuent, qui dit qu'on vomit toutes sortes d'iniures contre quelqu'vn, lors qu'on s'emporte à dire des iniures vilaines & messeantes contre sa personne. Si la complaisance que vous auez pour le sexe, vous a fait condamner de peché mortel, celuy qui se gorge ainsi. Il vaudroit mieux le fortifier par les paroles de l'Euangile, en S. Matthieu chapitre 15., & faire entendre à ces ames delicates que toutes les choses qui sont indecentes à nostre égard ne sont pas soûleuer le cœur à Dieu. Les Pharisiens & les autres Iuifs accusoient à nostre Seigneur ses Disciples, comme d'vn grand peché, de ce qu'ils mangeoient, sans auoir laué leurs mains, S. Pierre qui auoit l'imagination encore assez grossiere, iugea que cela estoit indécent, & en auertit nostre Seigneur, qui traitta de mépris les Pharisiens, & reprocha à S. Pierre sa stupidité à conceuoir les choses spirituelles. Les Dames de Port-Royal verront bien à cet exemple, sans que i'en apporte d'autres, que toutes les actions qui sont indécentes à nos yeux ne sont pas des pechez mortels aux yeux de Dieu. Que si vous parlez de vous-mesme mesmes & si veritablement vous croyez qu'vn homme qui se gorge sans necessité iusques à cet excés, peche mortellement : dittes-moy pourquoy vn homme qui mange tout son saoul sans necessité, pour la seule volupté, ne peche que veniellement, & s'il vomit en suitte & peche mortellement ? est-ce à cause du bien qu'il perd ? cela ne peut, car s'il ne le mangeoit pas, & qu'il le laissât perdre, il ne pecheroit pas pour cela mortellement ? Est-ce qu'il y a quelque precepte dans l'Escriture, qui vous défende cette action indécente? Vous m'eussiez fait plaisir de me l'apprendre; car ie n'ay point veu de raison dans aucun Autheur qui prouue que de manger plus que l'estomac n'en peut porter soit vn peché mortel. C'est donc à tort que vous blâmez vne opinion qui est probable, sans apporter aucun texte de l'Escriture, ou aucune preuue pour celle que vous voulez establir.

XXXVII. Objection. Les Casuistes excusent les mensonges qui se font par equiuoques, mesme en iurant. *Lettre 9. page 5. & 6.*

Response. Les Casuistes n'excusent pas les mensonges qui se commettent, ou par paroles ou par signes : parce que la parolle & les signes ont esté establis afin que les hommes puissent conuerser sincerement les vns auec les autres. Mais quand les personnes auec qui nous conuersons, n'ont pas droit de nous interroger : où bien qu'elles nous interrogent pour nous nuire; les Theologiens enseignent que nous pouuons dissimuler, & nous seruir de parolles & de signes equiuoques, & propres à signifier plusieurs choses. En sorte que nous prenions ces parolles, & ces signes en vn sens, & celuy auec qui nous conuersons les prenne en l'autre. La sainte Escriture nous fournit des exemples de ces dissimulations. Les Apostres demandent à nostre Seigneur dans combien de temps deuoit finir ce monde, & il leur répond, qu'il n'y a que son pere qui le sçache, mentoit-il? non, car il ne le sçauoit pas pour le leur declarer. Les parents de Iesus-Christ le prient d'aller en Ierusalem pour se faire connoistre, il leur répond qu'il n'ira pas: & toutefois il y alla mentoit-il? non, car il vouloit dire qu'il n'iroit pas en leur compagnie: & en effect, il y alla en particulier. Lorsqu'il resuscitâ la fille du maistre de la Synagogue, il consola ceux qui le veinrent querir; leur disant qu'elle n'estoit pas morte, mais qu'elle dormoit, mentoit-il ? non, car elle n'estoit pas morte pour ne plus viure, comme meurent les autres hommes. Lors que le Lazare fut mort il dit à ses Apostres, nostre bon amy dort, & les Apostres prirent si bien ce que nostre Seigneur dit pour le veritable sommeil, que S. Thomas repartit que puisqu'il dormoit il rechapperoit de sa maladie. Il y a vne infinité d'exemples semblables. Et pour les signes, la sainte Escriture nous dit que Dauid se trouuant chez vn Roy estranger fit semblant d'estre deuenu insensé pour sauuer sa vie ; & Rebecca couurit les mains de Iacob de peaux de chameaux, afin que son pere Isaac le prist pour Esaü. S. Augustin excuse cette action, & dit que ce n'estoit pas vn mensonge. Voilà iustement ce que les Casuistes enseignent des equiuoques. Ils les approuuent, lorsque ceux qui en vsent ont raison d'en vser. Mais hors de ces temps, & de ces occasions ils les condamnent ; parce qu'ils ruinent le commerce & la conuersation. Si le Lecteur veut voir les Iurisconsultes & les Theologiens qui excusent les equiuoques, il prendra la peine de lire ce sçauant Iurisconsulte *Augustinus Barbosa, dans les annotations qu'il a faites sur la vingt-deuxiéme cause de Gratian, question seconde. Principalement sur le quatorziéme chapitre, sur le vingt-vniéme & vingt-deuxiéme.* Il trouuera là plusieurs cas decidez pour les tribunaux des Iuges Seculiers & Ecclesiastiques, & pour la conscience ; & condamnera l'imprudence du Secretaire, qui a esté assez inconsideré pour reprocher aux Iesuites le vice qui rendra les Iansenistes infames à toute la posterité. On sçait bien que toute heresie estant opposée à quelque verité, elle est necessairement inseparable du mensonge, mais on n'en a point encore veu, qui se soit seruie de tant de palliation, comme celle des Iansenistes. Car elle fait estat de défendre la grace, & elle la persecute ; elle fait des Liures de la Frequente Communion, & elle la combat ; elle recommande la penitence, & elle n'en fait point. Elle fait des soûmissions au Pape, & elle se mocque de luy. Elle renonce aux cinq Propositions, & elle les soustient. Elle témoigne vn grand respect pour les vœux des Religieuses, & elle dit que ces lieux ne sont que des amusements: cent fois on a veu les Iansenistes se dédire de ce qu'ils auoient auancé. Cent fois se contredire dans leurs Liures ; & leurs dernieres Lettres ont esté conuaincuës de tant d'impostures, qu'on peut dire que le mensonge, les equiuoques & l'hypocrisie sont aussi naturelles aux Iansenistes que la verité, la simplicité & la candeur sont ordinaire aux Casuistes. Ie rapporterois icy des cas particuliers de leur hypocrisie, si tout le monde ne connoissoit leur artifice à surprendre le peuple : C'est ce qui augmente l'obligation que nous auons à Nosseigneurs les Prelats, dont le zele trauaille si vtilement à déraciner cette heresie qui s'étendoit dans la France, & se fortifioit sous pretexte de reforme & de perfection. Ie les prie de considerer ce que S. Gregoire dit dans la premiere partie de son Pastoral rapporté par Gratian *au second chap. de la dist. 83.* qu'il n'y a rien qui face vn si grand dégast dans l'Eglise, comme l'hypocrisie, qui couure le vice sous l'apparence de la vertu, & que l'Euesque qui ne chastie pas ces hypocrites merite plûtost tout autre nom que celuy d'Euesque. *Nemo quippe in Ecclesia nocet amplius, quam qui peruerse agens nomen vel ordinem sanctitatis habet. Episcopus itaque qui talium crimina non corrigit, magis dicendus est canis impudicus quam Episcopus.*

XXXVIII. Objection. Les Casuistes enseignent que les promesses n'obligent pas, quand on n'a point intention de s'obliger: or il n'arriue gueres qu'on ait cette intention, à moins qu'on ne les confirme par serment, ou par contract, *Lettre 9. page 6.*

Responsе. Pour satisfaire à cette Objection, il faut expliquer deux difficultez, dont l'vne est de fait, l'autre de droit. Touchant celle qui est de fait; les Casuistes disent communément que ceux qui promettent quelque chose à vn autre, n'ont pas pour l'ordinaire intention de s'obliger, sous peine de peché, à executer ce qu'ils promettent, mais que seulement ils ont la volonté de le faire, pourueu qu'ils le puissent commodément, ou qu'il ne suruienne quelque raison qui leur face changer la resolution qu'ils ont pour lors d'executer ce qu'ils promettent. Le Secretaire de Port-Royal dit le contraire, à qui croirons-nous? l'experience en ce rencontre doit auoir beaucoup de poids, & chacun peut faire reflexion sur ce qui se passe en son ame, quand il fait de semblables promesses. Cependant si nous nous rapportons au témoignage des gens sçauans, *Emanuel Sa ayant tenu cette opinion, verbo promissio,* & son Liure ayant esté examiné par le Maistre du sacré Palais du Pape sans qu'on y ait trouué rien à redire, au contraire plusieurs Theologiens auant Emanuël Sa, & depuis, ayans esté de mesme auis; il est tres-probable que ceux qui promettent n'ont pour l'ordinaire pas intention de s'obliger à la rigueur d'executer ce qu'ils promettent. Parce que il y a bien de l'apparence que cette question estant de fait, ces Theologiens ne l'ont decidée qu'aprés auoir apris par vne longue experience que ceux qui promettent, n'ont pas intention de s'obliger absolument.

La seconde difficulté est plus mal-aisée à démesler, à cause que les Theologiens sont de diuerses opinions. Le point de la difficulté consiste à sçauoir si vn homme qui promet, peut n'estre pas obligé à tenir sa parole, si en promettant il pretend de ne se pas obliger, Sotus, Ledesma, Emanuël, & quelques autres rapportés par *Sanchez lib. 1. de Matrimo. disp. 9. n. 4.* enseignent qu'il n'est pas possible que celuy qui promet ne s'oblige à celuy à qui il promet, à cause que l'obligation est vn effet qui suit necessairement de la promesse. D'autres Theologiens.

tant anciens que modernes, & en plus grand nombre tiennent le contraire, parce que l'obligation vient de la volonté de celuy qui promet. D'où ils inferent que s'il n'a pas intention de s'obliger en promettant, il ne sera pas obligé à garder sa parole; de mesme que si le Legislateur qui fait vne loy n'a pas intention d'obliger ses subjets; celuy qui ne la gardera pas ne pechera point en y contreuenant. *Saint Bonauenture, S. Antonin, Richard, Tabiena, Armilla, Siluester, Nauarre, rapportés par Sanches sont de ce sentiment, disp. 9. n. 5.* Mon auis est qu'il faut prendre garde que cette dispute & contrarieté d'auis ne se reduise aux simples paroles, ce qui arriueroit, si ceux qui tiennent la premiere opinion disent seulement que celuy qui promet sans auoir intention de s'obliger, ne fait pas vne veritable promesse, & ceux qui sont d'vn sentiment contraire disent que si: De mesme qu'il n'est plus question que des mots entre les Theologiés, dont quelques-vns disent que celuy qui fait vne loy sans auoir intention d'obliger ses subjets, ne fait pas vne veritable loy, mais vne simple constitution ou regle des actions qu'on peut transgresser sans peché. Et les autres disent que mesme pour lors il feroit vne vraye loy. Pour éuiter ces questions, & pour venir à quelque chose d'effectif, il faut veoir si entre les hommes il se passe vn contract qu'on appelle promesse, en vertu duquel vn homme donne asseurance à celuy auquel il promet de faire quelque chose, en telle sorte toutesfois qu'il ne soit obligé que de bienseance. Et le poinct de la difficulté estant reduit là, les Theologiens ne décident pas la question en termes si generaux que le Secretaire fait accroire dans son objection, mais ils se seruent du distinguo dont il témoigne auoir tant d'auersion.

Voicy donc ce qu'ils disent. Quand il s'agit d'vne promesse purement gratuite, & qui ne met aucune charge à celuy en faueur duquel elle est faite; le cours ordinaire de semblables promesses porte qu'on n'est pas obligé en rigueur de les executer; pourueu que celuy auquel on promet n'en coure aucun dommage ou interest à cause de l'inexecution. C'est ainsi que s'entend la seconde opinion tenuë par S. Bonauenture & par ceux que i'ay allegués. Que si la promesse a esté faite en consideration d'vne pareille promesse, ou pour recompenser celuy à qui on l'a fait; pour lors on est obligé en conscience de tenir sa parole, & si on y contreuient on peche mortellement ou veniellement selon la matiere dont il s'agit. Sanches est dans ce sentiment, *lib. 1. de Matrim. disp. 1. num. 2.* où il dit qu'vn ieune homme qui a abusé vne fille sous promesse de mariage est obligé de l'espouser, encore qu'il n'ait pas eu intention de s'obliger quand il luy a promis mariage. *Et disp. 2. num. 4.* il dit qu'vne des parties qui contracte le mariage venant à ne pas donner son consentement, elle peche mortellement, & est obligée à contracter derechef, & à le donner.

La matiere des promesses est d'vne si longue estenduë, qu'il faudroit trop de temps pour en expliquer les difficultez. Ce que i'ay dit suffit pour faire veoir que les Casuistes n'authorisent pas les fourberies, & ne fauorisent ceux qui ne gardent pas leur parole, sinon dans les cas où le monde ne croit pas communement qu'on soit obligé à la garder.

XXXIX. Obiection. Les Casuistes enseignent que les filles ont tellement le pouuoir de disposer de leur Virginité contre le gré de leurs parens, que ceux qui abusent d'elles ne pechent point contre la Iustice, si elles y consentent.

Response. Bauny a desia repliqué à cette objection, & cite pour son opinion, qui est veritable & commune, S. Antonin, Sotus & Nauarra, sans parler de beaucoup d'autres Autheurs qui enseignent qu'vne fille estant tombée en fornication n'est pas obligée d'expliquer à son Confesseur, si par cette action elle a perdu sa Virginité.

XL. Obiection. Le Secretaire dit qu'vn Iesuite l'a entretenu de questions les plus brutales & les plus extraordinaires qu'on puisse s'imaginer, principalement pour les personnes mariées ou fiancées : & que ces questions sont en si grand nombre, qu'il y en a dequoy remplir plusieurs Lettres, page 6. de la neufiéme Lettre. Ce qu'il repete dans l'onziéme, où il dit qu'il espargne les Iesuites, en ne rapportant point leurs décisions sur cette matiere, page 5. à la fin.

Response. C'est pour rendre les Casuistes & les Iesuites plus suspects que vous vous serués de cette feinte; C'est pour vostre interest que vous affectés cette modestie, quoy qu'en vos Lettres à toute rencontre vous vous échappiés à dire des choses si messeantes, qu'il semble que le plaisir que vous y prenez vous fait oublier que vous faites profession d'vne Secte qui veut paroistre si seuere, que vous écriuez en François, & que c'est principalement aux Dames que vous parlez. Toutesfois ie ne me fie pas trop à vostre parole, car en disant que vous épargnez les Iesuites, vous nous promettez au mesme moment de nous entretenir vne autrefois de cette matiere : C'est pourquoy trouuez bon, Monsieur le Secretaire, que ie mette icy quelques motifs qui ont porté les Casuistes à parler de ces Saletes. Le premier est, que Dieu les chastie dans l'Enfer, & souuent les a punis en ce monde par le deluge, par les pluïes de souffre & de feu, & par d'autres effroyables chastimens; parce que sont des crimes énormes. Le second est, que les Canons des Conciles, ses Liures penitentiaux des Grecs, des Latins, & de plusieurs Eglises de France, d'Espagne, de Sicile, & autres Royaumes, ont fort parlé de ces matieres. *Anthonius Augustinus* a plusieurs de ces penitentiaux. Le Pere Iean Morin de l'Oratoire en rapporte quantité, & mesme de France, entr'autres celuy d'Angers. Gratian à la fin du decret a les Canons penitentiaux qui en parlent. Burchard Euesque de Mayance qui viuoit l'an 1010. traitte de ces matieres. Dans tous ces Liures l'Eglise explique les differentes sortes de pechez contre la chasteté, & taxe les penitences, que les Prestres doiuent imposer. Qu'ont fait les Casuistes que vous accusez d'impureté ? Qu'ont fait Sanches & Basilius Pontius, & les autres Auteurs qui ont écrit du Sacrement de Mariage ? ils ont ramassé ce que les Conciles, les Papes & les Eglises particulieres ont dit sur ces pechez. Faschés-vous donc contre l'Eglise, contre les Papes, & non pas contre les Theologiens qui n'ont fait que compiler leurs ordonnances.

Si ie ne portois pas plus de respect aux Peres de l'Eglise que vous en portés aux Thologiens, ie vous ferois vn recueil de ce qu'ils ont dit en ce genre dans leurs Commentaires sur l'Escriture, dans les Homelies & Sermons qu'ils faisoient au peuple, & dans leurs autres traittés. Vous verriés que les plus retenus dans ces matieres. n'ont pas esté les plus chastes, deuant que de se conuertir à Dieu : Au contraire, vous remarqueriés que les Saints qui ont esté dans vne perpetuelle chasteté & innocence de vie, ont esté plus hardis à parler du vice contraire. Ce qui sert à refuter vos calomnies, qui taschent à rendre Sanches, & quelques autres, suspects d'impureté, parce qu'ils ont trop particularisé les circonstances de ces choses qui font rougir les ames chastes. En bonne foy, Monsieur le Ianseniste, Adam estoit-il plus chaste, apres qu'il eut mangé de la pomme qu'il n'estoit auant ce malheureux repas ? ie ne crois pas que vous aiés enuie de le dire ; & toutesfois il rougit de se voir nud apres auoir perdu la grace originelle, & sa nudité ne luy apportoit point de confusion auparauant. C'est pour la mesme raison que plusieurs Peres qui ont esté éminents en chasteté, se sont laissez aller fort innocemment à dire des choses, que d'autres n'eussent ny dit, ny pensé sans quelque peril. C'est pour la mesme raison que Sanches, qui a esté excellent en cette vertu, a pû écrire sans danger de ces questions pour le repos des consciences, dont plusieurs à qui Dieu n'a pas fait la mesme grace, n'auroient osé parler, sans crainte de blesser la leur.

Mais de plus, il est à remarquer qu'il en parle en des termes si graues & serieux, que si quelques-vns se trouuent incommodés de cette lecture, il faut plustost l'attribuer à leur foiblesse & à la viuacité de leur imagination, qu'à l'Authour, qui a obligé l'Eglise & tous les Confesseurs, en traittant auec tant de modestie toutes les choses qu'il eust fallu chercher dans d'autres Liures, dont quelques-vns parlant trop simplement de ces matieres, quoy qu'en peu de mots, font plus d'impression que tout ce que Sanches en a écrit.

Ie me suis à dessein resolu de defendre Sanches plus que les autres Autheurs, parce que la calomnie des Iansenistes veut noircir la reputation de ce sçauant Canoniste, qui ne cede à aucun des Theologiens qui ont écrit des matieres qu'il traite. Or il a quasi écrit sur tous les cas de conscience, dans sa Somme, qui a pour tiltre *de Matrimonio*. Car il y examine enuiron quatre cens quatre-vingts disputes, & dans ce grand nombre, il n'y en a que quatre ou cinq tout au plus, qui traittent des pechez contre la chasteté; & de ces quatre ou cinq, vne bonne partie ne regarde que les Officialitez, pour iuger de l'empeschement d'impuissance, & les Confesseurs ne sont pas obligés de lire ce que cét Autheur rapporte des Canons & des decisions des Papes pour le for exterieur. Que si vous auez leu ce sçauant homme, Monsieur le Secretaire, n'estes-vous pas vn calomniateur de faire des satyres contre ce Casuiste, comme si dans toute cette prodigieuse Somme il ne parloit que d'ordures, qu'il eust inuentées à plaisir, & qu'il n'eust pas prises des Conciles, des Peres, de Saint Augustin, & autres anciens Casuistes. Si vous ne l'auiés pas leu, n'estes-vous pas vn temeraire, de vous faire Secretaire d'vne caballe, qui vous fournit de si mauuais memoires, contre vn homme, à qui les personnes mariées & fiancées, les Confesseurs qui entendent les confessions, les Officiaux qui jugent de la validité du mariage ont vne eternelle obligation.

Le troisiéme motif qu'ont eu les Theologiens & Casuistes de traitter des pechez qui peuuent se rencontrer entre les personnes mariées & fiancées, & mesme entre celles qui ne sont point engagées en ces liens, est pour retirer les ames des perplexités & scrupules, que des personnes indiscrettes, ou qui font les reformées, font naistre dans les ames en condamnant tant de choses, les vnes de peché mortel, les autres de veniel dans le Sacrement de mariage: Que si ce que les Iansenistes disent estoit vray, toutes les personnes mariées desespereroient de pouuoir atteindre à la perfection, & la pluspart seroient en danger de se damner. Ce motif n'est pas pour porter les personnes mariées au relaschement, ny au mépris des Canons & des exhortations, que les Saints Peres nous ont laissées pour retenir la trop grãde inclination qu'a la nature corrompuë de se plonger dans les voluptés des sens. Mais pour desabuser le peuple que l'indiscretion des Confesseurs & la malice des Iansenistes épouuantent par l'obligation des Canons de l'Eglise, qui n'obligent plus: & par des citations des Peres qui souuent se sont seruis d'exaggerations pour retirer les Chrestiens de la volupté, comme quand Tertullien rapporté, *au Canon 5. de la quest. 4. cause 32. appelle Abraham fornicateur à cause qu'il s'est marié vne seconde fois. Quand au Canon 5. S. Hierosme appelle celuy-là adultere qui aime sa femme auec trop d'ardeur. Au Canon 14. il n'approuue l'action du mariage que pour auoir lignée. Liberorum ergo, vt diximus, in matrimonio opera concessa sunt. Voluptates autem, quæ de meretricum capiuntur amplexibus in vxore damnatæ. Saint Gregoire au chapitre 40. de ses Morales condamne de peché ceux qui vsent du mariage pour autre fin que pour auoir des enfans.* Et les autres Peres assez souuent se monstrent seueres pour retirer ceux, qui sont dans cét estat là, d'vne vie trop molle, non qu'en verité il y ait peché mortel, ny souuent veniel considerable, aux actions qu'ils appellent fornications, adulteres, ou contre lesquelles ils inuectiuent; Mais ils se seruent de ces façons de parler, pour donner de la terreur au peuple, & pour l'empescher de passer aux actions illicites.

Les Iansenistes qui veulent faire les reformateurs, & qui taschent de paroistre chastes & vertueux, interpretent ces authorités des Peres au pied de la Lettre, & embarrassent les consciences, disans que les personnes mariées ne peuuent plus vser de leur droict, depuis que la grossesse est asseurée, qu'vne femme qui a passé l'aage d'auoir des enfans, peche en se mariant, & que ce qui est permis dans le mariage deuient illicite, lors qu'on ne s'en sert que comme d'vn remede pour éuiter la tentation. C'est ce que nient les Theologiens & Casuistes, & ils le prouuent par de solides raisons. Les Theologiens disent pareillement que les Canons qui deffendoient autresfois l'vsage du mariage le long du Caresme, les iours des grandes Festes & de Dimanches, ou bien quand les personnes vouloient s'approcher de la Communion; n'obligent plus, parce que la coustume a preualu au contraire; & se contentent d'exhorter les penitens à s'abstenir le plus qu'ils pourront, sans leur imposer vn ioug qu'ils n'ont point.

Voilà en quoy consiste le relaschement des Casuistes, c'est ce qui vous donne occasion de rendre suspecte la chasteté des Theologiens, & d'ambitionner à leurs dépens la reputation d'estre chastes & retenus. Ie veux croire, Messieurs, que vous l'estes, mais cette seuerité affectée, n'en est pas vne bonne preuue; témoins les Turlupins & les Vaudois, qui preschoient presque tousiours contre le mariage & les sensualitez, & dont cependant la vie estoit toute remplie d'ordures infames. Si nous

nous n'auions pour vous plus de discretion & de charité que vous n'en auez pour les Casuistes : Vous sçauez bien, qu'il ne nous seroit pas mal-aisé de tirer vn rideau, qui découuriroit bien des choses ; mais puisque vous nous menacez de nous entretenir sur ce subiet, ie me reserueray pour ce temps-là Et cependant ie me contente de vous presenter trois Propositions qui font à mon auis vn argument démonstratif : mais dont ie vous laisse à appliquer la conclusion, comme il vous plaira. La premiere est de la foy, que personne ne peut estre chaste sans vne grace bien particuliere de Dieu. La seconde, que l'heresie oste la grace, & rend l'homme exposé aux tentations les plus fascheuses. La troisiéme, que le Iansenisme est vne heresie reconnuë pour telle par le S. Siege & par l'Eglise Gallicane. Que si à ces trois Propositions Catholiques, vous y adioustez vne quatriéme fondamentale du Iansenisme, qui enseigne que les hommes ne tombent dans tous les pechez de la chair, que par le manquement de la Grace efficace : & qu'on ne s'en releue iamais que par la mesme Grace qui opere necessairement ; il s'ensuit encore euidemment, qu'vne doctrine de cette nature, engage insensiblement vne ame innocente dans bien des miseres. Car dés là qu'elle se croit dans l'imposibilité de vaincre la tentation, elle s'y laisse couler doucement & sans resistance, & la passion s'irritant par la presence des objects à des personnes qui sont dans les mesmes sentimens, elle deuient si forte, que la raison est vne barriere bien foible pour l'arrester. C'est ce qui faisoit dire il y a peu à vne personne tres-considerable pour sa grãde doctrine & sa longue experience en la conduite des ames, qu'elle ne pouuoit assez s'estonner, comment des maris & des meres pouuoient fier la conscience de leurs femmes & de leurs filles à la direction d'vn homme qui excuse ses cheutes & celles de ses penitentes, sur le defaut de la grace efficace qui luy a manqué.

XLI. Objection. Les Caluinistes enseignent qu'vne femme qui se pare pour satisfaire seulement à l'inclination naturelle qu'elle a à la vanité, ne peche que veniellement, ou point du tout. Et Bauny encherit & dit, que cela est vray, bien que la femme eust connoissance du mauuais effet, que sa diligence à se parer opereroit & au corps & à l'ame de ceux qui la contempleroient.

Response. Il ne faut qu'vn peu de sen s commun pour iuger que les Iansenistes extrauaguent lors qu'ils condamnent de peché mortel vne femme, qui prend plaisir à se parer, ou pour satisfaire son inclination naturelle, ou pour rechercher vne vaine estime de ceux qui la verront richement habillée ; car la curiosiré des habits n'eſt pas mauuaiſe, conſiderée en elle-meſme. Les Philoſophes & les Theologiens la mettent au rang des choſes indifferentes, qui peuuent deuenir bonnes ou mauuaiſes, ſelon les differents motifs de ceux qui ſe parent de ces ornemens. Iudith & Eſther ſe ſont couuertes de riches habits, & ont merité en ſe parant ; & ie ne doute point qu'il n'y ait encore des Dames ſuperbement habillées, qui couurent plus d'humilité & de chaſteté ſous ces habits, que d'autres n'en ont ſous des habits moins riches, & ſous des haillons.

Les Caſuiſtes ont donc raiſon de dire qu'vne Dame ne peche point en ſe parant ſelon ſa condition, quand elle ne recherche que la ſimple ſatisfaction d'eſtre bien ajuſtée : parce que cette ſatisfaction n'eſt ny bonne, ny mauuaiſe, & peut demeurer dans vne pure indifference. Que ſi cette Dame, outre cette ſatisfaction, s'eſtime pour ces habits, ou deſire d'eſtre eſtimée des autres : elle eſt coupable d'vne vanité, qui n'eſt pas toutesfois mortelle ; mais c'eſt aſſez que ce ſoit vn peché veniel, pour obliger les Dames à retrancher toutes ces curioſitez, ſi elles ſuccombent à cette vanité lors qu'elles s'en ſeruent.

Vous dites en la ſeconde partie de voſtre objection que le Pere Bauny encherit ſur les autres Caſuiſtes, & enſeigne qu'vne femme qui ſe pareroit ne pecheroit pas mortellement, encore qu'elle *connuſt le mauuais eff et que ſa diligence à ſe parer, opereroit & au corps & en l'ame de ceux qui la contempleroient.* En quoy voſtre impoſture eſt d'autant plus grande & moins excuſable, que le Pere Cauſſin dans la 24. page de ſa réponſe à voſtre Theologie morale ; & le Pere le Moine dans la 79. page de ſon Apologie auoient deſia découuert la calomnie de voſtre eſcrit, & auoient fait veoir à toute la France, que le Pere Bauny n'excuſe de peché mortel, que les femmes qui ſe parent pour ſe rendre agreables aux yeux de leurs maris, quoy qu'elles preuoient qu'elles pourront donner occaſion de pecher mortellement à quelqu'vn, qui s'arreſtera à les conſiderer. Cette réponſe de ces deux Peres qui euſt couuert les Ianſeniſtes de confuſion, s'ils euſſent eu encore quelque reſte de pudeur : Et qui les euſt empeſché de continuer leur impoſture contre le Pere Banny s'ils euſſent eu quelque ſynderese, m'euſt auſſi deliuré de la peine de répondre ſur cette matiere, ſi i'auois ſeulement entrepris de deffendre la doctrine des Ieſuites, ou d'excuſer le Pere Bauny. Mais comme i'ay pretendu d'expliquer la doctrine de tous les Caſuiſtes, & qu'il y a beaucoup de differentes opinions ſur le ſujet, d'où le Secretaire du Port Royal prend occaſion de les calomnier : ie me ſens obligé de rapporter les diuers ſentimens des Theologiens, lors qu'ils traittent du peché de ſcandale ; & qu'en particulier ils examinent, ſi vne femme peche mortellement en conuersant auec des hommes, sans aucune mauuaise intention de sa part ; quand elle sçait que ces hommes prennent occasion de pecher mortellement, ou par les attraits de sa beauté naturelle, ou par la bonne grace qu'elle se donne en se parant. Et si cette femme est obligée sous peine de peché mortel de cacher sa beauté, & de finir ces conuersations, ou de se deffaire de ces ajustemens, d'où les hommes ont accoustumé de prendre occasion de se perdre. I'ay à dessein mis cette condition (que la femme n'ait aucune mauuaise intention de sa part) car si elle expose sa beauté à la veuë des hommes, auec intention de leur donner de l'amour, personne ne l'excuse de peché mortel ; & encore qu'elle ne voulust pas succomber à leur mauuais desir. Pareillement si elle fait quelque action positiue qui soit mauuaise, ou qui ait l'apparence de mal, d'où les hommes prennent occasion de pecher mortellement, personne n'excuse cette femme de participer au peché qu'ils commetteront. Elle est aussi complice des pechez que commettent les hommes, si elle souffre quelque liberté, qui leur donne occasion d'esperer l'accomplissement de leurs mauuaises volontez.

Ie ne traitte donc point de tous ces cas, mais seulement de celuy auquel vne femme, ou vne fille sçait certainement, que quelque homme doit prendre occasion de pecher mortellement si elle luy découure sa beauté, ou si elle se pare sans autre dessein que de se rendre agreable. Or sur cette espece particuliere, *Caietan & Armilla rapportés par Sanches au Liure premier, chap. 6. num. 16. de sa morale. Maior & Monsieur du Val alleguez par le Pere Caussin dans la dixiéme page de l'addition à sa réponse. Lorca, Bonacina, Crissius & Diana citez par le Pere le Moine dans la 80. page de son Apologie,* enseignent qu'vne fille ou vne femme qui a de la beauté naturelle, ou qui se pare honnestement, peut aller à l'Eglise, au marché, se tenir à sa porte, & conuerser parmy le monde sans offenser Dieu : quoy qu'elle sçache que quelqu'vn doit prendre occasion de sa beauté, d'offenser Dieu mortellement. *Emanuel Sa verbo ornatus* est de cette opinion, & le Maistre du Sacré Palais qui a fait corriger cét Autheur, n'a rien changé sur cette matiere. De sorte qu'on peut dire que la faculté de Theologie de Rome a donné son approbation à cette doctrine. Ces Theologiens apportent pour premiere raison de leur opinion, que la charité qui nous ordonne de ne point donner d'occasion à nostre prochain d'offenser Dieu : ne nous oblige qu'à nous abstenir des actions mauuaises, ou de celles qui ont apparence d'estre mauuaises, à cause que ces deux sortes d'actions sont de secrettes sollicitations & inuitations au peché.

Mais pour les autres qui sont bonnes ou indifferentes, elles n'ont pas cette mauuaise qualité d'inuiter & de porter nostre prochain au mal. Que s'il prend occasion de le commettre de semblables actions bonnes ou indifferentes: il faut attribuer sa cheute à sa malice, non pas à l'Autheur de ces actions. Ils disent pour seconde raison qn'on exposeroit les filles & les femmes à vne infinité de scrupules, & à des gesnes insupportables, si on exigeoit de celles qui ont de la beauté, & de la bonne grace à ne se trouuer iamais és lieux où elles sçauroient, que ceux qui ont de l'amour pour elles, se doiuent rencontrer.

Il y a d'autres Theologiens qui apportent du temperament à cette premiere opinion,& qui pour répondre au cas proposé, disent, qu'il faut distinguer trois sortes de personnes qui peuuent prendre occasion de pecher mortellement; en considerant quelque femme. Les vns la prennent par ignorance, comme si vn homme voyant les caresses qu'vn mary rend à sa femme, & ne sçachant pas que ces personnes sont mariées, prenoit dessein de commettre ce peché. Les autres par malice lors que leur volonté est si determinée au mal, & leur habitude est si grande pour le peché, qu'ils cherchent de tous costez les occasions de contenter leurs brutalitez. Les autres pechent par fragilité, c'est à dire qu'ils ne recherchent pas les occasions, & quand dans de semblables rencontres ils sont tombés en quelque faute, ils la ressentent viuement, & taschent en quelque façon de l'éuiter.

A l'égard des premiers, ces Theologiens disent, que ceux qui font des actions qui ont apparence de mal, ne sont pas obligés de s'abstenir de semblables actions: mais qu'ils doiuent instruire la personne qui les regarde, & qui pourroit en tirer l'occasion de pecher. Aprés quoy, s'il se laisse emporter au peché, cette offense sera imputée à sa malice, & non à celuy qui a fait l'action, qui auoit apparence de mal. Pour ce qui regarde ceux qui pechent par malice, & qui d'eux-mesmes sont déterminés à faire le mal; ces Theologiens approuuent la premiere opinion, & disent qu'vne femme n'est point obligée de s'abstenir de la conuersation, & d'éuiter les choses, d'où ces libertins prennent occasion de pecher. Mais pour ceux qui pechent par foiblesse, ils enseignent qu'vne femme est obligée d'éuiter les lieux, & les rencontres, où elle préuoit que sa beauté, sa bonne grace, ou autres qualitez, donneront occasion à quelqu'vn de pecher mortellement. *Gregorius à Valentia* est de ce sentiment *tom. 3. col. 888. puncto* 4. de la premiere impression, & 749. de celle de Lyon, & prouue son opinion par des textes de sainct Gregoire, de Bade, & autres interpretes de l'Escriture, outre les raisons dont il se sert.

D'où s'ensuit qu'vne femme qui connoistroit la foiblesse d'vn homme qui se trouueroit en quelque visite, au cours, à la comedie, où autres lieux, seroit obligée de s'en absenter, sous peine de peché mortel : & mesmes quelques-vns disent qu'elle seroit obligée de s'abstenir d'aller à la Messe, si elle préuoyoit y deuoir rencontrer cet homme ; d'autant qu'à raison de sa foiblesse, il est dans vne grande necessité spirituelle, qui est en quelque façon inuolontaire, en consideration de laquelle, la femme est obligée de s'abstenir d'aller à la Messe : de mesme qu'elle seroit obligée de s'en absenter, si elle préuoioit qu'vn homme prendroit occasion de se pendre, ou de se tuer de quelque autre maniere, si elle sortoit de sa maison.

D'autres Theologiens cõme *S. Th. 2. 2. q. 43. art. 2. 3. 4.* & en d'autres endroits où il parle du scandale & *Vasquez dans l'opuscule*, qu'il a fait sur cette matiere, disent qu'en ces rencontres non seulement la femme n'est pas obligée de perdre la Messe, ils enseignent au contraire qu'elle ne peut sans peché obmettre les choses qui luy sont commandées par l'Eglise, ou par la Loy de Dieu, mais qu'elle est obligée de s'abstenir des choses, dont il n'y a aucun precepte.

Ie trouue vne troisiéme opinion, qui à l'égard de ceux qui pechent par malice ne s'accorde pas auec la seconde. Car au lieu que les Autheurs de la seconde disent absolument qu'vne femme ne peche point en se parant, encore qu'elle sçache qu'vn homme par pure malice en prendra occasion de pecher mortellement ; ceux qui sont dans la troisiéme n'exemptent cette femme de peché, que quand elle a vne cause raisonnable de conuerser, ou de se rencontrer és lieux, où elle sçait que cet homme se rencontrera. *C'est ainsi qu'en parle Sanchez, au Chapitre 6. du premier Liure nombre 17. où il dit, que de quelque costé qu'il se tourne il ne peut trouuer de raison pour excuser vne femme de peché mortel, qui sans aucune necesité, mais pour vne pure legereté, recherche les occasions de se trouuer auec vn homme, dont elle connoist le mauuais dessein ; quoy qu'elle déteste le mal, & qu'elle n'ait point d'intention d'y porter l'autre.* Il continuë *dans le mesme sentiment au chap. 7. n. 15. où il cite d'autres Theologiens, & particulierement Caietan*, qui condamne de peché ceux qui seruent d'occasion de peché à vne personne qui est desia déterminée à commettre le peché ; s'ils n'ont vne excuse raisonnable pour faire ce qui sert d'occasion à l'autre d'executer son mauuais dessein. Et c'est en ce sens que le Pere Bauny dit qu'vne femme ne peche point qui se pare pour plaire à son mary, quoy qu'elle preuoye que quelque homme prendra de là occasion de pecher mortellemẽt. D'autant que le desir de plaire à son mary luy sert d'excuse legitime. Ce qui iustifie pleinement ce pere, qui entre les Theologiens qui enseignent ces trois opinions, suit le sentiment qui est le plus rigoureux.

Ie sçais qu'il y a vne quatriéme opinion qui condamne de peché mortel, toutes les femmes qui sçachants certainement les mauuais desseins que quelques hommes ont pour elles, se comportent enuers ces hommes, ainsi que si elles ignoroient leur mauuaise intention ; sans s'abstenir dequoy que ce soit. *S. Antonin, Siluester, Azor, & quelques autres rapportez par Sanchez au nombre seiziéme du chap. 6.* Sont de cet auis, que les Iansenistes nous proposent pour vne veritable & vnique regle de l'Euangile. Mais si ces Messieurs s'estoient donné le loisir de bien examiner ces matieres, ils auroient trouué, qu'vne partie des Theologiens, qu'on cite pour cette quatriéme opinion, sont effectiuement dans l'vne des trois premieres. Si disie ceux qui entre les Iansenistes sont Theologiens auoient estudié au fonds ces questions, ils auroient iugé que de toutes les matieres de la Morale Chrestienne il n'y en a pas de plus difficile que celle du scandale ; à cause qu'il est tres-difficile d'aiuster le soin que chaque particulier peut prendre de ses interests temporels, auec la charité qui nous est commandée par la saincte Escriture, pour le salut de nostre prochain ; & pour empescher que Dieu ne soit offensé par nos freres. D'où vient qu'il n'y a guere de Theologiens qui ayent écrit sur ce suiet, où l'on ne puisse remarquer des principes & des conclusions qui se contredisent. Sur la connoissance de ces difficultez, ils auroient apprehendé de s'engager à des écrits qui tourneront à leur confusion. Mais ces nouateurs ne visants pas à vne veritable reformation des mœurs ne prennent pas la peine d'étudier. Ce leur est assez qu'ils puissent calomnier les Casuistes, & ils sont contents pourueu qu'ils noircissent les Iesuites. C'est assez que les Casuistes tiennent communément vne opinion pour porter les Iansenistes à la censurer.

Ie ne les imiteray pas en cela ; ie ne blâmeray pas la quatriéme opinion, qui condamne de peché mortel les femmes qui sçachants les mauuais desseins que les hommes ont pour elles, ne laissent pas de se parer, de se monstrer & de se comporter en tout, comme si elles en estoient ignorantes, ou qu'elles n'en eussent que de legeres coniectures Ie ne la censureray pas, encore que les Iansenistes l'approuuent, car ie sçay que si les Casuistes & les Confesseurs ont lieu de craindre cette redoutable Sentence du Fils de Dieu, dans S. Matthieu chap. 5. qui menace d'exclure du Royaume des Cieux, celuy qui aura enseigné quelque doctrine contraire à la perfection de l'Euangile, c'est particulierement au sujet des conuersations des hommes auec les femmes, qu'ils doiuent trembler : parce que dans cette frequentation les pas sont si glissants, que nous y voyons presque autant de cheutes que de démarches. Mais ie n'improuueray pas les trois premieres opinions, de crainte de tomber dans le reproche, que nostre Seigneur faisoit aux Pharisiens, d'imposer aux Fideles des fardeaux, dont la charge les empeschoit d'entrer dans le Ciel. Ie crois au contraire qu'vn Confesseur s'aquittera dignement de son deuoir, lorsqu'il gardera exactement ce qui est prescrit dans les trois premieres opinions : & qu'en obseruant leurs maximes, il conduira les femmes à la perfection. Car n'est-ce pas acheminer à la perfection que de condamner, non seulement les mauuaises actions d'vne femme, mais encore toutes celles qui peuuent auoir apparence de mal, à l'égard d'vn homme qu'elle sçait auoir du dessein sur elle, comme sont des responces à des Lettres, diuers messages, des rendez-vous, & autres témoignages d'amitié, qui en soy ne sont pas mauuais. Et c'est ce que fait la premiere opinion, qui condamne de peché toutes ces choses, & ordonne aux Confesseurs de refuser l'absolution, si les femmes ne s'en abstiennent. N'est-ce pas acheminer à la perfection, que de refuser l'absolution à vne femme, qui sçachant qu'vn homme peche par foiblesse, lors qu'il se rencontre en conuersation auec elle, ne veut pas s'abstenir des choses indifferentes, & mesmes des bonnes, qu'elle n'est point obligée de faire ? & c'est ce que commande la seconde opinion. N'est-ce pas conduire les ames à la perfection, que de refuser l'absolution à vne femme, qui connoissant la mauuaise volonté d'vn homme, va sans aucune necessité se presenter à ses yeux ? c'est ce que fait Sanchez nombre 17. du chap. 6. N'est-ce pas conduire à la perfection, que de refuser l'absolution à vne femme, qui découure sa gorge en presence des hommes, lors principalement qu'elle sçait que ses regards produisent de mauuais effets ? c'est ce que fait Emanuël Sà, lequel encore qu'il passe pour vn des plus doux & des plus fauorables Theologiens ; dit toutefois, *Verbo ornatus*, qu'il auroit de la peine à donner l'absolution à vne femme qui tiendroit sa gorge découuerte aux yeux des hommes. Sanchez & Sà sont Iesuites, ce qui découure l'imposture du Port-Royal, qui accuse ces Peres de relaschement au fait de la vertu de chasteté.

XLII. Obiection. Vne femme peut prendre de l'argent à son mary en plusieurs occasions, comme pour ioüer, pour auoir des habits, & pour les autres choses qui luy sont necessaires, Lettre 9. page 7.

Responce. Le Pere Bauny a desia satisfait à vostre objection.

page *6.* de son écrit, où il cite Syluester, Tabiana, Armilla, Petrus de Nauarra, & beaucoup d'autres anciens, qui enseignent la mesme opinion. Mais il faut adjouster cette explication; que la femme doit estre de telle condition, que le jeu honneste puisse estre mis au rang des alimens, & de l'entretien. Car les Autheurs qui permettent cette liberté à la femme, sçauent bien que le mary est maistre absolu de la communauté; pourueu qu'il satisface à l'obligation qu'il a de nourrir & d'entretenir sa femme. Que si ses débauches, ou son auarice le rendent cruel en son endroit: Pour lors elle peut prendre sa nourriture, son entretien, & celuy de sa famille; plustost que de venir à vne separation de biens, qui cause pour l'ordinaire separation de cœurs. Ie ne crois pas que les Iuges trouuassent à redire à cette decision, mais ie suis certain qu'ils improuueroient le vœu, que les Prestres Iansenistes font faire, ou ont fait faire il y a cinq ans dans vne Paroisse de Paris. En vertu de ce vœu les femmes s'obligeoient de garder les trois vœux du Baptesme, de ne plus lire la gazette, de ne plus entendre de nouuelles & de semblables choses, qui ont apparence de reforme; c'estoit pour venir au principal article, où elles s'obligeoient de viure dans vne grande frugalité, & de donner le reste de tout leur reuenu en aumônes. C'est de ce vœu que vous pouuez amasser tant d'argent, & les familles en peuuent receuoir vn preiudice notable, si le Magistrat n'y donne ordre. Ainsi que fit le Parlement de Thoulouse l'an 1615. par vn Arrest du 7. Feurier, qui ordonna qu'il seroit informé contre Monsieur de Ressiguer, President en la seconde des Enquestes, pour auoir conseillé & prattiqué des vœux, qui n'estoient pas si preiudiciables au public qu'est celuy-cy.

XLIII. Objection. 1. On satisfait au precepte d'entendre la Messe, pourueu qu'on demeure dans vne contenance respectueuse. 2. On satisfait au precepte d'oüir la Messe, encore mesme qu'on ait intention de n'en rien faire. 3. La mauuaise intention de regarder des femmes auec vn desir impur, n'empesche pas qu'on n'y satisface. 4. On peut entendre la moitié d'vne Messe d'vn Prestre, & l'autre moitié de l'autre. 5. On peut satisfaire en entendant en mesme temps, la moitié d'vne Messe & la moitié de l'autre. 6. Selon Escobar on peut entendre en mesme temps quatre parties de quatre diuerses Messes, qui seroient tellement assorties, que mises bout à bout elles feroient vne Messe entiere. *Lettre 9. pages 7. & 8.*

Response. Les Iansenistes se démeslent bien-tost de ces difficultez, car ils enseignent que c'est peché mortel d'entendre la Messe en peché mortel: & comme ils multiplient extrémement les pechés, il n'y a que bien peu de personnes qui puissent en-

entendre la Messe sans se damner. Les Casuistes au contraire, disent que le moyen de sortir bien-tost d'vn peché mortel, c'est d'assister à ce Sacrifice, & d'y chercher le pardon qu'obtint ce fortuné larron qui assista au Sacrifice de la Croix. 2. Ils disent que c'est le meilleur d'entendre vne Messe d'vn seul Prêtre auec attention, deuotion & sans distraction. 3. Beaucoup des anciens Canonistes & Casuistes ont enseigné que l'Eglise ne peut commander les actes interieurs de l'entendement & de la volonté, & qu'ainsi on satisfait au precepte d'entendre la Messe, si on y apporte vne contenance respectueuse : Mais les Casuistes recens & particulierement ceux de la societé tiennent le contraire, bien que quelques-vns se tiennent à l'opinion des anciens. 4. Les Casuistes enseignent qu'vne personne qui entrant dans vne Eglise quelque iour de feste, diroit, ie vas entendre cette premiere Messe par deuotion, & i'en entendray vne autre pour satisfaire au precepte, auroit veritablement satisfait au precepte en entendant la premiere : parce que l'Eglise ne cõmande pas l'intention & se contente qu'effectiuement on entende la Messe ; & pour cette mesme raison, vne personne qui auroit intention de ne pas ieûner, ne laisseroit pas de le faire, si elle mangeoit maigre, & ne faisoit qu'vn repas sur le Midy. 5. Les Casuistes enseignent que celuy qui ne fait pas vne action exterieure incõpatible auec le respect exterieur, qu'on doit au Sacrifice de la Messe satisfait au commandement, qu'il a de l'entendre, Si quelqu'vn par exẽple cõsideroit auec attention les ornements de l'autel; est il vray que s'il consideroit vne femme auec de mauuais desirs, il commettroit vn plus grand peché, que si demeurant en sa maison sans entendre la Messe, il gardoit la chasteté, & s'abstenoit de ces pensées sales : mais entendant la Messe auec vn respect exterieur, accompagné de ces mauuais desirs ; les Theologiens qui croyent que l'Eglise ne commande autre chose que cette contenance exterieure, tiennent aussi que celuy-cy satisfera au commandement de l'entendre. 6. Maior Docteur de Sorbonne, Sotus, Nauarre, Medina & plusieurs autres enseignent, qu'on satisfait au precepte en entendant la moitié de la Messe d'vn Prestre, & la moitié d'vn autre. D'autres Casuistes, tant seculiers que de la societé le nient. 7. Quelques-vns inferent de la derniere proposition qu'on pourroit entendre deux moitiez de deux Messes en mesme temps. Azor *Iesuite Liure 7. de son premier tome chap. 3. est de ce sentiment* ; supposé qu'on puisse entendre successiuement la moitié d'vne Messe, & la moitié d'vne autre : mais il croit que cette supposition est fausse. 8. Escobar encherit & feint vn cas, auquel on puisse trouuer quatre Messes, si bien ajustées, qu'entendant les quatre parties de ces Messes, on puisse entendre vne Messe entiere, & il tient qu'on pourroit y satisfaire : parce que la contenance respectueuse suffit, selon les anciens Canonistes, & que veritablement il est present auec respect à vne Messe entiere. Ce cas est fort extraordinaire, de sorte qu'il ne faut pas craindre, que le relaschement de la deuotion vienne de la prattique de cette doctrine : car vn homme impatient & qui cherche le moyen de se décharger du precepte le plus promptement qu'il peut ; perdroit plus de temps à chercher ces quatre Messes ainsi adjustées, qu'à en entendre deux entieres. I'auouë toutesfois qu'Escobar auoit assez de questions d'importance à traitter, sans s'amuser à ces cas inutiles. Il n'est pas le premier qui est tombé en cette faute, on en trouue quelquefois de semblables dans les Peres, & dans S. Augustin mesme, qui diuertit parfois l'esprit de ses Auditeurs, par des questions qui ont plus de curiosité que d'vtilité.

XLIV. Objection. Les Casuistes ont mis tant d'adoucissements au Sacrement de la penitence, qu'ils l'ont entierement ruiné. *Letre 9. page* 8.

Response. Les Iansenistes l'ont rendu si difficile, qu'on trouuera peu de personnes, qui soient capables de s'en approcher, & l'ont rendu si inutile, que tout le ministere du Prestre se reduit à declarer, que les pechez du penitent soient effacés, en vertu de sa contrition, & à imposer de rudes & insuportables penitences que ces Directeurs si reformez ne voudroient pas toucher du bout du doigt. Ie prouueray ce que ie dis, quand ie répondray aux objections que les Iansenistes forment contre nous en la dixiéme de leurs Lettres, où ils renouuellent toute la doctrine de S. Cyran & d'Arnauld, à l'égard de la Confession & de la Communion. C'est pourquoy ie supplie Messieurs les Euesques, par le sang, que Iesus-Christ a répandu pour les ames, dont il leur a confié le gouuernement, de lire cette dixiéme Lettre, & de considerer deuant Dieu, si ce n'est pas introduire vn esprit d'interdit general de ces deux Sacrements dans toute l'Eglise, que d'exiger toutes les dispositions que ces heretiques demandent dans l'administration de ces Sacremens. Dispositions qu'ils mettent en si grand nombre, & qui sont si rares; qu'il se trouue plus de personnes qui participent à ces deux Sacremens au temps de l'interdit, qu'il ne s'en rencontrera qui les reçoiuent, si les Prelats ne s'opposent à ces nouateurs : or l'experience a fait veoir à l'Eglise que l'interdit, & la priuation des Sacremens, dont elle se seruoit, comme d'vne medecine & d'vne salutaire diete, afin de faire que ses enfans r'entrassent en appétit, & desirassent auec plus d'ardeur, la participation des sacrés mysteres ; portoit les Chrestiens au libertinage, & les precipitoit dans vn si grand mépris des choses saintes ; que les Prélats auoient bien de la peine, aprés que l'interdit estoit leué de remettre les Chrestiens dans l'vsage de la Confession & de l'Eucharistie.

C'est ce que l'Eglise témoigne par ces paroles du chapitre, *Alma Mater de sent. excom. in 6. Quia vero ex districtione huiusmodi statutorum excrescit indeuotio populi, pullulant hæreses, & infinita pericula animarũ insurgunt. Mais dautant que par la rigueur des statuts, qui introduisent les interdits, l'indeuotion du peuple s'augmente, les heresies se multiplient, & les ames courent vne infinité de dangers*, &c. Le Chapitre, *prouide de sent. excomm. in extrauag.* parle encore des inconuenients, qu'apportent ces interdits, auec plus de vigueur. *Tolluntur mortuis seu minuuntur suffragia, & præsertim per oblationem frequentem hostiæ salutaris; adolescentes & paruuli participantes rarius Sacramenta, minus inflammantur & solidantur in fide, fidelium tepescit deuotio, hæreses pullulant & multiplicantur pericula animarum. On frustre les morts des suffrages, & principalement du fruit du sacrifice de la Messe. Les ieunes gens & les enfans frequentans moins les Sacremens, ont moins de ferueur, & s'affermissent moins en la Foy. La deuotion des Fidelles s'attiedit, les heresies s'éleuent, & les ames tombent en plusieurs dangers de se perdre.* La glose sur le Chapitre *Alma Mater*, remarque qu'on a veu les peuples si accoustumés à ne point entendre la Messe pendant les interdits, qu'ils se mocquoient des Prétres qui la disoient aprés que les interdits estoient leuez. Le mal que causent ces censures estant si grand, & les interdits, qui sont des medecines, apportans de si grands desordres, quels déreglemens ne causeront point les maximes des Iansenistes, qui sont les plus mortels poisons en cette matiere, & les pestes les plus dangereuses, qui aient infecté l'Eglise depuis longtemps ? Quels rauages ne feroient-ils point, si les Prelats les souffroient traiter le Sacrement de la Penitence à leur mode, & si on leur permet de ne donner le Corps du Fils de Dieu, qu'à ceux, qui auront les dispositions que leurs Lettres disent estre necessaires. Si on ne retranche bien-tost du nombre des Fideles ces esprits adroits, qui s'accommodent pour vn temps à vne partie des reglemens de l'Eglise, pour amuser les Superieurs : & pour tromper les simples, qui voient ce concours de peuple, qui Communie & qui se Confesse à Port-Royal, si disie, on ne fait ces choses, ils executeront mal-gré les Prelats le dessein qu'ils ont tousiours eu de changer la pratique de l'Eglise, & de luy donner vne autre face : aprés qu'ils auront perdu peu à peu la mauuaise opinion qu'on auoit conceüe d'eux, aprés tant de condamnations qu'ils ont souffertes à Rome & en France.

XLV. Obiection. Les Casuistes permettent à vn penitent d'auoir deux Confesseurs. L'vn ordinaire pour les pechez veniels, & l'autre pour les mortels, afin de se maintenir en bonne reputation auprés de son Confesseur ordinaire. 2. Ils disent que celuy qui a honte de confesser vn peché, dans lequel il est tombé depuis sa derniere Confession, peut faire vne Confession generale, & confondre ce peché auec les autres, dont on s'accuse en gros. *Lettre* 10. *page* 1.

Response. Les Casuistes enseignent qu'vn penitent n'est pas obligé de se Confesser tousiours au mesme Confesseur, & les Iansenistes veulent obliger les penitens à retourner à eux, & pour reüssir en leur dessein ils different long-temps l'absolution, & font mille questions superfluës. Qui des Casuistes ou des Iansenistes ont vn procedé moins interessé ? Les Casuistes disent que si vn penitent a trop de honte de confesser des cheutes humiliantes à son Confesseur ordinaire, peut pour cette fois là se seruir d'vn autre Confesseur. Qu'y a-t-il à redire en cela, puisque ny Iesus-Christ ny l'Eglise n'obligent les Fideles à se Confesser tousiours au mesme Confesseur ? Les Casuistes disent, que si ces cheutes continuoient long-temps, que le penitent pourroit auoir deux Confesseurs, à l'vn desquels, qui ne connoistroit pas le penitent, il declareroit les fautes extraordinaires, & à l'autre auprés duquel il desire de conseruer sa reputation, il confesseroit les fautes communes. En toute cette doctrine il n'y a rien qui merite censure, pourueu que ce changement de Confesseur, ne procede pas du dessein qu'a le penitent de continuer son crime ; ou que le penitent ne prenne pas occasion de ce changement de se flatter dans ses pechez. L'opinion contraire des Iansenistes n'est bonne qu'à produire beaucoup de sacrileges, car il se trouue des personnes, qui à raison de leur estat sont obligées d'aller à vn certain Confesseur ; par exemple, les filles vont d'ordinaire au Confesseur de leurs meres, si ces ames timides ont trop de peine de confesser quelque faute, qui leur paroist quelquefois plus grande qu'elle n'est: vaut-il pas mieux qu'elles prennent leur temps de se confesser à vn Prestre qui ne les connoist point, que de les engager à commettre vn sacrilege, en taisant vn peché qu'elles n'oseroient declarer, Dittes-nous, Messieurs, ce que veut dire, *misericordiam volo & non sacrificium*.

Il y a aussi de bons Autheurs, rapportés par Diana, *part.* 3. traitté 4. *resol.* 62 *&* 86. qui tiennent que le penitent peut declarer dans vne Confession generalle, les pechez qu'il auroit commis depuis sa Confession particuliere, dont-ils n'auroit point receu l'absolution, parce qu'il n'est pas necessaire que le Confesseur sçache en quel temps chaque peché a esté commis, on peut toutefois objecter contre cette pratique que le Confesseur donnera vne bien moindre penitence pour ce peché, qu'il estime auoir desia esté confessé dans des confessions particulieres, & que le penitent trompe son Confesseur en éludant la penitence; mais à cela on peut répondre que pour le moins cette pratique est bonne pour le temps d'vn Iubilé, auquel les Prestres ne sont pas obligés à donner de grandes penitences; & pour les autres temps on peut dire que le penitent prendra luy-mesme des penitences volontaires, proportionnées à son peché: Enfin les Casuistes ne souffrent ces opinions que par de grandes condescendences pour s'accommoder à la foiblesse d'vn penitent: mais au fonds leur doctrine est saine & veritable, & si vous auez quelque chose à y opposer, vous deuiez le mettre en auant.

XLVI. Objection. Le Pere Bauny enseigne que hors de certaines occasions, qui n'arriuent que rarement, le Confesseur n'a pas droict de demander, si le peché dont on s'accuse, est vn peché d'habitude.

Response. *Diana Parte prima, tract. 7. resol.* 15. cite cinq ou six bons Theologiens qui enseignent ce que dit le Pere Bauny. D'autres disent que si le Confesseur iuge que cette connoissance soit vtile pour le penitent, qu'il peut l'interroger sur cette circonstance. Il y en a peu qui s'obligent à confesser la circonstance du peché d'habitude auant qu'il en soit interrogé. Ie ne m'estends pas sur cette matiere, parce que ie n'ay pas dessein d'instruire icy les Confesseurs. Ie diray seulement, que s'il faut prendre garde, de ne pas rendre la confession odieuse aux penitens: Il ne faut pas estre moins consideré, pour ne pas imposer des loix seueres aux Confesseurs, qui les esloignent de l'administration de ce Sacrement; car pensant faire plaisir aux penitens, on les desobligeroit grandement. Et pour venir au cas dont il s'agit, ie crois que le Confesseur peut interroger le penitent sur l'habitude, iusques à ce qu'il tesmoigne de la repugnance à répondre; mais apres il ne faut pas le presser: beaucoup moins refuser l'absolution.

XLVII. Objection. Les Casuistes enseignent qu'on n'est pas obligé de confesser les circonstances qui ne changent pas l'espece, Lettre 10. page 2.

Response. Cette opinion est tres-probable, mais il est faux qu'vne personne qui a mangé de la chair vn iour de jeûne, & qui a fait plusieurs repas, satisface endisant qu'il n'a pas ieûné vn iour. Le Secretaire de Port Royal cite Granado pour Autheur de l'opinion qui enseigne, que celuy-là s'expliqueroit suffisamment. I'auouë que ie n'ay pas leu Granado, mais i'ay peine à croire qu'vn si sçauant homme, se soit trompé dans vne matiere si facile. Il est bien vray que plusieurs Theologiens enseignent, que quand plusieurs preceptes commandent vne mesme chose, celuy qui n'obeït pas, n'est pas obligé de dire que deux commandemens l'obligeoient à l'executer. Par exemple, les Quatre-temps de Septembre tombent quelquesfois en sorte, que la Vigile de S. Mathieu se rencontre l'vn des iours qu'il falloit ieûner pour les Quatre-temps : En cette opinion, celuy qui ne ieusneroit pas ce iour-là, ne seroit pas obligé de dire, qu'il n'a pas ieûné vn iour, qu'il deuoit ieûner pour les Quatre-temps, & pour la Vigile de S. Mathieu. Il en est de mesme d'vn qui n'auroit pas entendu la Messe vn iour de Feste qui tomberoit au Dimanche. Mais quand les Commandemens obligent à diuerses choses, comme à entendre la Messe aux iours de Festes, & à ne point trauailler ; celuy qui auroit perdu la Messe pour trauailler, ne satisferoit pas, en disant ie n'ay pas gardé les iours de Festes. Or dans le commandement du ieusne, l'Eglise commande deux choses, la premiere consiste dans l'abstinence de la chair; & la seconde, à ne faire qu'vn repas.

Il se pourroit bien faire, que Granadus a dit, qu'vn homme qui auroit mangé de la chair vn iour de ieusne, s'expliqueroit assez en disant, qu'il a mangé de la chair, sans dire qu'il a fait plusieurs repas, parce que plusieurs Theologiens croyent, que l'essence du ieusne est tellement attachée à l'abstinence de la chair, que celuy qui en a mangé le iour de ieusne n'est plus obligé à ne faire qu'vn repas. Quoy qu'il en soit, si Granadus dit ce que le Secretaire veut qu'il dise, les autres Casuistes ne le suiuent pas.

Le Secretaire reprend aussi mal à propos les Casuistes qui disent, qu'il n'est pas necessaire, que les deuins expliquent de quelle sorte de deuiner, ils se sont seruis, car la matiere de ces superstitions diaboliques ne change pas l'espece : Soit qu'on se serue de la terre, ou de l'eau, ou de la main. C'est le pacte qu'on a auec le Demon exprés ou tacite qui constituë l'espece. Si toutesfois il y auoit deux sortes de deuiner, dont l'vne fust naturelle, comme la Chiromantie, qui conjecture des inclinations de la personne, par les lineamens qui sont aux mains : il faudroit l'expliquer en confession, parce qu'il n'y a point de peché en cette derniere espece, pourueu qu'on ne s'y arreste, que comme à des conjectures qui n'ont rien de certain. Reginaldus n'a point d'autres sentimens sur ce sujet, que les autres Theologiens; & le Secretaire luy impose d'auoir dit qu'il ne faut pas expliquer l'espece de Chiromantie, car cét Autheur n'en parle pas au lieu que le Ianseniste allegue.

Le Secretaire n'a pareillement pas raison de reprendre les Theologiens, de ce qu'ils disent, que le rapt n'est pas vne circonstance qu'on soit tenu de découurir quand la fille y a consenty, pourueu que le mal se soit passé chez les parens, ou chez le tuteur de la fille; parce que la fille est maistresse de son corps, ainsi que i'ay dit dans l'Objection. Mais si la fille est transportée de la maison de ses parens, ou du tuteur contre leur gré, Sanches *lib. 7. disp. 12. n. 12. & 35. Fagundes lib. 6. cap. 11. Ribellus, Siluester, Salsedo, & autres, enseignent que ce peché de rapt est contre la Iustice, & qu'il faut l'expliquer en confession.*

XLVIII. Objection. Les Casuistes enseignent, que si le penitent declare qu'il veut remettre à l'autre monde à faire penitence, & souffrir en Purgatoire toutes les peines qui luy sont deuës; alors le Confesseur doit luy imposer vne penitence bien legere, pour l'integrité du Sacrement. Et pareillement s'il reconnoist qu'il n'en accepteroit pas vne plus grande, Lettre dixiéme, pag. 2.

Response. *Diana part. 3. tract. 4. resol. 51.* allegue dix-sept Autheurs la pluspart Iesuites, qui enseignent qu'on doit refuser l'absolution à celuy qui ne se soûmet pas à vne penitence raisonnable. A ces dix-sept i'ajouste *le Pere Iean Morin de l'Oratoire, lib. 40. cap. 50. pag. 12.* Le mesme Diana cite dix Autheurs, dont vne bonne partie ne sont pas Iesuites, qui disent qu'on le peut absoudre, à cause que l'essence du Sacrement est toute entiere, encore qu'on n'impose point de penitence. Ie ne suis pas de ce dernier aduis. Il est toutesfois vray que dans la primitiue Eglise, on donnoit quelquesfois l'absolution à des Scelerats qui auoient commis de grands crimes, sans leur imposer de penitence; mais c'estoit à cause de leur grande contrition, & non pour ce qu'ils la refusoient. *Le Pere Iean Morin traitte cette matiere, lib. 4. cap. 11. pag.* 187. qui peut seruir de quelque excuse à ceux qui croyent, qu'on peut se seruir de condescendence auec les grands pecheurs, en leur donnant de petites penitences, lors qu'ils refusent d'en accepter de plus rigoureuses, quoy qu'ils ne donnent pas des marques d'vne contrition extraordinaire.

XLIX. Objection. Les Casuistes enseignent que le Confesseur peut aisément se mettre en repos, touchant la disposition de son penitent: car s'il ne donne pas des signes suffisants de douleur, le Confesseur n'a qu'à luy demander s'il ne deteste pas le peché dans son ame: & s'il répond qu'ouy; il est obligé de l'en croire: & il faut dire la mesme chose de la resolution pour l'auenir, à moins qu'il y eust quelque obligation de restituer, ou de quitter quelque occasion prochaine.

Response. Le Secretaire Ianseniste pretend par cette Objection de mettre en vogue les maximes de S. Cyran & du sieur Arnaud, qui veulent, que le Confesseur differe long-temps l'absolution, apres qu'il a entendu les pechez, afin qu'il puisse auoir des marques infaillibles de la contrition du penitent. Monsieur Arnaud chap. 12. de la seconde partie du Liure de la frequente Communion, & presque dãs tout le reste de cette mesme partie, dit souuent *que c'est vn abus, vne alteration, vne deffaillance, vne corruption, qui traisne apres soy l'impenitence generale, que de ne pas differer l'absolution.* Et au mesme chapitre 12. il décend aux particuliers, & marque le temps de ce delay; à sçauoir *iusques à tant que le penitent se soit purifié par vne satisfaction salutaire & proportionnée à ses pechez.* Les Liures de ces deux Iansenistes sont remplis de semblables calomnies contre l'Eglise presente, contre lesquelles ie soustiens que c'est vn erreur de condamner l'Eglise d'imperfection & de deffaillance, parce qu'elle ne pratique plus ces rigoureuses afflictions du corps, & ces austeres penitences qu'elle a quelques temps imposées à ses enfans, parce que ces mortifications ne sont que l'escorce de la perfection. Elle consiste dans la charité & dans les vertus Theologales & morales, & pour bien juger de la perfection de l'Eglise en diuers siecles, il faudroit sçauoir en quel siecle il y a eu plus de connoissance & d'amour de Dieu, ce qui est tres-difficile; & c'est vn abus de condamner l'Eglise de corruption, parce qu'elle ne pratique plus les penitences, que les heretiques & les gueux de Lyon exerçoient sur leurs corps, auec tant de cruauté, & auec de si grands excés.

Le Diable a ses martyrs, les Bonzes du Iappon faisoient des ieûnes de sept & huit iours sans mãger, & quelques-vns des Turcs, affligent leurs corps de penitences tres-rigoureuses. Ces choses exterieures peuuent estre inspirées de l'esprit de Dieu, & suggerées de celuy du Diable: mais la charité & les vertus ne reconnoissent que Dieu pour leur principe. Lors que i'ay leu le Liure du Pere Morin i'eus peur que ce qu'il a tiré de Baronius, & des autres Autheurs anciens & modernes, pour composer les traittez qu'il a fait sur les diuerses sortes de penitence publique & auriculaire. I'eus, dis-je, peur que ce Liure parlant de la penitence publique auec zele, & rapportant dans plusieurs siecles les grandes rigueurs dont l'Eglise se seruoit iusques à l'an 1200. ne seruist d'vne preuue aux Iansenistes, pour justifier leur, accusations contre l Eglise, & qu'ils ne tirassent auantage de ce docte Pere, pour conuaincre l'Eglise de deffaillance & d'imperfection. Mais apres auoir parcouru le Liure entier, i'ay remarqué que Dieu a fait dans cét ouurage ce que sa prouidence garde pour les herbes venimeuses, ou qui peuuent porter préjudice à la santé; car

pour

pour l'ordinaire il fait naistre vne autre herbe auprés, qui a des qualitez contraires qui sont capables de remedier au mal que la premiere pourroit causer. Ainsi dans ce Liure d'où les Iansenistes eussent pû tirer des pretextes, & des palliations à leurs erreurs, i'ay trouué que le Reuerend Pere Morin nous a rapporté auec beaucoup de curiosité les grandes penitences & les austeritez fort extraordinaires, dont les Iuifs se sont seruis depuis la mort de nostre Seigneur, pour punir ceux d'entr'eux, qui estoient tombez dans des pechez contre la Loy. Et ie me sers de ces penitences contre les Iansenistes, & leur soustiens, que de mesme que ce seroit vne erreur de preferer les Synagogues de nostre temps, ou celles qui ont esté depuis que l'Euangile a esté presché à la veritable Synagogue, qui a esté deuant la venuë du Messie; quoy que cette derniere ne fist pas de si grandes & de si rigoureuses penitences, comme les Rabbins en ont fait faire depuis la mort de nostre Seigneur, ainsi c'est vne erreur, de conclure contre l'Eglise de maintenant, qu'elle est defectueuse & moins parfaite, que la primitiue, à cause que dans la primitiue on y faisoit de plus grandes austeritez.

Et puis qui vous a dit, Messieurs les Iansenistes, ce que les Religieux & les bons Chrestiens font d'austeritez & de mortifications? Nous auons parmy nous des Chrestiens qui ne quittent point le cilice auec vn ieusne perpetuel. Regardés les ordres des Mendiants, dans l'abstinence des viandes, mortifiés en toutes les parties de leurs corps, seueres pour eux, & pleins de charité & de compassion pour les pecheurs; au lieu que nous ne voyons parmy les Iansenistes que de la delicatesse & de bons traittemens pour eux, & vne cruauté pour les penitens. En quoy ils sont pires que ces Prestres de Baal, qui se déchiroient de coups de rasoirs, & se tiroient le sang par les ouuertures qu'ils se faisoient auec des lancettes, afin de combattre l'austerité d'Elie, contre qui ils disputoient de la verité de la Religion. Vous deuiez commencer par vous-mesmes, & essayer sur vous les rigueurs dont vous voulez vser en nostre endroit.

Ie réponds en second lieu, que vostre maxime, qui iuge de la contrition, par la bonne vie, qui suit apres la confession, est fautiue & sujette à tromperie. L'exemple de S. Pierre le prouue assez, car il renia Dieu apres auoir fait tant de protestations & tant d'actes d'amour enuers son Maistre. Son reniement marque-t'il que S. Pierre n'auoit pas aimé Dieu deuant sa cheute? nullement; car son Maistre luy auoit dit qu'il estoit sans tache & sans peché, & qu'il auoit la charité. *Qui lotus est non indiget, nisi vt pedes lauet & vos mundi estis*. Le chancellement que témoigna S. Pierre aux interrogations que luy firent les seruantes

X.

ne marque pas que les promesses qu'il fit à son Maistre manquoient de resolution, De mesme que quand vn homme marche sur la glace, la trentiéme fois qu'il tombe, ne prouue pas que les autres fois qu'il s'est releué il n'ait pas eu bonne intention, & vne ferme resolution de ne plus cheoir. Mais le peché de Saint Pierre est vne conuiction de la fragilité de nostre nature, & la trentiéme cheute de celuy qui marche sur la glace, fait veoir le danger qu'il y a dans des occasions si glissantes.

L. Objection. Les Casuistes disent qu'il n'est pas necessaire que le Confesseur se persuade, que la resolution de son penitent s'executera, ny qu'il le iuge mesme problablement: mais il suffit qu'il pense que le penitent a à l'heure mesme le dessein general, quoy qu'il doiue retomber en bien peu de temps, *Lettre dixiéme, page 3. à la fin.*

Response. La doctrine des Iansenistes tend au desespoir & ruïne le Sacrement de la confession. Car où trouuera-t'on des penitens, de qui le Prestre se puisse asseurer qu'ils ne retomberont point ? & si les Confesseurs attendoient cette certitude, & s'ils vouloient iuger de l'áuenir, par les fautes passées, dont les penitens se confessent ; il ne faudroit plus de confession, car les ames qui ont conserué leur innocence Baptismale n'en ont pas besoin, & on n'a pas de certitude, que ceux qui sont tombez dans des pechez mortels, lors qu'ils auoient la grace du Baptesme, n'y retourneront plus apres qu'ils seront confessez. Cette maxime des Iansenistes est donc pernicieuse à l'Eglise, & pire qu'vn interdit general. Et ce qu'ils nous reprochent dans leur Objection est le sentiment de tous les bons Autheurs conforme à ce que Iesus-Christ dit à S. Pierre, lors qu'il luy demanda s'il pardonneroit sept fois à celuy qui l'offenseroit ; il ne luy répondit pas qu'il falloit auoir certitude de l'amendement de celuy qui l'auroit offensé ; mais supposant qu'il reïtereroit ses offenses, il ordonna à S. Pierre de pardonner septante fois sept fois. Dieu de qui le Confesseur tient la place est infiniment plus misericordieux : Le Prestre doit donc absoudre le penitent, quoy qu'il suppose qu'il retournera à son peché. Les Theologiens vont plus auant, & disent que quand mesmes le penitent iugeroit qu'il est pour retomber bien-tost en sa faute, il est toutesfois en estat de receuoir l'absolution, pourueu que le peché luy déplaise au temps de la confession. Et cette veuë qu'il a de ses recheutes doit le porter au remede de la confession pour se fortifier. De mesme qu'vn malade qui a la goutte, ne laisse pas d'auoir vn grand desir de s'en deffaire, quoy qu'il preuoye qu'elle retournera : Et dautant plus qu'il en craint le retour, dautant est-il plus soigneux, pour se munir de preseruatifs & de remedes.

LI. Objection. Les Casuistes enseignent qu'on peut donner l'absolution à ceux qui commettent des pechez d'habitude, ou qui retombent souuent dans les mesmes pechez dont ils auoient promis de s'amender; & à ceux qui demeurent dans l'occasion de les commettre, *Lettre dixiéme*, *page* 4.

Responsе. Les Iansenistes nous ont desia fait ce reproche dans vne autre Lettre, & ie leur ay desia répondu, mais ils s'opiniastrent & veulent à quelque prix que ce soit introduire la disposition que le Liure de la frequente Communion, Partie premiere, Chapitre premier, requiert pour s'approcher du Sacrement de l'Eucharistie; à sçauoir, que l'on ait l'esprit & l'imagination libre des fantosmes, & des images qui restent des dereglemens passez, par vne habitude, & par vn amour diuin pur, & sans aucun meslange; & sous pretexte de ce respect au Sacrement, ils en retirent tout le monde. Car où trouuera-t'on des personnes qui soient dans ces excellentes habitudes du bien, & dans cette eminence de l'amour diuin. Ie ne crois pas que non seulement entre les Seculiers, mais encore dans les Religions, on trouue ordinairement des personnes qui ayent cét amour diuin pur & sans meslange, apres les trente & quarante ans de mortifications, de meditations, apres tant de reflexions sur leurs actions, & tant de souffrances. Et si pour communier il faut estre dans cét estat, voila l'interdit pour la communion, aussi bien que pour la penitence.

LII. Objection. Les Casuistes enseignent que c'est vne erreur de dire que la contrition soit necessaire, & que l'attrition toute seule conceuë par le seul motif des peines d'Enfer, qui exclud la volonté d'offenser, ne suffit pas auec le Sacrement de Penitence, *Lettre dixiéme*, *page* 5.

Response. Les Theologiens qui ont écrit depuis le Concile de Trente, enseignent ordinairement tout ce que vous blasmés en cette Objection. Et pour ce que vous dites, Monsieur, que Suares tient que nostre opinion n'est pas trop ancienne. Il est vray qu'à l'égard de la certitude qu'elle a maintenant, elle n'est que depuis le Concile de Trente qui l'a nettement decidée. Il est encore vray que quelques Casuistes & Iesuites ont enseigné, que la crainte des chastimens temporels, dont Dieu nous menace si souuent dans l'Ancien & dans le Nouueau Testament, suffit pour receuoir l'absolution, quand le pecheur est resolu de se corriger de ses crimes; & vous auriez bien de la peine à monstrer pourquoy la crainte des peines de l'Enfer dont Dieu menace, suffit pour le Sacrement, & la crainte des pestes, des guerres & pertes de biens dont Dieu nous menace pour chastier les pechez n'est pas suffisante.

Il eſt encore certain que Gregorius à Valentia enſeigne que le principal effet de la confeſſion Sacramentale, eſtant de reſuſciter l'ame que le peché mortel auoit tuée : Si la contrition precede le Sacrement de confeſſion, elle empeſche que la confeſſion ne produiſe cét effet, puis que la contrition reſuſcite auſſi l'ame: Mais outre le principal effet du Sacrement de la confeſſion, il y en a vn ſecond qui conſiſte dans vn redoublement de grace,que ce Sacrement produit : lors que l'ame eſtant deſia reſuſcitée, par la contrition, elle vient à ſe confeſſer. Ce que vous auez diſſimulé par ignorance ou par malice, pour rendre odieuſe la doctrine des Caſuiſtes, qui dit que la contrition empeſche quelquefois l'effet du Sacrement de penitence.

En tout ce que ie viens de vous accorder, il n'y a rien qui merite de ſeruir de ſujet à vos declamations, rien qui merite que vous vous eſtendiſſiez à faire des amplifications fades & ridicules contre les Caſuiſtes; comme s'ils preferoient la loy de l'Euangile à l'ancien Teſtament; en ce que dans la Loy de Moyſe, on eſtoit obligé de ſe conuertir à Dieu, & de l'aimer d'vn vray amour, & que dans la Loy de l'Euangile il ſuffit de craindre l'Enfer, & de conſiderer Dieu comme Iuge. Ce n'eſt pas ainſi que les Caſuiſtes preferent l'Euangile à la Loy : mais ils diſent que l'Euangile a tous les auantages pour aimer Dieu, qu'auoient ceux qui viuoient ſous l'ancien Teſtament; & qu'outre cela, ils ont le Sacrement de la confeſſion qui leur donne vne grande facilité à l'aimer; parce que l'attrition eſtant jointe à l'abſolution, elle produit la grace & l'habitude de la charité, laquelle habitude Dieu s'eſt obligé d'accompagner de graces preuenantes qui portent l'ame à exercer des actes d'amour pur, & d'vne charité parfaite. De ſorte qu'il eſt faux que les Caſuiſtes mettent l'auantage de la Loy de l'Euangile en ce qu'on peut ſe ſauuer en produiſant moins d'actes d'amour : car ce n'eſt là qu'vne partie de cét auantage; au contraire ils mettent le principal de cette prerogatiue, en ce que l'ancienne Loy n'auoit point de Sacrement de confeſſion qui produiſiſt l'habitude de la charité comme nous auons; enſuitte de laquelle Dieu s'eſt obligé de donner des graces actuelles qui portent à l'amour de Dieu. Ce que les Theologiens diſent de l'habitude de la charité, s'entend auſſi des autres vertus, tant theologales que morales, que Dieu verſe dans l'ame, dans le Sacrement de penitence; Dieu s'obligeant en leur conſideration de donner des graces actuelles pour produire des actes de ces vertus; autrement ſeroit en vain, que Dieu donneroit ces habitudes. Or dans l'ancien Teſtament il n'y auoit point de Sacrement eſtably, pour la production de ces habitudes. Et c'eſt en cela que nous donnons l'auantage à la Loy Euangelique par dessus celle de Moyse. Cét auantage est d'autant plus grand, que ce n'est pas seulement dans le Sacrement de la penitence, que Dieu se contente de l'attrition, pour verser dans l'ame l'habitude de la charité; mais outre cela, il vse de la mesme misericorde dans les autres, quand on ne croit pas estre en peché mortel en les receuant.

LIII. Obiection. Les Casuistes ont deschargé les hommes de l'obligation d'aimer Dieu actuellement, & ont soustenu qu'vn homme adulte peut estre sauué, sans auoir en toute sa vie fait vn acte d'amour enuers Dieu, *Lettre dixieme, page* 7.

Responsе. Outre les Theologiens, tant Seculiers, que des Ordres Religieux, qui ont esté alleguez dans les Apologies que les Iesuites ont fait contre vous: Vous mesme Monsieur le Secretaire en nommez six de la societé, qui reconnoissent l'obligation que les Chrestiens ont d'aimer Dieu: mais ils ne tombent pas d'accord du temps auquel ce precepte les oblige. Et vous estes assez effronté pour dire que Suares, Vasques, & les autres Iesuites se ioüent insolemment de l'amour de Dieu par leur badinage. Si vous auiez leu les Theologiens, vous sçauriez que les Iesuites suiuent en ce poinct, comme en tous les autres, les Autheurs qui les ont precedés. Tous disent que nous sommes obligés d'aimer Dieu, mais aucun ne prouue clairement le temps de cette obligation. Que si les Iansenistes ont quelque éclaircissement à nous donner sur ce poinct, ils le deuroient communiquer à l'Eglise, qui est si fort en peine du temps auquel nous sommes obligés de faire des actes d'amour; non pas calomnier des Docteurs qui ont dit leur sentiment pour l'édification des Fideles. Mais s'ils n'ont que les erreurs de S. Cyran & de Iansenius nous debiter, qui tiennent pour maxime que les Chrestiens doiuent en toutes leurs actions aimer Dieu, & qu'il n'y a point d'action vertueuse, si elle n'est commandée par la charité; nous n'approuuons point ces erreurs, & nous nous tenons aux opinions des Theologiens, à l'égard du temps de cette obligation, qui ne laisseront pas de demeurer problables malgré les bouffonneries des Iansenistes. L'opinion de ceux qui enseignent que nous sommes obligez d'aimer actuellement Dieu quand nous sommes attaquez de quelque vehemente tentation de haine ou d'amour m'a tousiours semblé raisonnable. Car pour lors le bien sensible se presentant auec beaucoup de violence, & auec des charmes ou des aigreurs qui émeuuent auec impetuosité la concupiscence; La raison en demeure si troublée, & la volonté si fort esbranlée, qu'elle manque de force pour faire resistance, si Dieu ne luy presente vn objet grandement épouuentable, comme le chastiment de l Enfer; ou grandement aimable comme est la bonte de Dieu ,afin de diuertir la vehemence de la passion. Que si Dieu presente à la personne qui est tentée des lumieres qui luy découurent sa bonté, & si il luy donne des attraits pour aimer cette bonté diuine, sans luy fournir d'autres moyens de surmonter la tentation ; la personne tentée est obligée de faire vn acte d'amour de Dieu, & de renoncer à l'amour de l'objet sensible. Et ie ne doute point que ceux qui surmontent les grandes tentations n'exercent souuent des actes de cét amour, que les Theologiens appellent appretiatif, encore qu'ils ne s'en apperçoiuent pas, à cause qu'il est combatu d'vne autre inclination sensible. Que si Dieu ne nous donne point ces attraits qui nous portent à l'aimer, il n'y a que les Iansenistes qui obligent en ces rencontres à l'amour actuel de Dieu ; parce qu'il n'y a que les Iansenistes qui croyent que Dieu nous commande des choses impossibles.

LIV. Objection. L'Apologiste des Iesuites a eu tort de reprocher au Secretaire du Port Royal son stile, railleur & bouffon, parce que la raillerie est vne vertu dont la charité se sert vtilement, quand il faut corriger quelque chose de ridicule & d'extrauaguant, ainsi que la morale des Casuistes l'est. *Lettre* II. *pages* I. 2. 3. 4.

Response. Si le Secretaire auoit passé autant de temps à s'instruire dans les Philosophes de la nature de la raillerie, qu'il en a mis à composer la rapsodie qu'il a tirée de diuers Autheurs en sa faueur ; il eut appris qu'elle est pour l'ordinaire sœur germaine de la bouffonnerie & de la farce, & qu'il est tres-difficile d'en faire vn bon vsage à cause des circonstances necessaires qui se rencontrent rarement, & que mesmes quand elles se trouuent toutes ensemble la raillerie n'est pas vne grande vertu. Car si on la prend pour l'eutrapelie qui porte l'homme à conuerser agreablement auec les autres, elle degenere facilement en scurrilité & legereté: & si par la raillerie on entend parler du mépris qu'on témoigne d'vne personne pour quelque vice & pour l'en corriger ; c'est vn grand hazard si vne personne qui se verra méprisée se rend aux auertissemens d'vn mocqueur. S'il se fut aussi donné le loisir de lire les Casuistes & les Canonistes, il eut appris de la question 57. de la seconde de Saint Thomas, que la raillerie quand elle degenere de la vertu pour passer au vice, est de sa nature peché mortel. Les interpretes de S. Thomas, c'est à dire les Scholastiques, & ceux qui ont fait des Sommes de cas comme Angelus, Tabiena, Siluester, & les autres, sont communement de ce sentiment : principalement si l'on prend des personnes dédiées à Dieu, ou d'autres gens de bien pour sujet de la raillerie.

Ces Theologiens disent qu'entre les pechez qui se commettent par la langue, quoy que la médisance en soit vn tres-grief; le conuice tontesfois ou la contumelie l'emporte en méchanceté; à cause que la médisance se fait en l'absence de la personne que l'on diffame, & la contumelie l'outrage, & luy dit des injures en sa presence. Les mesmes enseignẽt que la raillerie est pire que la detraction & que la contumelie, à raison du mépris qu'elle fait de la personne qui est raillée; car le railleur fait si peu d'estat de l'honneur de cette personne, & du déplaisir qu'il pretend luy faire souffrir, qu'il prend tout cela pour vn jeu, & en fait son diuertissement & celuy des autres. Voila ce que l'injustice de la raillerie fait à celuy dont elle se ioüe.

La méchanceté de la raillerie ne s'arreste pas là; elle est outre cela presque tousiours accompagnée du peché de scandale, car le railleur estant vain & glorieux, il cherche de faire ses railleries en public, afin de paroistre de bon esprit; & par ce moyen il rend complices de ses crimes autant de personnes qu'il y en a qui approuuent ses railleries, & si ce railleur ne peut debiter ses bouffonneries que par l'entremise de quelques-vns, tous ceux qui contribuent à ce debit, prennent aussi part à son peché. D'où s'ensuit que les Libraires qui impriment les railleries du Port Royal, ceux qui les debitent, ou qui les vendent, ceux qui les acheptent, ou qui les lisent sont criminels, & participent au peché de celuy qui a fait ces Lettres. La chose est claire d'elle-mesme: il est toutesfois à propos de le prouuer par l'authorité d'vn ancien Casuiste que le Secretaire & les Iansenistes auront peine à recuser. C'est S. Augustin qui au traitté centiéme sur le chap. 16. de S. Iean enseigne que celuy qui donne de l'argent pour assister aux railleries d'vn bouffon commet vn crime énorme, parce qu'il entretient cét homme en son peché, & se rend complice du mal qui est en la raillerie de ce farceur. *Donare res suas histriombus vitium est immane, non virtus. Et scitis de talibus quam sit frequens fama cum laude, quia sicut scriptum est, laudatur peccator in desiderijs animæ suæ & iniquus benedicitur. C'est vn peché effroyable de donner de l'argent à des bouffons & faiseurs de farces, & vous sçauez que l'on applique ordinairement & auec verité à ces sortes de gens, ce verset de Dauid qui porte, que l'on donne des applaudissemens aux vicieuses inclinations des pecheurs, & que l'on donne des loüanges au méchant qui merite des supplices pour son crime.* C'est ce qui s'est pratiqué dans Paris à l'égard des Lettres railleuses des Iansenistes, elles ont esté bien receuës dans les maisons, les ruelles des Dames s'en sont diuerties, on y a donné des applaudissemens au bel esprit qui les a composées, on les a venduës publiquement dans les ruës; & ce qui est estonnant, est qu'on qualifioit la huictiéme Lettre du tiltre de gentille, qui est toute remplie de bouffonneries contre les deuotions, que le simple peuple pratique enuers la mere du Fils de Dieu. Qu'eust dit S. Augustin contre ceux qui ont approuué ces railleries, & contre ces Lettres bouffonnes de Port-Royal. Qu'eust-il dit contre ceux qui les ont debitées, qui les ont acheptées, & contre ceux qui les ont leuës, luy qui condamne d'vn énorme peché ceux qui donnent de l'argent pour se recréer en assistant à quelque raillerie d'vn basteleur, qui ne dure que peu de temps, qui se passe en presence de peu de personnes, & où l'honneur des Prestres, des Religieux & des Docteurs Catholiques n'est point ioüé, ainsi qu'il l'est dans ces Lettres des Iansenistes qui se debitent par toute la France.

L'niustice que l'on commet contre la personne dont on se ioüe, & le scandale que donne le railleur à ceux qui contribuent à sa raillerie, ou son diuertissement, font assez veoir la malignité de ce doux poison, & combien le Port-Royal est infecté, puisqu'il a tant répandu de ce venin : il reste encore neantmoins vne circonstance à considerer, qui rend ce vice dangereux plus qu'aucun autre, quel qu'il soit. C'est que le railleur est presque incurable, & qu'il faut des lumieres de Dieu fort extraordinaires, ou des chastimens des hommes tres-seueres, pour corriger vn homme qui s'est accoustumé à railler. Les autres pechez importunent assez souuent, & chagrinent ceux qui les commettent, & quand ces excés viennent à la connoissance des autres ils leur donnent de l'horreur, & on s'éloigne de la conuersation de ceux qui s'y laissent emporter : au lieu que la raillerie tire vne grande satifaction d'elle-mesme ; & qu'elle s'entretient des applaudissemens de ceux qui la recherchent pour s'en diuertir.

Le Secretaire deuoit lire ces Theologiens auant que d'estre si liberal à donner à la raillerie les grands éloges que nous lisons dans sa onziéme Lettre. Il y a de l'apparence qu'il n'eust pas esté si hardy à mettre pour vne des principales maximes de la morale des Iansenistes, & d'où ils se vantent de tirer vn puissant secours contre celle des Catholiques, vn vice que les Theologiens bannissent de la vie des Chrestiens, comme la peste de la deuotion & l'ennemie de toute vertu. Car quoy qu'il fasse estat de mépriser les Casuistes, les raisons dont il se sert pour condamner la raillerie luy eussent donné de la confusion, & se souuenant d'auoir blasmé Dicastillus, d'auoir enseigné que l'on peut quelquesfois calomnier son ennemy sans commettre vn peché mortel, & d'auoir par ce moyen donné lieu de multiplier les calomnies ; il eut peut-estre craint qu'on ne luy reprochast auec plus de raison, qu'introduisant la raillerie pour vne maxime vertueuse,

vertueuse, il ne multipliassent les pechez mortels que commettent plusieurs personnes qui sous pretexte de correction fraternelle railleront des defauts du prochain que l'on remarque d'ordinaire plus curieusement que ses perfections.

Les Canonistes ne sont pas moins seueres que les Theologiens pour condamner la raillerie, & les Conciles la defendent si absolument à l'égard des personnes Ecclesiastiques, que non seulement ils ne leur permettent pas de railler, ils ne souffrent pas mesmes qu'ils se trouuent aux lieux où les railleries & bouffonneries se font par des personnes Seculieres. Ie renuoye le Secretaire au Canon, *non oportet de consecrat dist.* 5. où le Concile de Leodicée témoigne auoir grande horreur des bouffonneries & railleries; & commande tres-estroitement aux Ecclesiastiques, que si par necessité ou bien-seance ils se trouuent engagés à des festins de nopces, ou d'autres réjoüissances honnestes ils ayent à se leuer de table aussi-tost qu'ils sçauront que quelques farceurs ou bouffons doiuent diuertir la compagnie par leurs railleries. Qu'eust dit ce Saint Concile des railleries du Port-Royal faites par des Prestres, contre d'autres Prestres, & contre des Religieux, & en des matieres honteuses & indecentes, puis qu'il deffend aux Ecclesiastiques d'assister à des railleries qui vray-semblablement n'estoient pas tout à fait mauuaises, veu qu'on ne les deffend pas aux personnes seculieres. Ie renuoye encore le Secretaire au chap. *cum decorem de vita & honestate clericorum*, où le Pape deffend aux Ecclesiastiques de faire des personnages en des actions, où il se feroit ou diroit quelque chose de ridicule, quand mesme ces Ecclesiastiques se masqueroient afin de n'estre point reconnus. Que répondra le Secretaire à ce texte? pensera-t'il estre moins blasmable pour ses Lettres bouffonnes, que s'il auoit esté du nombre de ces Ecclesiastiques qui se masquoient pour railler bien plus innocemment que luy; qui le fait en déchirant la reputation des Casuistes, & plus impudemment joüant sa farce au milieu de Paris.

Enfin qu'il interroge ceux d'entre les Iansenistes qui ont leu les Conciles & l'Histoire Ecclesiastique, ils n'y trouueront pas vn texte qui puisse seruir d'excuse à leur onziéme Lettre, laquelle fait profession ouuerte de deffendre la bouffonnerie des autres Satyres precedentes. Ils y liront au contraire plusieurs Canons qui declarent indignes des ordres sacrez ceux qui font profession de bouffonner publiquement, qui declarent irreguliers les Clercs qui se meslent de ce mestier, & d'autres qui refusent la Communion aux Laïcques qui veulent continuer leurs farces & leurs bouffonneries. Or ie ne croy pas que personne de bon sens puisse reuocquer en doute que la façon de faire des Satyres bouffonnes sur les gens de bien, comme ont fait les Iansenistes, ne soit pire & ne merite vn plus grand chastiment, que ne font les comediens qui diuertissent le peuple par leurs plaisanteries.

Le Secretaire pense s'estre mis à couuert quand il nous a dit que les Peres se sont seruis de la raillerie ; il est vray que cela leur est quelquesfois arriué, mais ce n'a pas esté contre des Religieux ny contre des Docteurs Orthodoxes, iamais il ne nous prouuera par l'authorité ou par l'exemple d'aucun Pere, qu'il n'a pas commis vn horrible peché, quand dans ses Lettres, comme sur vn theatre il a exposé tous les Casuistes à la veuë du public, & a trauesty vn Ianseniste en Iesuite pour dire sous cét habit religieux toutes les impietez & profanations dont le cœur & les mains des Iansenistes sont capables quãd la grace efficace leur manque. Il fait parler quelques Casuistes en faueur de l'impureté, & leur met en bouche des maximes qui apprennent aux femmes & aux filles de toutes conditions, de perdre l'honneur & la vertu. Il faut que d'autres Casuistes protegent les magiciens & les sorciers, d'autres conseillent les menteurs, & d'autres portent à la profanation des Sacremens : & celuy qui preside à tous ces Casuistes c'est vn Ianseniste trauesty en Iesuite, qui approuue toutes ces abominations, & qui encherit sur tous les Casuistes, tant seculiers que reguliers. Y a-t'il eu dans tous les siecles quelque Pere qui ait ainsi abusé de l'habit d'vn Ordre qui merite respect, pour calomnier la plus grande partie des Theologiens de l'Eglise, & pour décrier les Confesseurs & directeurs ? Hà que les Peres ont esté esloignez de ces impietez, & que les Princes qui viuoient de leur temps auoient des sentimens bien differents de ceux qu'ont maintenant les Iansenistes pour la Religion, & pour les personnes dédiées à Dieu. Du temps des Empereurs Arcadius & Honorius quelques comediens prirent la liberté de paroistre sur les theatres sous l'habit de personnes Religieuses, ce qui dépleût si fort à ces Princes quand ils en furent auertis; qu'au mesme temps ils firent vne loy qui deffendit à ces comediens de ne plus tomber en pareille faute. Cette Ordonnance est *au Liure premier du Code sous le tiltre de Episcopali audientia lege mimis.* Que n'eussent fait ces Empereurs si de leur temps il y eust eu à Constantinople vn Port Royal & vne assemblée de Iansenistes pour composer des farces contre les Casuistes & contre les Maistres de la morale Chrestienne ? Asseurément ce Secretaire ne se fust pas trauesty deux fois en Religieux, sans receuoir le chastiment de son impieté, apres auoir paru icy en tant de pieces, & auoir fait parler si souuent ce faux Iesuite au préjudice des bonnes mœurs. Iustinien eut le mesme respect pour les personnes Religieuses, & renouuellant l'Ordonnance d'Honorius & d'Arcadius, deffendit aux comediens sous peine de bannissement & de punition corporelle de paroistre iamais sur les theatres trauestis en Religieux. Cette Loy estoit équitable, & la peine n'excedoit pas la faute que cõmettoient ces comediens. Ie crois mesmes que si presentement quelque farceur de l'Hostel de Bourgongne s'estoit trauesty en Docteur de Sorbonne, ou en quelque Curé de Paris, pour se mocquer sur son theatre des Casuistes, des Directeurs & Confesseurs, ainsi que le Secretaire s'en est mocqué dans ses Satyres, & les a ioüez dans ses Lettres; ie crois dis-je, que le Magistrat ne laisseroit pas cette impieté sans chastiment, & qu'il en feroit vn exemple. Or ie maintiens que le Secretaire a fait vn plus grand crime, & que la Religion & les bonnes mœurs ont esté violées plus indignement par ses bouffonneries, que si dans l'Hostel de Bourgongne on auoit fait des pieces entieres sur les Iesuites & sur les autres Theologiens, parce que le peuple qui se diuertit à ces farces ne donne point de creance à ce qui s'y dit; au lieu que plusieurs de ceux qui ont leu les Lettres du Port-Royal ont creu que les maximes pernicieuses qu'elles imputent faussement à tant de sçauans Theologiens & de saints personnages, ne manquent pas de probabilité. D'autres au contraire ont creu que la vie & la conduite des Casuistes & des Directeurs, ne pouuoit estre bonne, qui se gouuernoit par vne doctrine si detestable.

Toutes ces raisons font assez veoir que l'Apologiste des Iesuites a pris la protection des bonnes mœurs & de la vertu quand il a si fortement & si iudicieusement combattu le stile railleur du Secretaire: que si l'inclination qu'il a à la bouffonnerie luy fait mépriser l'authorité des Theologiens, les Canons des Conciles, & les Ordonnances des Souuerains, i'ay encore vne consideration qui luy monstrera que la prudence luy a manqué lors qu'il a choisi la raillerie pour combatre les extrauagances dont il accuse nostre morale. Qu'il se souuienne donc que tout ce qu'on estime ridicule, ne doit pas estre refuté par des railleries, principalement si elles sont ridicules: autrement celuy qui fait le rieur deuient aisément le sujet de la raillerie, & prend la place de celuy qu'il vouloit ioüer. Il verra sur la fin de cette réponse que cette maxime s'est verifiée en la personne des Iansenistes, & dés maintenant ie luy declare qu'elle s'est trouuée auoir lieu en luy-mesme; car ayant souuent meslé dans ses Lettres des railleries sales & deshonnestes, il a donné à son Lecteur vn iuste sujet de croire, qu'il n'est pas si chaste qu'estoit Ioseph, & que s'il n'auoit esté dépoüillé d'vne autre façon que ce Patriarche, peut-estre qu'il n'auroit pas tant fait d'inuectiues contre les Casuistes de ce qu'ils n'obligent pas les femmes à restituer à ceux qu'elles ont déualisées par leurs cajolleries.

Si les Iansenistes auoient quelques bons auis à nous donner pour la reformation de la morale, ils pouuoient marcher sur les pas des grands personnages qui ont écrit sur ce sujet. Ce n'est pas d'aujourd huy qu'il y a guerre ouuerte dans l'Escole ; & que les Theologiens sont en differend. Saint Thomas & les autres qui ont écrit apres le Maistre des Sentences, ont quelquesfois refuté quelqu'vne de ses opinions, ou des autres Theologiens qui l'ont precedé, mais l'ont-ils fait en bouffonnant ? le Docteur subtil Iean Scot, Durand & d'autres esprits pour le moins aussi éclairez que les Iansenistes, ont combattu de toutes leurs forces les opinions de S. Thomas, mais ce n'a iamais esté par des railleries. Il y a cent ans que les Iesuites escriuent, & les Dominicains ont souuent examiné leurs liures sans rien dissimuler, on ne trouue pas que les Docteurs Dominicains ayent accusé la morale des Iesuites d'estre ridicule, ou qu'ils ayent employé des bouffonneries pour la combatre. Basilius Pontius Religieux Augustin, homme consommé en lecture des Peres, profond Theologien, & sçauant Iurisconsulte, auoit entrepris de refuter autant qu'il pourroit cette celebre somme que le docte Sanchez a escrite sur le Sacrement de mariage, il ne l'a pas fait par des railleries de farceur, il n'a point insulté par des bouffonneries à son Aduersaire. Vasquez a souuent entrepris la doctrine de Suarés, & Suarés n'a pas espargné celle de Vasquez, ç'a tousiours esté auec respect, & mesmes sans se nommer l'vn l'autre, bien loin de se reprocher que leur doctrine fust ridicule. Ie demande donc depuis quel temps on a changé de façon de combattre dans les Escoles ; depuis quand la raillerie est deuenuë vn argument demonstratif ; depuis quel temps la Theologie & la morale sont deuenuës si extrauagantes qu'il ne faut les refuter qu'en bouffonnant ? ie ne trouue pas le temps, si ce n'est que depuis que Saint Cyran a entrepris auec vne presomption insupportable de bannir de l'Escole toute la Theologie pour y introduire en sa place quelques collections des Peres faites à la mode des heretiques. C'est depuis ce temps-là, & depuis que Iansenius a quitté Saint Thomas & les autres Theologiens, c'est à dire la doctrine de l'Eglise, pour embrasser celle du Synode des Caluinistes tenu à Ordrech. C'est depuis qu'vn jeune Docteur a preferé la qualité de chef d'vn mauuais party à celle de membre de cét Auguste corps de Sorbonne, & que quelques personnes de Cour & de Palais ont creu qu'il ne falloit qu'auoir de l'esprit, & sçauoir bien parler Frãçois pour auoir droict de faire les Theologiens. Ce sont là les grands Docteurs qui trouuent que la morale des Casuistes est ridicule, ce sont-là les sçauans personnages, qui ont creu qu'il n'y auoit point d'autre moyen de reformer l'Eglise, que par des impostures & par des bouffonneries.

C'est ainsi que Caluin & Frapolo se sont raillés du Concile de Trente, c'est ainsi que Henry Estienne a fait cent railleries sur l'ignorance pretenduë des Prestres, & sur leurs plus sacrés ministéres, & qu'il appelle ceux qui viuent de leurs Messes des Prestres missifians, des emballeurs de Messes, & les traitte d'autres iniures que i'aurois honte de rapporter. C'est ainsi que du Moulin se mocque du charactere ineffaçable de la Prestrise, que les Euesques (à son dire) menaçent d'oster, en raclant d'vn morceau de verre le bout des doits des Prestres qu'ils dégradent. C'est ainsi que Iulien l'Apostat auec vne troupe de sorciers qui estoient ses principaux conseillers, se railloit des Principaux mistéres de nostre Religion, & des ceremonies qu'il auoit luy-mesme pratiquées dans l'Eglise. C'est ainsi que Lucian aprés auoir Apostasié sous l'Empereur Traian, s'est raillé du S. Esprit, s'est mocqué de l'Apostre saint Paul, a fait des farces des Confesseurs qui estoient dans les ordures des prisons pour la Foy Chrestienne, & a composé des dialogues sur le martyre des grands Saints qu'on brûloit tout vifs; afin de diuertir les Païens, ainsi que les Iansenistes ont composé leurs Lettres, pour donner du contentement à ceux de la cabale. Enfin depuis que l'Euangile a voulu introduire dans le monde la sainteté des mœurs, le Diable a persecuté par des railleries ceux qui se consacroient à ce saint employ; & les tyrans n'ont point trouué de moyen plus propre à decrediter nostre Religion, & en détourner le peuple, que d'en faire representer les ceremonies sur des theatres par des basteleurs, de mesme que le Port-Royal nous represente la Morale des Docteurs Catholiques par les comedies profanes & satyriques de son Secretaire.

Nous apprenons de ce temps-là que Iulien l'Apostat persecuta plus cruellement l'Eglise & luy fit plus de mal par ses diaboliques inuentions, que les Diocletians & les Nerons n'auoient fait par les supplices & par la rage des bourreaux: & nous auons grand subjet de craindre que les railleries des Iansenistes ne nuisent d'auantage à l'Eglise que s'ils paroissoient armés de fer pour la combattre. Nous voyons desia de tres-mauuais effets de cette secte, qui sous pretexte de renier ceux qui lisent leurs Lettres, & leurs écrits portent le venin de l'heresie dans toutes les parties du Royaume; & par ces papiers volans gaignent plus de peuples, que s'ils faisoient des liures entiers. Ces esprits artificieux pretendent en attaquant par leurs railleries tous les Casuistes & principallement les Iesuites, de ietter de la terreur dans le reste du Clergé, & de faire accroire au peuple, que ceux qui composent ces Lettres ne l'auroient pas entrepris sans vne capacité extraordinaire, & qu'ils n'auroient pas l'impudence d'imposer des doctrines fausses aux Casuistes à la face de la premiere vniuersité du monde, & en presence du Magistrat qui tient l'authorité du Roy en main. Ils s'attaquent aux Iesuites en apparence pour semer leurs erreurs dans les compagnies auec plus de facilité & auec impunité. Ils sçauent bien que ces Peres sont accoustumés à souffrir, & que s'ils addressoient leurs Lettres à d'autres, ils pourroient en estre recherchez. C'est pour cela qu'ils ont choisi ces Peres, pour persecuter adroittement tout le Clergé en leur personne. S'ils ne s'attaquent pas aux Euesques, comme fit Caluin, ce n'est pas qu'ils n'ayent la vangeance au cœur contre ces Prelats, qui ont condamné leurs heresies, mais ils estouffent leurs ressentimens de crainte des anathêmes & des censures : il se contentent de faire couuertement des libelles diffamatoires contre les plus illustres de cet Auguste corps. Ils regardent la Faculté de Theologie, & la Sorbonne comme leur ennemie iurée, mais ils craignent de perdre le credit parmy le peuple, si leurs Lettres sont censurées par leurs confreres, & si on les voit retranchez comme membres infectés. Ils croyent qu'en attaquant les Iesuites, ils ne peuuent rien perdre & peuuent beaucoup gaigner au preiudice de toute l'Eglise ; d'autant qu'en ruinant les Sacremens de penitence & d'Eucharistie entre leurs mains, ils en decreditent l'administration dans toute l'Eglise, & rendant ridicule la direction des consciences, en la maniere qu'elle se prattique par les Iesuites, ils détournent le peuple de tous les Prestres seculiers, qui suiuent la mesme methode, & se reglent par les mesmes maximes. C'est pourquoy tous les Prestres seculiers ayant les mesmes interests, ils ont aussi obligation de se ioindre à ces Peres pour faire teste à ces Nouateurs. Et quand nostre interest ne seroit pas commun, la charité que nous deuons à des Escriuains que nous connoissons estre orthodoxes demande que nous les secourions en cette persecution que i'estime la plus cruelle de toutes celles que la Societé ait iamais souffertes.

Les plus cruels supplices ne sont pas tousiours ceux que l'on endure dans les bannissemens, sur les gibets & sur les roues. Le supplice qu'on a fait souffrir à des Martyrs que l'on frottoit de miel, pour aprés les exposer aux piqures des guespes & bourdons, a esté plus cruel que beaucoup d'autres, qui semblent plus horribles, & qui font plus de compassion. La persecution qu'ont souffert les Iesuites par les bouffonneries de Port-Royal a quelque chose de semblable, leurs tyrans ont fait l'instrument de leur ſuplice, des douceurs empoiſonnées d'vn enioüement cruel, & les a abandonnés & laiſſes expoſés aux piqueures ſanglantes de la calomnie. On a ſemé ces ſatyres outrageuſes par toute la France, comme pour ſonner le tocſin à tout ce qu'il y a de langues médiſantes, afin qu'elles vinſſent fondre ſur eux. Ie ne doute point que les banniſſemens & les martyres meſme n'ayent eſté moins faſcheux & plus aiſez à ſupporter, que l'abandonnement que cette Societé s'eſt veuë contrainte de ſouffrir parmy ces railleries. Car dans les éloignemens ces Peres eſtoient acceullis auec honneur dans les Prouinces qui les receuoient. On y reſpectoit leur patience & leur merite, & on les a rappellés auec témoignage d'eſtime, & auec demonſtration de regret de ce qui s'y eſtoit paſſé. Nous auons veu cela cette année dans tout l'Eſtat de la Sereniſſime Republique de Veniſe, où ces Peres ont eſté reçeus de tous les habitans des villes auec autant de tendreſſe, que des enfans en témoigneroient à leurs propres peres, qui retourneroient de quelque long voyage : au lieu qu'en cette rencontre quelque contenance qu'ils tiennent : on les traitte mal, s'ils ſe taiſent, leur ſilence ſe tourne en riſée, & s'ils répondent, on dit qu'ils recommandent la patience aux autres, & qu'euxmeſmes ne ſçauroient diſſimuler vne gauſſerie. Ils reſſentent dans cette perſecution ce qui affligea le plus ce miroir de patience ſur ſon fumier. Tout le monde ſçait bien que la patience de Iob fut miſe à l'épreuue de toutes les miſeres qui peuuent tourmenter le corps, & geſner l'ame d'vn homme abandonné de ſecours, peu de perſonnes toutefois font reflexion ſur le plus ſenſible déplaiſir qu'il receut en ſa vie. Ce fut lors que de ieunes ignorans condamnoient ſa Morale, & qu'Eliphas Themanites auec ſes cõpagnons venoient cenſurer la vie de ce Saint, ſous pretexte de luy rendre office d'amy, & de l'auertir des pechez, pour leſquels ils croyoient que Dieu le chaſtioit. Ce ſaint perſonnage en témoigne ſa douleur au chapitre trentiéme de ſon Liure par ces paroles. *Nunc autem derident me iuniores tempore, quorum non dignabar patres ponere cum Canibus gregis mei. I'ay bien eu des maux,* s'écrie Iob, *mais ce qui me penetre plus auant le cœur eſt, que ie voy de ieunes gens qui viennent pour controoller mes actions. C'eſt que ie ſuis contraint d'entendre des ignorans qui veulent m'inſtruire, ſans auoir égard à l'eſtat de ma vie paſsée, qui a eſté telle, que ie n'euſſe pas voulu confier à leurs peres la garde des chiens de mon troupeau.* Cette vertueuſe Societé s'eſt veuë depuis quelques années reduite à ſouffrir des reproches & des reprehenſions auſſi piquantes & affligeantes que celles qui toucherent ſi viuement ce cœur inuincible; car elle a veu ſes Docteurs ioüés & raillés, elle a veu la ſainteté qu'elle a affermie dans l'Egliſe contre les heretiques par ses predications, par l'administration des Sacremens, & partant de pieuses prattiques; accusée de relaschement, de Iudaisme & de Paganisme. Elle a esté contrainte d'entendre les voix de ceux qui crient qu'elle est pernicieuse à l'Eglise, & qu'il faut luy interdire ses fonctions. Et ce qui luy doit estre plus sensible, est qu'elle connoist bien que les accusations se forment contre elle par des ignorans qui ne meritans pas d'estre mis au nombre des chiens qui gardent le troupeau de l'Eglise, qui sont pris de plusieurs pour les vrais Pasteurs, & sont suiuis par les brebis qui se laissent conduire par ces loups.

Pendant ces rudes persecutions les gens de bien apprehendoient qu'enfin l'heresie ne fit de grands progrés dans l'Eglise aprés auoir diminué la reputation des Iesuites, & par mesme moyen de tous les Casuistes & Directeurs qui sont haïs, & attaqués également par les Iansenistes. Mais Dieu qui permit cette derniere humiliation à Iob pour le faire reconnoistre à tout le monde pour le maistre accomply de la Morale, & pour vn modelle acheué de la perfection, a permis ces insultes des Iansenistes contre les Casuistes & ces satyres insolents contre les Iesuites, pour faire éclatter dans l'Eglise la pureté de leur doctrine & de leurs mœurs, C'est vne prouidence de Dieu toute visible qu'au mesme temps que les Iansenistes auoient la plume à la main pour noircir les Iesuites de calomnies: le Vicaire de Iesus-Christ les prenoit pour leur donner des éloges remarquables & extraordinaires, écriuant en leur faueur à la Serenissime Republique de Venise; & au mesme temps que ces persecuteurs les accusoient de corrompre les bonnes mœurs, le Pape témoignoit hautement par ses Lettres, & de viue voix par son Nonce, que Dieu les a appellés pour faire la guerre aux vices, pour planter la vertu & pour seruir l'Eglise en toutes les fonctions Apostoliques: Et au mesme moment que les Iansenistes publient que ces Peres sont pernicieux aux Estats qui les reçoiuent, le Pape exhorte la Serenissime Republique à les receuoir, il les cautionne pour la doctrine & pour la probité, & la Republique les ayant receus auec grande connoissance de cause, il luy en fait ses conioüissances, & luy donne asseurance de la grande vtilité qu'elle receura de leur retour. N'est-ce pas là Iob tiré de son fumier, pour enseigner Eliphas & ses compagnons qui l'auoient braué en sa misere. Ne voyons nous pas dans la derniere condamnation des Iansenistes, faite par la Bulle d'Alexandre VII. la condamnation de la part de Dieu, d'Eliphas & de ses Cõpagnons, dans le 42. Chapitre de Iob? En ce Chapitre Dieu dit à ces reformateurs de Morale, qu'ils ont parlé sottement & impertinemment quand ils ont entrepris de censurer les maximes de son serui-

seruiteur. Il les louë au contraire, & iustifie Iob de toutes les mauuaises actions que luy auoient imputé ces suffisans: & pour reparation il leur commande de s'aller prosterner à ses pieds, le priant d'employer son credit auprés de sa maiesté afin qu'il ne chastie pas leur sottise, & le scandale qu'ils auoient donné en censurant la vie d'vn homme pour lequel ils ne deuoient auoir que de l'admiration *Vt non vobis imputetur stultitia, neque enim locuti estis ad me recta, sicut seruus meus Iob.* Dieu fait le mesme dans cette derniere Bulle par la bouche de son Vicaire, il declare que les cinq Propositions qui seruent de fondement à la Morale des Iansenistes, sont impertinentes & heretiques. N'est-ce pas là abbatre les Iansenistes aux pieds des Iesuites? & n'est-ce pas leur commander de s'humilier deuant eux? Il est vray que le principal honneur de cette Bulle est deu à Nosseigneurs les Prelats, qui l'ont procurée, pour confirmer la pureté de leur doctrine contre Iansenius & ses Sectaires. Il est encore vray qu'aprés Nosseigneurs les Prelats, la Faculté de Theologie de Paris, prend bonne part à cette gloire, & ne faut pas douter que les Iansenistes ne soient beaucoup humiliés, à l'égard de cette Faculté Catholique. Cela n'empesche pas toutefois que les écriuains orthodoxes, & particulierement les Iesuites, n'ayent esté declarés innocens par la bouche du Chef de l'Eglise, & que les Iansenistes n'ayent receu de la confusion pour leurs insolentes Lettres, où ils entreprenoient de renuerser toute la Morale Chrestienne de l'Eglise en la personne de ces Peres. Cela n'empesche pas que le Clergé Catholique ne doiue à l'exemple du Vicaire de Iesus-Christ, porter témoignage pour la pureté de leur doctrine, & ce d'autant plus qu'ils font paroistre autant de modestie dans ce bon succés, qu'ils ont montré de generosité dans l'oppression. Ie les estime fort de ne pas insulter à leur aduersaire: mais ie n'ay peu sans ingratitude manquer de leur donner ce foible témoignage de ma reconnoissance, pour les obligations que i'ay à la societé, du soin qu'elle a pris de me conduire en ma ieûnesse, & de m'éleuer en la vraye vertu. Le Secretaire peut veoir maintenant que les rieurs sont deuenus le sujet de la raillerie, que les Iansenistes ont esté abandonnés de tous les côtés, d'où ils attendoient du secours, que les Liures qu'ils ont composés pour prouuer l'authorité de ceux qu'ils pretendoient surprendre, ne leurs seruent que de conuiction de la desobeïssance dans laquelle ils viuent, que l'éloge de S. Cyran ayant esté reietté, tourne à la confusion de leur Patriarche & sert de retractation des bons sentimens que quelques-vns auroient eu pour luy, & q'uon peut auec verité appliquer aux Iansenistes ce verset de Dauid, *Qui habitat in cœlis irridebit eos & Dominus subsannabit eos.*

ADVIS DES IANSENISTES, A CEVX QVI RESPONDENT A LEVRS LETTRES.

LE Secretaire de Port-Royal voyant des réponses à ses Lettres, vn peu plus fortes qu'il n'attendoit, instruit les Casuistes des regles, que les Peres de l'Eglise nous ont laissées, pour iuger si les reprehensions que nous faisons aux autres, partent d'vn esprit de pureté & de charité, ou d'vn esprit d'impureté & de haine : & pour abbreger ces regles, il les renferme toutes en vne, qui est le principe & la fin de toutes les autres. L'esprit de charité (dit-il) porte à auoir dans le cœur le salut de ceux contre qui on parle. *Lettre 11. page 6.*

RESPONSE Vous nous voulez persuader deux choses, l'vne ouuertement, & vous insinués adroitement la seconde. Vous dites que le salut des Casuistes estant en euident danger, à cause du relaschement & du libertinage, qu'ils introduisent dans les mœurs ; le pur zele de la charité vous a porté à leur faire la correction fraternelle par vos Lettres pleines de tendresse & d'affection : afin de les retirer du precipice ; & c'est la premiere chose que vous voulez qu'on croye : mais i'ay peine à me persuader, que vous puissiez faire reüssir cet artifice, parce que c'est l'ordinaire des Iansenistes, & des autres heretiques d'insulter à la vertu des gens de bien, par de semblables vanités, que quelques-vns appellent des gasconnades en matiere de deuotion. C'est ainsi que depuis six ans, les Iansenistes firent faire dans tout vn pays, des prieres publiques pour la conuersion des Iesuites, & pour leur impetrer de Dieu des lumieres capables de les retirer de leur aueuglement. C'est ainsi que les Ministres Huguenots font prier Dieu pour la conuersion des Catholiques, qu'ils appellent leurs freres déuoyés. On n'a pas pour cela plus grande opinion du zele & de la charité de ces Ministres ; ce qui me fait croire, que vous ne deuez pas attendre vn plus heureux succés de vostre déguisement. Il se pourra peut estre bien faire, que quelques simples esprits se laisseront surprendre à vos hypocrisies : mais les personnes qui connoissent tant soit peu vostre doctrine & vôtre vie, sçauent certainement que le venin n'est pas tant la nourriture des serpens, que la haine des Prestres Seculiers & Reguliers l'est à l'egard des Iansenistes. La chose estant ainsi notoire ie ne perdray pas le temps à vous refuter plus amplement.

Ce que vous insinués accortement merite vne plus longue reflexion, c'est que vous pretendez dans l'instruction que vous donnés aux Casuistes, qu'ils gardent exactement toutes les regles de charité, dans les réponses qu'ils feront à vos Lettres. Vous les auertissez adroitement, qu'ils ayent à ne pas décrier vostre doctrine, & qu'ils épargnent vos actions & vos personnes, enfin qu'ils ayent égard à vostre salut, qui est en tres-grand hazard, si on vous presse de vous declarer : & qui n'est pas entierement desesperè, si on dissimule sans vous rien reprocher de vostre doctrine ou de vostre conduite. Voilà, si ie ne me trompe, la fin où tend l'instruction que vous donnés aux Casuistes, *d'auoir dans le cœur le salut de ceux contre qui ils parlent*, c'est à dire contre les Iansenistes.

Ie fonde ma coniecture sur ce qu'il y a quatre ans que vos amis & vous teniez vn semblable langage, lors que la Bulle d'Innocent X. contre vos cinq Propositions fut reçeuë en France par l'authorité du Roy. Ce coup auquel vous n'auiez peu parer, humilia si fort vostre fierté, que de peur de vous veoir abandonnés des personnes de condition, qui n'auoient pas creu que vôtre doctrine fust heretique, vous emploγastes toutes les soûmissions, dont les personnes vaincuës ont accoustumé de se seruir, & n'oubliastes aucun déguisement de ceux que vous iugeastes, propres à surprendre les personnes qui pouuoient vous contraindre à obeïr. Vos confederez qui ont debité vos Lettres auec tant d'ardeur par la France, courroient pour lors par les maisons des Grands, & le ventre contre terre prioient, qu'on eust égard à leur reputation. Ils ne demandoient qu'vn peu de temps pour se défaire de cette pernicieuse doctrine, qui depuis tan d'années auoit pris racine dans leurs esprits. Par ces soûmissions ils se procurerent des emplois honorables qui ont serui non seulement à mettre leur reputation à couuert lors qu'ils auoient merité de la perdre, mais qui ont beaucoup augmenté leur credit. Vous promistes de ne plus disputer & de ne plus écrire sur ces matieres, & fistes esperer que si on en vsoit auec douceur, cette doctrine s'éteindroit d'elle-mesme. Comment gardastes-vous vostre parolle ? Vous fistes bien-tost paroistre ce que vous cachiés dans le cœur. Ce fut à l'occasion du delay de l'absolution, dont vsa vn de nos confreres que Monsieur Arnauld s'emporta comme on sçait. Ce fut pour lors que la cabale se découurit par des insolences qui ne pouuoient estre arrestées, que par l'authorité & la douceur d'vn aussi sage Magistrat qu'est Monseigneur le Chancellier, qui auec vne generosité, dont l'Eglise luy sera eternellement redeuable aima mieux souffrir que sa personne & sa dignité fussent traittés auec peu de respect, que de veoir la Foy Catholique traittée indignement. Dés ce moment là vous declarastes la guerre aux Casuistes & aux Confesseurs, parce qu'vn Confesseur auoit vsé de son pouuoir, quoyque tres-ciuilement, & auec grande déference au merite, & à la qualité de son penitent. Depuis ce temps-là vous aués renouuellé vos cinq Propositions dans vos Lettres satyriques, & en aués tiré des conclusions d'vne morale extrauagante, qui tend au renuersement de toutes sortes de conditions, & à la corruption des bonnes mœurs. Que merite cette conduite, sinon que personne ne se fie iamais à vous?

Vous ne laissés pas toutefois de continuer presentement vos artifices, & faites tout ce que vous pouuez afin qu on croye dans le Royaume, qu'effectiuemēt il n'y a plus de Iansenistes. Les communautez qui ont esté infectées de cette peste disent qu'elles sont aussi saines que si elles n'en auoient pas esté touchées, & qu'ayant fait de si longues quarantaines, & apporté tant de soins pour se nettoyer, on a subjet de se fier dauantage à elles, qu'à des esprits remuans qui feignent vn phantosme de Iansenisme pour rendre odieuses des personnes Catholiques qu'elles haïssent.

Ces bruits se répandent parmy le peuple, partie par les Iansenistes mesme, qui ne sont pas croyables en leur propre cause, partie par des personnes de qualité, parents ou bons amis des Iansenistes, & ceux-là seroient excusables, si ces considerations auoient lieu contre la fidelité & l'amour que nous deuons à Iesus-Christ, partie par les ennemis de ceux qu'on croit estre les aduersaires des Iansenistes, & ceux-là sont tout à fait blâmables d'entretenir leur vengeance au preiudice de la Foy, partie par des personnes qui semblent auoir du zele pour l'Eglise & qui en apparence se declarent contre les Iansenistes, tandis qu'on ne parle qu'en general; que si l'on descend au particulier & qu'on réponde aux écrits que les Iansenistes ont composés contre la parolle qu'ils auoient donnée de ne plus écrire; si on les censure en Sorbonne, si on les conuainct d'impostures dans leurs Lettres, c'est pour lors que l'on a veu des Caualiers faire les Theologiens & blâmer les Docteurs de s'arrester trop aux formalités: au lieu qu'ils se deuroient contenter de ce que la vie des Iansenistes est irreprochable, & de ce qu'ils font de grandes aumônes. C'est pour lors qu'on a veu quelques gens de robbe prescrire aux Theologiens la maniere qu'il faut garder contre les heretiques, pour conseruer la charité Chrestienne, & pour ne point blesser la conscience. C'est pour lors qu'on a veu des Dames loüer le beau ſtile des Lettres bouffonnes & honteuſes à leur ſexe, & prendre pour conſtantes les impoſtures des Ianſeniſtes contre les Caſuiſtes, c'eſt à dire contre les directeurs de leurs conſciences, & contre leurs Confeſſeurs.

Helas en quel temps viuons-nous ! hé qui euſt creu que dans Paris les choſes fuſſent tellement renuerſées, que des eſprits à qui vn Marchand ne voudroit pas confier le jugement d'vn procez de dix piſtoles, s'érigeaſſent en Iuges des Theologiens dans les matieres les plus difficiles. Qui euſt penſé que des Dames euſſent aſſez d'aſſeurance pour ſouſtenir contre des Theologiens conſommez, que la morale des Caſuiſtes eſt préjudiciable au public, & que les Ianſeniſtes ont raiſon. Qui euſt creu que les Lettres des Ianſeniſtes où ils deffendent leurs erreurs condamnées par Innocent X. auec les maximes de S. Cyran & du ſieur Arnaud euſſent eſté reçeuës auec approbation apres vne condamnation ſi ſolemnelle qu'on venoit d'en faire à Rome: & qu'au meſme momēt que ces Lettres ſemoient le Ianſeniſme dans les Prouinces de ce Royaume, ces eſprits delicats, & qui font tant les rafinez creuſſent que le Ianſeniſme eſtoit aboly, & que le Port-Royal eſtoit dans les purs ſentimens de l'Egliſe. Nous l'auons veu auec regret pour les maux auſquels nous voyons expoſées des perſonnes qui ſont ſi fort preoccupées par des conſiderations humaines, & ſi fort aueuglées de l'eſtime qu'elles ont d'elles-meſmes & de leur propre jugement. Car quel profit pourroient faire auprés de ces gens-là des Theologiens, des Confeſſeurs, des Directeurs, s'ils continuoient à iuger, que les Theologiens ont des maximes erronées, dont les penitens doiuent s'abſtenir en leur conduite? Cette liberté à juger ſi facilement, pour ne pas dire temerairement, ſeroit tres-dangereuſe, & pourroit auoir de tres-faſcheuſes ſuittes, ſi ces perſonnes demeuroient dans les mauuaiſes impreſſions qu'on leur a données des erreurs ſcandaleuſes des Caſuiſtes, jointes à la paſſion dont on fait accroire qu'ils ſont animez contre cette Secte. Et le pis eſt que ces perſonnes eſtant reconnuës pour Catholiques, elles pourroient en attirer d'autres, qui penſant proteger l'innocence contre les violences pretenduës des Caſuiſtes, ſeruiroient de protection à l'hereſie. C'eſt pourquoy ie les prie de ſuſpendre vn peu leur jugement, & que deuant de condamner de violence les Caſuiſtes, ils ſe rapportent aux ſentimens des Papes & des Prelats qui gouuernent l'Egliſe, touchant la maniere qu'il faut tenir, quand on agit auec des heretiques, & qu'ils apprennent d'eux s'il faut ſe fier à la parole des Ianſeniſtes, quand ils proteſtent d'auoir abjuré leurs erreurs, en ſorte qu'on les laiſſe viure en repos ſans découurir le peril qui menace les Catholiques.

Il y a enuiron onze cens ans que de certains heretiques qui estoient en France ioüoient le mesme ieu que font maintenant les Iansenistes. Ils enseignoient en cachette des heresies à leurs confidens, & aux personnes simples; mais quand ils en rencontroient qui estoient solidement Catholiques, ils s'accommodoient à leurs maximes, & feignant d'estre dans leurs sentimens, disoient qu'on les calomnioit sur leur creance, & qu'on les persecutoit pour la vraye foy. Ces artificieux s'efforcerent de gaigner à leur party quelques Prelats, ainsi que les Iansenistes ont tasché de faire & de sousleuer le peuple dans les Prouinces, iusques-là que voyant que le Pape Pelage premier ne fauorisoit pas leurs erreurs, ils semerent de mauuais bruits de sa creance, qui obligerent le Roy Childebert de demander à ce Pape qu'il donnast quelque éclaircissement touchant sa foy, afin de leuer tout soupçon. Le Pape fit ce que le Roy desiroit, mais en mesme temps il le prie de se donner de garde de ces hypocrites, qui au fonds estoient infectez d'heresie, & la semoient sourdement par la France, quoy qu'ils fissent semblant d'estre dans les purs sentimens de la Foy. Baronius rapporte cette histoire l'an 557. Le Pere Sirmond la met aussi au premier Tome des Conciles de France, page 310. auec la Lettre du Pape au Roy, d'où ie l'ay fidelement copiée. *Nunc conuenit excellentiam vestram pro feruore ejusdem fidei, quam vos in corde habere gaudemus, peculiarem curam per vniuersas Galliæ vestræ regiones impendere, ne illic scandala seminantes, sicut in partibus istis facere conabantur, frontis suæ procacitate impellente discurrant, & aliquos Fratres & Coepiscopos nostros, vel creditas eis plebes, ad dissentiones exagitent. Quia dùm rectæ fidei non sint, dolore oppressionis suæ, vt se ad nutrienda scandala Catholicis familiares efficiant, etiam rectam fidem se simulant vindicare, maxime apud eos qui fraudes ipsorum & dolos ignorant. Sed Deus qui gloriam vestram contra inimicos pacis Ecclesiasticæ misericorditer hoc tempore præparauit, prestet vos ita sollicitos & circumspectos existere, vt non præualeant intra sata sanctæ Ecclesiæ in illis partibus loliorum semina maligna jactare.*

Les affaires sont en tel estat qu'elles exigent de vostre excellence, que conformément au zele & à la foy que vous auez dans le cœur (dont i'ay vne extréme ioye) vous apportiez vn soin tres-particulier dans toute la France, de les empescher de courir par les Prouinces, de peur qu'ils n'y sement des scandales comme ils ont tasché de faire icy; suiuans les mouuemens d'vne impudence effrontée, & que par leurs intrigues ils ne mettent la dissension parmy quelques-vns de nos Confreres les Euesques ou parmy les peuples qui sont sous leur conduite. Car dans le déplaisir qu'ils ont de se voir atterrez par les deffenseurs de la vraye Foy, à laquelle ils ont renoncé, ils taschent de s'insinuer dans la familiarité des Catholiques, & pour mieux entretenir le scandale, ils font accroire que ce sont eux qui deffendent la veritable doctrine. Ce qu'ils font particulierement quand ils rencontrent des personnes simples, qui ne se deffiont pas de leur supercherie, & qui ne connoissent pas leurs impostures. Mais ie prie Dieu qui regardant l'Eglise en misericorde, luy a suscité en ce temps vn Monarque si plein de gloire, pour la deffendre contre les ennemis de son repos, qu'il luy plaise vous remplir d'vne sagesse si éclairée, & d'vne conduite si vigoureuse, que ces heretiques ne puissent semer la maligne graine de leur yvroïe dans le champ sacré de l'Eglise Gallicane.

Si le Pape Pelage eust par vn esprit de prophetie écrit au Roy Louïs XIV. contre les Iansenistes, & contre le procedé qu'ils tiennent, se fust-il seruy d'autres termes? & les Iansenistes nous donnant sujet de profiter de l'auertissement d'vn si grand Pape, y a-t'il aucun Catholique de quelque condition qu'il soit, qui puisse justement blasmer les Theologiens d'animosité ou de violence, de répondre aux Lettres scandaleuses des Iansenistes, & d'auertir qu'on veille sur leur morale & sur les suittes préjudiciables à la Religion.

Ceux qui parlent en faueur des Iansenistes, & qui procurent qu'on les laisse en paix, ne se contenteront peut-estre pas d'vne piece qui semble trop ancienne, pour iustifier les Casuistes, quoy que les Iansenistes se glorifient tant d'auoir de la veneration pour l'antiquité; c'est pour cela que ie veux leur en produire deux autres, ausquels ils ne pourront repartir, & qui prouueront clairement qu'il y a encore en France des gens qui deffendent la pernicieuse doctrine de Iansenius, ausquels l'Eglise ne veut pas donner le loisir de s'accroistre & de se fortifier dauantage. La premiere est vne Lettre de l'assemblée du Clergé de France addressée au Pape Innocent X. par laquelle ces illustres Prelats luy remonstrent, que nonobstant qu'il ait solemnellement condamné la doctrine de Iansenius, il se trouue icy des personnes assez temeraires pour composer des Liures, qui expliquent cette Bulle en faueur de Iansenius, & rejettent la condamnation du Pape sur les Catholiques qui l'ont procurée. cette Lettre est du 28. Mars 1654. qui prouue que le Clergé de France n'est pas du sentiment de ceux qui croyent qu'il n'y a plus de Iansenistes en ce Royaume, & que tous ont sincerement acquiescé à la condamnation du Iansenisme.

La seconde piece decisiue du bon droict & de l'innocence des Casuistes, consiste dans la formule de profession de foy, que l'assemblée des Prelats a judicieusement & saintement composée apres vne grande connoissance de cause, & sur des preuues certaines de ce qui se passe dans les Eueschez. Nosseigneurs les Prelats veulent dans cette profession, que les Ecclesiastiques qui pretenderont à quelque Benefice principalement quand il aura charge d'ames ; & que ceux qui actuellement en possedent quelqu'vn, souscriuent à la condamnation de la doctrine de Iansenius, & en detestent les erreurs ; & que ceux qui refuseront de le faire soient priuez de leurs Benefices, & soient chastiez des peines portées par le Droict. S'il n'y a point de Iansenistes en France, & si la doctrine de Iansenius n'a plus d'Approbateurs & de Sectateurs, à quel propos compose-t'on vne formule de profession si seuere, qui ne seroit propre qu'à exciter des calomnies & à susciter des procez à des innocens, si personne ne tient cette doctrine. Si le Iansenisme estoit aboly, en quelle conscience Nosseigneurs les Euesques introduiroient-ils vne si grande vexation, qui ne seruiroit qu'à deshonorer leurs Dioceses, & à rendre les Curez suspects? Il n'y a point d'apparence que de si habiles & de si Religieux Prelats se soient oubliez en vne matiere de si grande consequence. Il faut qu'ils ayent eu des raisons tres-considerabies pour exiger cette profession de Foy, sans interesser leurs consciences.

C'est qu'ils auoient sçeu que dans les Eueschez où les Iansenistes ont quelque pouuoir, ils font conferer les dignitez, & les Prebandes des Chapitres à ceux qu'ils connoissent estre de leur Secte. Ils auoient appris que quand les Curez de la campagne viennent à vaquer ils les impetrent pour des Prestres qu'ils connoissent estre dans les opinions de Iansenius & de S. Cyran; afin de gagner peu à peu le peuple, & de se fortifier contre les Prelats Orthodoxes. Nosseigneurs les Euesques ayant esté bien informez de tout cecy, ont-ils pas eu raison d'oster les Benefices des mains des Iansenistes, & de leur en fermer l'entrée ? & apres auoir prié le Roy auec vne liberté vrayement chrestienne de ne point souffrir l'insolente vsurpation que les Huguenots ont fait depuis quelques années sur les Catholiques; en bastissant de nouueaux temples, que ne deuoient-ils faire, & à quoy n'estoient-ils point obligez pour empescher que les Iansenistes n'entrassent dans les Benefices ? attendu que s'ils le souffroient, l'heresie des Iansenistes vsurperoit en peu d'années plus d'Eglises bien basties & fournies de bons reuenus, & nuiroit plus par ce moyen aux Catholiques que les Caluinistes n'ont basty de temples depuis la naissance de leur heresie.

Les Prelats ont encore bien veu que le plus prompt moyen de faire mourir la Foy dans l'ame des Chrestiens, c'est d'empoisonner les sources & les fontaines de la vie, & d'infecter les Sacremens

cremens de penitence & de l'Eucharistie, & que le dessein des Iansenistes quand ils auroient des benefices à charge d'ames, estoit d'y mesler le poison de leur herosie, afin de gaster ceux qui viendroient à la bonne foy chercher la vie, où ces malicieux leur preparoient la mort. C'est pour cela qu'ils veulent leur oster toute authorité, en les dépoüillant de leurs Benefices, & qu'ils ont voulu chasser ces loups de la bergerie de peur qu'ils n'y fissent vn plus grand dégast que Luther & Caluin qui ont demeuré dehors.

Les Prelats auoient esté auertis que quand les Iansenistes ont trouué du credit dans les Dioceses, ils s'en seruent pour auoir l'entrée des Monasteres de filles, particulierement de celles qui ont entre les mains l'instruction de la jeunesse, & que là ils gagnent adroittement les Superieures & les Religieuses, sous pretexte d'vne reforme plastrée; afin de les assujettir aux pratiques de S. Cyran & du sieur Arnaud, & pour leur faire insensiblement embrasser le Iansenisme. C'est ce qui a donné en partie occasion à Nosseigneurs d'exiger cette profession de foy, & de s'asseurer de la doctrine de ceux à qui on cõfie ces Monasteres, parce qu'ils preuoioiẽt que le Diable feroit auec le temps plus de dégast dans ces maisons par ces austeritez affectées, que Luther n'en a fait par ses débauches scandaleuses. Quand cét Apostat débaucha vne Religieuse, il fut long-temps sans l'oser espouser, parce que tout le monde, & mesmes le Duc de Saxe son protecteur improuuérent cette action sacrilege. Enfin ce Duc estant mort il contracta mariage auec cette malheureuse fille, mais les plus abandonnées au vice eurent horreur de ces nopces incestueuses. Le Diable se prepare maintenant à faire vn rauage bien plus horrible, car si on le laissoit faire ce qu'il pretend, il changeroit en peu de temps vn Monastere de Vierges chastes en vn Serrail de filles impures, sans que personne s'en apperceust, & sans qu'on peust y remedier.

Ils sçauoient aussi de bonne part que les Superieures de certaines Communautez soupçonnées d'estre dans ces erreurs n'auoient pas assez de force pour les leur faire quitter, à moins que d'estre appuyez de l'authorité des Prelats. Sont là les causes raisonnables qui ont porté Nosseigneurs à vser de ces precautions contre les Iansenistes.

Ces deux Lettres sont decisiues, & prouuent clairement qu'il y a encore de ces gens-là, & qu'il faut les presser incessamment de se declarer sur leur creance. Les Casuistes ne sont donc pas en faute pour deffendre l'Eglise contre leurs erreurs, ils seroient au contraire blasmables si voyant les maistres du troupeau en peine ils manquoient de crier au loup.

Ces deux pieces du Clergé de France sont confirmées par la Bulle du Vicaire de Iesus Alexandre VII. qui declare la doctrine de Iansenius heretique, & ordonne qu'on procede contre ceux qui la tiendront iusques à les degrader de la clericature, & à les liurer au bras seculier.

Que répondent les Iansenistes & leurs amis à des preuues si authentiques ? quelques-vns disent hautement que le jugement des Euesques n'est pas infaillible, & qu'ils se sont trompez dans l'affaire du Iansenisme. Le sieur de Sainte Foy a vigoureusement repoussé cette impudence dans son écrit, où il fait voir que les Iansenistes contredisent aux maximes de leur Patriarche Saint Cyran, qui a dit des merueilles en tout son *Aurelius*, de l'authorité qu'ont les Euesques pour juger des poincts de doctrine. Le Lecteur pourra le lire, pages 21. 22. & autres, & y remarquer l'inconstance & la contradiction dont les Iansenistes vsent perpetuellement dans leurs écrits à la façon de tous les heretiques,

Quelques autres amis des Iansenistes surpris par leur dix-huitiéme Lettre, disent qu'ils se sont si clairement expliquez sur les propositions qui pouuoient estre susceptibles d'vn mauuais sens, qu'apres vne declaration expresse, il faut traitter les Docteurs Catholiques qui sont dans les mesmes sentimens en heretiques, ou qu'il faut quitter toutes les poursuittes qu'on fait contre les Iansenistes. Cette simplicité m'estonne, & ie ne sçay comme quoy des gens qui se picquent d'esprit, ne voyent pas que cette dix-huictiéme Lettre n'est qu'vne raillerie des Iansenistes pour se moquer du Pere Annat, de ce que depuis tant d'années qu'il lit leurs Liures, il n'a pas compris en quoy leur doctrine est differente de celle des Escriuains Catholiques, & pour ioüer les Peres Iacobins, comme s'ils auoient combattu leur propre doctrine en escriuant contre les Iansenistes. Cette raillerie ne se termine pas à ces Docteurs particuliers, ils n'ont emprunté le nom du P. Annat que pour rendre le Pape ridicule, & faire accroire au peuple que le Vicaire de Iesus-Christ prononçant sur la doctrine de Iansenius à la requeste des Prelats de France, & apres auoir pris conseil des Theologiens & des Cardinaux, il n'a pas penetré le vray sentiment de Iansenius & des Iansenistes. Si ces Messieurs qui ont esté surpris veulent prendre la peine de relire cette dix-huitiéme Lettre, ils verront que cette pretenduë declaration des Iansenistes n'est qu'vn galimatias qui ne prouue pas qu'ils soient dans la doctrine de l'Eglise. Bien plus, quand les Iansenistes parleroient en cette Lettre le pur langage des Catholiques sans déguisement & sans ambiguité, il ne faudroit pas conclure pour cela qu'ils ne sont plus heretiques, &

qu'il faut se contenter de cette retractation, parce que Luther, Caluin, & autres heretiques en ont souuent fait de semblables, & ont auancé des propositions Catholiques pour jetter de la poussiere aux yeux, & pour auoir part, ou éuader quand on les presseroit.

La crainte que les Iansenistes font paroistre dans leur derniere Lettre qu'ils ont escrite sous le nom d'vn Aduocat du Parlement, monstre assez qu'ils n'ont pas retracté leurs erreurs, ainsi qu'ils feignent dans la dix-huictiéme. Car s'ils sont soûmis aux Bulles des Papes, & s'ils suiuent la doctrine de l'Eglise, pourquoy font-ils tant de bruit pour vne inquisition imaginaire; pourquoy apprehendent-ils tant les peines portées par la derniere Bulle & par la declaration des Prelats; à quel propos font-ils tant de brigues pour empescher la verification & enregistrement d'vne bulle qui ne regarde que ceux qui seront deuëment conuaincus du Iansenisme, & qui seront declarez legitimement heretiques? Ne monstrent-ils pas dés-là qu'ils se sentent fort criminels, puis qu'ils fuyent autant qu'ils peuuent le jugement d'vn Parlement qui est si équitables, que dans les choses douteuses il pancheroit tousiours à la douceur. Si les Iansenistes auoient parlé sincerement dans leur dix-huictiéme, leur Aduocat qui pretend empescher la verification de la Bulle du Pape, deuoit deffendre au fonds, protestant qu'ils ne sont point heretiques, & laisser passer la verification d'vne Bulle qui ne leur pouuoit nuire, leur conscience les a épouuentés, ils ont eu recours à des formalitez, ils ont cherché des nullitez dans la Bulle pour éuiter les conuictions de leurs crimes si l'on venoit à des procez reglez. Ils commencent à ressentir qu'ils ont d'autres parties que les Casuistes, & que leurs railleries ne réüssissent pas comme auparauant. Et neantmoins l'esprit de bouffonnerie a tellement aueuglé ces superbes, qu'oubliant que la remonstrance de leur Aduocat s'addresse à vn Parlement graue & serieux, qui respecte le Pape, comme le Pere de tous les Chrestiens, & ne se resouuenant pas qu'ils parlent de la Bulle qu'Alexandre VII. a enuoyée au Roy tres-Chrestien, qu'elle a esté receuë par sa Majesté, qu'elle a esté respectée de tous les Euesques, qu'elle a esté publiée en tous les Prosnes. Ils protestent de subreption & de nullité contr'elle, & produisent pour preuue de cette subreption, ce qui à peine seroit consideré dans vn rescrit du Pape impetré par quelque expeditionnaire, pour vne affaire particuliere. Ils disent que cette Bulle est nulle, d'autant qu'il y a vn solecisme dans l'original. Qui ne s'estonnera de l'imprudence de cette cabale qui fait gloire d'auoir de si rares esprits, & qui en effet en a qui ont réüssi dans le Parlement; De paroiſtre ſi dépourueus de ſens, que pour empeſcher la verification d'vne Bulle, qu'ils croyent eſtre capable de les perdre, ils employent des bouffonneries qui les declarent criminels; & juſtifient leurs aduerſaires, faiſant veoir que les Caſuiſtes ne ſont ridicules, que parce qu'ils rencontrent les Ianſeniſtes, qui ſont aſſez foux pour railler ſur le Pape & ſur la Bulle, ſur le Roy, & ſur ceux qui l'ont receuë, & qui parlent de la verifier, comme ils ont fait ſur Eſcobar, ſur Diana, & ſur ceux qui ont écrit ſur la morale.

Quelques-vns auoüent que ces pourſuittes ſont bonnes à l'égard du Pape & des Eueſques, parce qu'eſtans ſuperieurs, ils ont à veoir ſur les Ianſeniſtes, & ſur leurs deportemens, mais les Caſuiſtes n'eſtant que freres & égaux, ils doiuent conſeruer la paix auec eux, & attendre tout l'ordre de ceux qui le peuuent apporter.

Ie ne demeure pas d'accord que cét auis ſoit équitable, car c'eſt proprement aux Canoniſtes à expliquer les conſtitutions des Papes & des Conciles; ſans excepter celles qui parlent du chaſtiment des perſonnes. Et en cette rencontre ils ont droict d'eſcrire ſur les Bulles d'Innocent X. & d'Alexandre VII. touchant les peines qu'ont encouru & encourent ceux qui ont eſté ou qui continuent à eſtre dans l'hereſie de Ianſenius.

C'eſt encore aux Canoniſtes à expliquer les Ordonnances de Noſſeigneurs les Eueſques, afin que les Confeſſeurs ſoient informez des cas auſquels ils doiuent refuſer l'abſolution aux Ianſeniſtes, & à ceux qui ſe rendent fauteurs de leurs hereſies. De plus ie croy que les Canoniſtes ne feroient rien contre les regles de la charité, auſquelles le Secretaire nous renuoye, quand par leurs eſcrits ils exhorteroient les puiſſances à imiter le zele & l'exemple de nos Roys contre les heretiques, & quand ils feroient veoir que la France doit à François premier & au Parlement de Paris la conſeruation des Prelats, & de la Foy Catholique contre Luther, & les autres heretiques. C'eſt ce que le ſieur de Sainte Foy a monſtré dans ſon ſçauant & ſolide eſcrit; & s'il vouloit prendre la peine de ramaſſer les Ordonnances des Prelats pour inſtruire les Confeſſeurs de la maniere dont ils doiuent vſer enuers les Ianſeniſtes, ie croy qu'il renderoit vn bon ſeruice à l'Egliſe. Les Canoniſtes ne feroient ny violés, ny emportés, quand ils feroient veoir que rien n'a tant auancé les affaires des Seigneurs que le differend qui ſe mit entre les Prelats, les Cours Souueraines pour le chaſtiment des heretiques. On ne pourroit pas auſſi les accuſer d'eſtre ſeditieux quand ils remonſtreroient que la declaration qui a eſté reçeuë contre les Lutheriens eſt preſque la meſme que celle que les Ianſeniſtes taſchent d'empeſcher ſous pretexte qu'elle introduit vne eſpece d'inquiſition. Si les Canoniſtes eſtendoient bien au long toutes ces choſes pour faire comprendre au peuple le danger éuident où le Ianſeniſme nous porte, ils obligeroient l'Egliſe, & ne feroient rien contre leur profeſſion.

Ie veux toutesfois deferer en cette Apologie à l'auis que me donnent ces eſprits delicats, ie demeureray inuiolablement dans le deſſein que i'ay eu en l'entreprenant, qui n'a pas eſté d'attaquer les Ianſeniſtes en leurs perſonnes, ny en leur honneur, mais ſeulement le Ianſeniſme, encore me fuſſé-ie tenu dans le ſilence comme i'ay fait iuſques à preſent, s'ils n'euſſent point noircy par leurs calomnies, la profeſſion & la morale des Caſuiſtes, particulierement des Preſtres Seculiers pour qui i'eſcris: ie me contenteray de les auoir iuſtifiez des fauſſes accuſations de nos aduerſaires, & ie ſeray ſatisfait d'auoir fait voir que les Ianſeniſtes qui vſurpent la direction des conſciences n'entendent rien à conduire les ames, ſoit qu'elles veulent mener vne vie commune, ſoit qu'elles deſirent ſuiure les conſeils du Fils de Dieu, & s'auancer en la perfection; leur morale eſtant fondée ſur l'hereſie & ſur l'eſprit du Diable, qui ne tend qu'à retenir les grands pecheurs dans le libertinage, & à troubler & inquieter de ſcrupules les perſonnes qui aſpirent à vn eſtat plus releué. Ie penſe m'eſtre acquitté de l'vn & de l'autre, quand i'ay monſtré que les Ianſeniſtes enſeignent en leur morale & en leurs Lettres que nous ne pouuons éuiter le peché, à moins que nous n'ayons vne grace qui ſoit tellement efficace par elle-meſme, que la volonté l'ayant, elle n'y puiſſe reſiſter. Que l'ignorance inuincible n'excuſe pas de peché, & par ſuitte que la liberté n'eſt pas neceſſaire pour meriter le chaſtiment, non plus que pour faire vne action qui ſoit digne de recompenſe. Qu'ils condamnent le gouuernement de l'Egliſe & des Royaumes quand les Papes & les Roys ſe ſeruent d'opinions problables. Qu'ils accuſent les Officiers des Parlemens de ſuiure & de fomenter le meſme abus. Que blâmant les profeſſions & conditions, ou ceux qui s'y engagent rencontrent des occaſions d'offenſer Dieu; ils condamnent le celibat des Preſtres, & les vœux des Cheualiers Religieux, qu'ils troublent l'eſtat du mariage de mille ſcrupules mal fondés. Qu'ils iettent le deſeſpoir preſque en toutes les vacations d'artiſans. Qu'ils ruinent les trois degrés de la vie ſpirituelle: car ils oſtent la mortification de la vie purgatiue, lorſqu'ils diſent que les efforts que nous faiſons pour vaincre nos paſſions ſont inutiles, & qu'il faut attendre cette victoire de la seule Grace efficace qui vient de Dieu. Ils banissent les vertus de la vie illuminatiue, quand ils enseignent que sans la charité toutes les autres actions sont vicieuses. Ils ruinent la vie vnitiue en nous ostant l'objet de nostre amour & en nous laissant en doute si Iesus-Christ est mort pour nostre salut, ou s'il nous a laissés enuelopés dans la masse des reprouuez, sans s'être souuenu de nous. Enfin quand i'ay prouué que leur Morale est si scandaleuse pour eux-mesmes, & décrie si fort ceux qui la prattiquent, que par leur propre confession les plus gens de bien, les plus grands aumôniers, les plus addonnés aux mortifications, aux penitences & à la retraitte qui soient entre les Iansenistes, ne valent gueres, s'ils viuent selon leurs maximes; qui tiennent qu'il a des preceptes qui sont impossibles mesmes aux personnes qui sont en Grace. Car si leur doctrine doit auoir lieu en quelque Commandement, c'est en celuy de la chasteté, duquel le Sage dit, *& sciui quia aliter non possem esse continens esse nisi Deus det.* Et en celuy qui commande le pardon des offences, qui est si difficile à garder que Dieu admire Salomon de ne luy auoir point demandé la vengeance de ses ennemis.

Ie laisse à conclure à nostre Secretaire ce qui suit de cette maxime, & à veoir si les Directeurs des Iansenistes, sont si propres à ce mestier & à s'entretenir dans les ruelles. Pour moy i'ay peine à croire que suiuant cette belle maxime il ait bien auant dans le cœur la charité pour les Casuistes, dont il se vante si pompeusement dans le dernier auis qu'il leur donne.

Il resulte de tout ce que i'ay ditque sans blesser la charité i'ay peu & deu écrire pour défendre la verité & confondre l'erreur, que si i'ay dit quelque parolle que les delicats attribuent à chaleur, ie les prie de croire que mon intention n'a esté quede refuter la doctrine des Iansenistes. Ie confesse que ie ne l'ay iamais admirée comme quelques-vns ont fait, ie ne l'ay iamais approuuée ny creu qu'il fallut la traitter doucement, ie l'ay tousiour estimée vn sel de folie, qu'il faut promptement jetter hors de l'Eglise, parce qu'il merite d'estre foulé des pieds du peuple Chrestien. *Quod si sal infatuatum fuerit ad nihilum valet vltra nisi vt mittatur foras & conculcetur ab hominibus*, ie suis encore dans ce sentimēt & i'espere que Dieu me fera la grace d'y mourir. I'en ay de tout autres pour les Iansenistes. Ie suis d'aduis que l'on face tout ce que l'on pourra pour les remettre dans le bon chemin, & qu'on les reçoiue s'ils se presentent : à condition qu'ils changeront leurs maximes, & pour me seruir des termes de S. Hilaire, à condition qu'ils se fourniront d'vn autre sel, qu'ils prendront dans les greniers de l'Eglise: ie les prie de ne pas regarder l'abiuration du Ianſeniſme qu'on leur propoſe, comme vne gabelle venant du Pape. Le ſel qu'on leur offre ne leur couſtera rien, & la penitence qu'on attend d'eux n'eſt pas à beaucoup près ſi rigoureuſe que celle qu'ils ordonnent à leurs penitens pour des fautes aſſes legeres, Ie finis mon écrit dans ce deſir, & auec proteſtation que ie porte au cœur le ſalut de tous les Ianſeniſtes & nommément du Secretaire.

FIN.

FAVTES SVRVENVES EN L'IMPRESSION.

PAge 1. Ligne 20. liſez accuſés l. 21. liſez auries. p. 4. l. 23. liſez ennemis 138. liſes celle-la l. 41. liſez que ie vous faits p. 5. l. 8. liſes pour principes vos cinq propoſitions. p. 9. l. 28. liſez l'Euangile. l. 38. liſez diſpenſez. p. 10. l. 1. liſez charger, l. 22. liſez toit, l. 35. liſez piece, l. 37. liſez aſſeoir. p. 11. l. 33. oſtes ce l 37. liſez Nicée. p. 14. l. 16. liſez fomentè p. 15. l. 24. liſez nous ſeruent l. 29. liſez tirez. l. 17. p. 33 liſez vn emportement. p. 17. l. 41. oſtez & p. 18. l. 24. liſez liures. p. 20. l. 28. liſez des vœux p. 22. l. 12. liſez mediocres, l. 13. liſez pour le moins, l. derniere liſez de Selue p. 23 l. 12. liſez qui les ont. p. 24. l. 19. liſez ne ſera p. 25. l. 5. liſez iuſtement p. 26. l. 43. liſez recheutes p. 28. l. 34 liſez de la tuer p. 29. l. 20. liſez Bonzes des Iapponnois l. 30. liſez actions p. 30. l. 24. liſez i'eſſairay p. 31. l. 20. liſez aigles l. 29. liſez contraires l. 34. liſez conſommée, l. 41. liſez former. p. 32. l. 19. liſez vne impoſture l. 32. liſez ſubtile l. 35. liſez tout à fait oubliée. p. 33. l. 39. liſez *cenſenda*. p. 38. l. 17. liſez commencée l. 22. liſez deſeſpoir l. 26. liſez il faut p. 42. l. 42. liſez Duranti pag. 43. l. 8. liſez des bouffonneries, l. 37. liſez & de la iuſtice l. 39. liſez vous auez leu Suares p. 44. l. 29. effaces le denier qui p. 4. l. 31. liſez aſſeurée, l. 40. liſez matieres. pag. 47. l. 14. liſez teſmoins, l. 35. liſez & au iugement pag. 48. l. 9 liſez iuridiquement l. 14 liſez Emanuel Sa l. 31. iours de feſtes pag. 51. l. 17. liſez cartes l. 40. les en deſchargent p. 52. l. 34. liſez deuoient auertir p. 53. l. 41. liſez que c'eſt vn. p. 56. l. 26. liſez la pauureté l. 32. liſez les Souuerains en ont p. 57. l. 26. liſez caſſette p. 59. l. 9. liſez de decheoir l. 22. liſez les riches alleguent p. 60. l. 22. liſez qui abſorberoient p. 63. l. 30 liſez les verités p. 64. l. 6. liſez le for p. 65. l. 19. liſez Beia l. 26. liſez de s'obliger l. 43. liſez XIV. p. 66. l. 23. liſez expliquée par Dynus l. 34. & des loix p. 67. l. 37. liſez vaguer p. 69. l. 10. liſez & leurs p. 70. l. X. liſez Gregoire IX. l. 13. liſez & aux Canons p. 71. l. 14. liſez vn Oinct du Seigneur p. 77. l. 24. liſez cenſeurs, p. 78. l. 39. liſez nos p. 83. l. premiere liſez deſire l. 18. liſez portè l. 37. oſtes le dernier à l. 38. oſtes de p. 87. l. 4. liſez les Souuerains l. 10. Originel l. 13. liſez vaille p. 89. l. 33. liſez deuoues l. 35. liſez nous l. 38. liſez *que* p. 90. l. 16. liſez recouurer l. 24. liſez deuoit l. 28. deuoit p. 91. l. 8. liſez cette p. 92. l. 9. enſeignée. p. 93 l. 25. oſtes vn p. 95. l. derniere liſez deſcrire. p. 97. l. 14. ſont Auguſtins l. 31. admonetur p. 98. l. 24. quelques-vns p. 104. l. 16. auoient l. 32. on n'allegue p. 106. l. 13. liſez pour. Ib. l. 45. liſez de p. 110. l. 10. liſez dans les changes l. 44. liſez vente, non rente p. 111 l. 1. liſez non des ventes & achats p. 115. l. 12. liſez ils ſe puiſſent l. 43. liſez pour les regler. p. 118. l. 43. liſez ils aimeront mieux, p 119. l. 19. 13. vt non indecore. Ib 23. liſez de iuſt. Ib. l. 29. & vne condition. 120. l. 35. liſez reprenez. Ib. l. 36 Petr.16. l. 41. lisez de subuenir à sa necessité. 122. l. 17. lisez diobolaria. p. 126. l. 27. lisez éuasions. p. 131. l. 14. lisez amusent le monde. l. 26. lisez contre les outrages. l. 26. lisez amusent l. 45. lisez qui ont vogue p. 133. l. 31. lisez de quelqu'vns. p. 135. l. 29. lisez le cœur. Ib. l. 34. lisez autre fin. 136. l. 45. lisez toutes p. 137. l. 6. lisez ne peut estre p. 138. l. 5. lisez de cheureaux l. 30. lisez liens. p. 139. l. 1. lisez couure p. 145. l. 33. lisez les Casuistes p. 147. l. 12. ostes & p. 148. l. 43. lisez Beda p. 150. l. 9. lisez Asor p. 153. l. 26. lisez il est vray pag. 157. l. 24. lisez qui l'obligent pag. 160. l. 32. lisez lorsque ie leus. pag. 161. l. 22. lisez des Chartreux. pag. 165. l. 28. lisez à nous debiter. pag. 168. l. 16. lisez & s'en diuertissent l. 32. lisez son onziéme l. 38. lisez dont ils se seruent p. 169. l. 12. lisez Laodicée 170. l. 17. lisez il fait p. 172. la 19. lisez en la lecture, & l. 39. lisez D'ordreth. p. 173. l. 39. lisez recréer p, 175. l. 1. lisez on les p. 179. l. 8. effacez qui & l. 24. lisez la prenoit. p. 177. l. 1. lisez il le loüe & l. 30. lisez à leurs aduersaires p. 178. l. 5. lisez de pieté l. 6. lisez d'impieté 183. l. 5. lisez rencontrent p. 184. l. 28 lisez considerables p. 185. l. 30. lisez temps p. 187. l. 4. lisez par ou & l. 19. lisez equitable. p, 185. l. 26. lisez Fauteurs, & l. 39. lisez. violens & l. 40. lisez Hugnots.

Excusez plusieurs autres fautes d'orthographe, plusieurs interponctions & virgules mal placées

Et l'omission d'vne ligne qui change le sens dans la page 5. lig. 24, ou il faut lire, la troisiéme que pour meriter & demeriter il n'est pas necessaire que l'homme ait vne liberté qui l'exempte de necessité ; mais seulement qu'il soit libre & exempt de contrainte.

FAVTES SVRVENVES EN L'IMPRESSION.

Page 3. Ligne 20. Lises accusés. l. 23. lises auriez p. 4. l. 23 lises ennemis. l. 38. lises celle la l. 41. lises que ie vous fais. p. 5. lises pour principes, nos cinq propositions p. 9. l. 17. lises ou il faut qu'il ne reconnoisse pas. l. 28. lises l'Euangile. l. 38. lises dispensés. p. 10. l. 1. lises charger. l. 22. lises le toit. l. 35. lises la pitre. l. 37. lises asseoir p. 11. l. 13 lises que si, non parce que si. p. 14. l. 26. formenté, lises fomenté. p. 15. l. 24. lises nous seruent de loy. l. 29. lises texte tirée. p. 17. l. 33. & emportement, lises & vn emportement. p. 18. l. 24. lises liures. p. 19 l. 8. n'attribuent, lises n'attribuent. p. 20. l. 28. lises des nœuds p. 22. l. derniere, lises de Selue. p. 23. l. 12 qui lesa, lises qui le font. p. 24. l. 19. lises ne sera chastiée. p. 25. l. 5. lises iustement. p. 26. l. 43. lises recheutes. p. 28. l. 34. de le tuer, lises de la tuer. p. 26 l. 30. lises actions. p. 30. l. 24. lises i'essairay. p. 31. l. 20. lises aigles. p. 32. l. 23. lises qu'il n'a pas tout à fait oublié l. 41. lises former, lises resuerie. p. 34. l. 29. bonré, lises bonté. p. 36. à la marge, lises ad corinth. p. 38. l. 17. lises commencée. ibid. l. 25. lises il faut. l. 22. lises desespoir. l. 26 lises il faut que l'année p. 41. l. 42. lises des duranta. p. 43. l. 37. lises du Bureau de la iustice. l. 39 lises vous auez leu Suares. p. 44. l. 29. effaces le dernier qui. p. 46. l. 31. lises asseurée, l. 40. lises matieres. p. 47. l. 35. lises & au iugement. p. 49 l. 9. iuridiquement. l. 14. lises Emanuel Sa. l. 31. lises iours de festes. p. 51. l. 17. lises chaussés. l. 40. lises les en deschargent. p. 52. l. 34. lises deuoient auertir leur Secretaire. p. 53. l. 41. lises que c'est vn triuelin. p. 56. l. 26. lises de la pauureté l. 32. lises les Souuerains en ont. p. 57. l. 26. cassetre, lises cassette. p. 59 l. 9. lises de dechoir. l. 22. lises les riches alleguent. p. 60. l. 12. lises qui ab orneroient l. 6. lises pourueu. p. 63. l. 30. lises les verités. p. 64. l. 16. lises le for l. 15. lises Aragonia. ib. l. 21. lises plusieurs. p. 65. l. 25. la volonté de s'obliger. p. 65. l. 43. lises Gregoire xiv. p. 66. l. 23 lises Dynus. Ib. l. 34. lises & des loix. p. 67. l. 37. lises vacquer. p. 70. l. 15. lises Gregoire. x. p. 71. l. 14. lises vn Prestre, vn oinct du Seigneur. p. 72. l. 14. lises nos confesseurs. p. 78. l. 39 lises vn de nos confreres. p. 83. l. 1. lises define. Ib. l. 18. lises ou la bonté. Ib. l. 20. lises le porte. Ib l. 39 lises ceux qui. p. 87. l. 4. lises & les Souuerains. Ibidem. l. 10. lises originel. p. 89. l. 33 lises deuoués au diable. l. 35. lises nous donne entierement guain de cause. l. 36. lises la particule que soit prise. p. 90. l. 16. lises recouuret. Ib l. 56 lises Conaruuias. p. 93. l. 25. lises que vous n'estes pas vn grand Theologien. l. 30. effaces qui, p. 94. lises disp. 100. p. 95 derniere l. lises d'escrire. p. 96 l. 43. lises ignorées. p. 97. l. 13. admoueurur. p. 98. l. 3. lises qui n'ayant. Ib. l. 24. lises quelques'vns. p. 103. l. 5. liberalité. p. 104. l. 32. lises on n'allegue. p. 106. l. 33. lises pour. Ib. l. 41. lises de. p. 110 l. 10. lises dans les changes l. 44. lises vente, non rente p. 112 l. 1. lises non des ventes achas p. 115. l. 12. lises ils se puissent l. 41. lises pour les regler. p. 118. l. 43. lises ils aimeront mieux. p. 119. l. 13. vt non indecoré. Ib. 21. lises de iust. Ib. l. 29. et vne condition. 120. l. 3. lises reprenez. Ib. l. 36. Petrus. l. 41. lises de subuenir à sa necessité. 122. l. 15. lises diabolaria. p. 126 l. 27. lises Euasiens. p. 131. l. 24 lises amusent le monde. l. 26. lises contre les outrages. l. 26. lises amusent l. 46. lises qui ont vogue p. 133. l. 31. lises de quelques'vns. p. 135. l. 29. lises le cœur. Ib. l. 34. lises autre fin. p. 136. l. 43. lises toutes p. 137 l. 6. lises ne peut estre p. 138. l. 5. lises de cheureaux. l. 30. lises liens p. 139. l. 2. lises couure p. 145. l. 33 lises les Casuistes. p. 147 l. 13. estes &. p. 148. l. 43. lises Beda. p. 150. l. 9. lises Asor. p. 153. l. 26. lises il est vray p. 155 l. 16. lises in fide. p. 157. l. 24. lises qui l'obligent. p. 160 l. 22. lises lorsque ie leus. p. 16 l. 22. lises des Chartreux. p. 165. l. 28. lises à nous debiter. p. 168. l. 16. lises & à son aduertissement. l. 22. lises son enxiéme l. 38. lises dont ils se seruent. p. 169. l. 12. lises Laodicée. 170. l. 17. lises il fait. p. 172 la 19. lises en la lecture, & l. 19. lises D'ordreth. p. 173. l. 39. lises recreer. p. 175. l. 1. lises on les. p. 179. l. 9. effaces qui & l. 24. lises la preuoit. p. 177. l. 1. lises il se loué & l. 30 lises à leurs aduersaires. p. 179. l. 5. lises de pieté. l. 6 lises d'impieté. 183. l. 5. lises rencontrent p. 184. l. 29. lises considerables p. 185. l 30 lises temps. p. 187. l. 4. lises par ou & l. 19. lises equitable. p. 191. l. l. 25. lises Fauteurs, & l. 29. lises violens & l. 40. lises Hugnots.

Excusez plusieurs autres fautes d'orthographe, plusieurs interponctions & virgules mal placées.

www.ingramcontent.com/pod-product-compliance
Ingram Content Group UK Ltd.
Pitfield, Milton Keynes, MK11 3LW, UK
UKHW022100260726
13993UKWH00001B/240

9 782329 261812